LA JOIE ET LA MORT

BILAN D'UNE VIE

ALFRED GROSSER

La joie et la mort

Bilan d'une vie

Presses
DE LA
RENAISSANCE

Ouvrage réalisé
sous la direction éditoriale d'Alain Noël

www.presses-renaissance.com

ISBN 978.2.7509.0629.0

Sommaire

Introduction

Que de chances pour le bonheur !

En juin 1980, un journal allemand me soumet *Le Questionnaire de Proust*. Il fallait dire ce que j'aurais voulu être. J'ai répondu *Weltveränderer* – quelqu'un qui aurait changé le monde. Mais j'avais déjà écrit à des lycéens que chacun contribue à changer le monde, ne serait-ce que par sa façon de se comporter à l'égard de l'autre. Puis-je immodestement affirmer, en faisant le bilan de ma vie, que j'ai exercé une influence sur mon temps un peu plus que la plupart des gens ? Mais cela ne fut possible que parce que j'ai bénéficié de bien des chances qui m'ont aidé à être presque constamment heureux – même si de nombreuses circonstances ont relevé de la tragédie plutôt que de la comédie plaisante.

Sans Hitler, donc sans l'émigration de ma famille en décembre 1933, je serais probablement devenu un jeune bourgeois avide de réussite qui aurait eu bien du mal à percevoir le sort des déshérités de la société. Le décès de mon père, à Saint-Germain-en-Laye, le 7 février 1934, a certes fait que la pensée de la mort n'a jamais cessé de m'accompagner, mais l'intégration

9

en France, l'assimilation dans la société française auraient été assurément plus difficiles aux côtés d'un professeur de pédiatrie de 55 ans, contraint par son nouveau pays de repasser tous les diplômes français, à commencer par le baccalauréat !

Également tragique a été, à Saint-Raphaël, la mort de ma sœur en avril 1941, à l'âge de 19 ans. Elle succomba à une infection qui avait évolué en septicémie à la suite de notre fuite à vélo devant l'avancée de l'armée allemande (il n'y avait pas encore de pénicilline…). Puis cette nuit d'août 1944 où la BBC m'a appris que Tante Ida et Onkel Kurt, la sœur de mon père et son mari, un médecin berlinois qui n'avait pas voulu émigrer, faisaient sans doute partie des détenus du camp de Theresienstadt transférés à Auschwitz (la confirmation me serait fournie après la guerre). Mais le lendemain matin, j'étais sûr, définitivement sûr, qu'il n'existe pas de culpabilité collective d'un peuple et que ma mémoire devrait se faire créatrice et non prioritairement accusatrice. À Marseille, jusqu'à la libération de la ville, en août 1944, j'ai eu la grande chance de n'avoir pas été pris avec mes faux papiers, de n'avoir été ni torturé ni déporté. Je n'étais et ne suis toujours pas certain que j'aurais résisté à la torture. La pièce de Jean-Paul Sartre, *Morts sans sépulture*, m'a paru stupide, puisqu'il faisait dépendre la valeur d'un homme de sa seule capacité à supporter la torture. Peut-être mes engagements ultérieurs eussent-ils été différents si j'avais connu, si j'avais été soumis à cette souffrance et à celle des camps. Mais j'aurai à présenter les femmes et les hommes admirables qui, malgré leurs épreuves, souvent à cause d'elles, se sont également engagés sur les chemins de la mémoire créatrice. Et aussi à parler avec chaleur de mes deux plus grandes chances : avoir eu la mère que j'ai eue et avoir trouvé la femme que j'ai trouvée !

J'ai été épargné par la maladie et l'invalidité. J'ai conscience d'une autre chance, encore que je sois persuadé qu'il existe une interaction entre le physique et le psychique, et que la vie heureuse contribue à l'utilisation du corps comme simple instrument. Avec tout de même le léger handicap de la lutte permanente contre la surcharge pondérale. La contribution volontaire à l'état de santé est l'abstention face au tabac et aussi, moins absolument, à l'alcool. En 1943, dans la zone non occupée, j'ai eu le droit, à 18 ans, d'ajouter des tickets de tabac à mes tickets de pain, de beurre, de viande. Je les échangeais contre des pommes de terre et concevais du mépris pour les gens qui m'offraient le précieux tubercule contre de la fumée ! Ultérieurement, je n'ai jamais essayé. Pour la boisson, l'abstention – nullement systématique – avait une autre origine. Je déteste perdre le contrôle de moi-même. Une seule fois, en 1948, alors que je dirigeais une session franco-allemande à Germersheim, je n'ai pas su, un matin, comment j'avais pu me retrouver dans mon lit, après une soirée fortement arrosée. Depuis, j'ai toujours cherché à rester sur mes gardes. J'aurai à dire les conséquences négatives de mon souci de toujours me maîtriser, de résister aux enthousiasmes, d'avoir même du mal à me laisser aller à l'émotion musicale.

L'accumulation des privilèges a grandement facilité l'accès au bonheur, le maintien du bonheur. La France fait partie, dans le monde d'aujourd'hui, des pays les plus riches. Comme agrégé d'allemand, je suis devenu fonctionnaire dès 1947 et ne risquais donc plus de devenir chômeur. En 1956, deux postes de directeur d'études et de recherches ont été créés à la fort privilégiée Fondation nationale des sciences politiques, et l'un des deux me fut attribué. Jusqu'à mon émératat en 1992, j'aurai été professeur à « Sciences Po », à l'Institut d'études politiques de Paris devenu, au fil des ans, à la fois université et grande école, donc doublement privilégié. (Au début, Jacques Chapsal, directeur de l'Institut et administrateur de la Fondation, m'a demandé si je m'engageais pour au moins trois années. Je resterai rue Saint-Guillaume pendant trente-six ans, puis comme professeur émérite, en quelque sorte attaché à vie !)

Jusqu'en 1956, tous les professeurs de science politique étaient des professeurs de droit, d'histoire ou de sociologie. René Rémond, historien, et moi, germaniste, étions donc les premiers en France à enseigner la science politique en tant que spécialistes, lui sur la base de son livre *Les Droites en France*, moi pour avoir publié en 1953 *L'Allemagne de l'Occident (1945-1952)*. Nous étions des autodidactes chargés de former des étudiants de troisième cycle qui, eux, ne le seraient donc pas ! Je n'en étais que médiocrement gêné, car j'avais déjà pris l'habitude d'une certaine impudence. À Saint-Raphaël, ayant obtenu le baccalauréat dans les deux sections de philosophie et de mathématiques élémentaires (mention « bien » !), je voulais gagner un peu d'argent parce que ma mère et moi n'en avions guère. J'ai donc enseigné les mathématiques en première dans un petit collège privé. En 1943-1944, à l'école Saint-Joseph des Frères maristes à Marseille, j'ai eu une seconde en français, histoire, géographie, mathématiques, physique et sciences naturelles. (Avec deux certificats d'allemand, langue non enseignée à l'école, j'étais le professeur le plus diplômé de cet établissement fort huppé !) En 1955-1956, après une année à l'Unesco et quatre années d'assistanat à la Sorbonne, j'avais, en attendant l'ouverture du poste à la Fondation, accepté l'offre du directeur du Centre de Bologne de l'école des Hautes Études internationales (Washington) de la Johns Hopkins University de passer une année dans la belle ville italienne pour y enseigner quatre matières, c'est-à-dire les partis politiques en France et en Allemagne, et les syndicats dans les deux pays. Cette fois, j'ai hésité, mais Grove Haines m'a convaincu : « Avec tout ce que vous savez déjà, vous n'avez qu'à travailler dur pendant tout l'été et vous serez prêt. » Le résultat fut que j'ai enseigné à Bologne comme *commuting professor* pendant quatorze ans, à raison de huit heures par mois réparties sur deux vendredis et samedis. Et aussi que j'ai, en 1957, pu diriger la thèse d'une étudiante de troisième cycle sur « La politisation des grèves en France après 1945 », ce qui m'a permis de l'épouser en 1959.

J'enseignais en anglais, comme je le ferais aussi en 1964-1965 en tant que *Kratter visting professor of modern European history* à la Stanford University en Californie. En anglais ? Des amis d'Oxford m'ont affirmé que, dans cette langue, j'avais un triple accent : français, allemand et américain, sans trace de ce qu'eux appelaient l'accent anglais. J'avais certes appris leur langue au lycée, puis au cours d'un séjour d'un mois en 1946, mais mes cours et conférences se sont très rarement déroulés à Oxford ou Londres, ils avaient presque toujours lieu dans des institutions américaines. Je faisais beaucoup de fautes à l'oral et j'étais dans l'incapacité d'écrire des textes en anglais.

Mes deux langues sont seulement le français et l'allemand.

Peut-on vraiment être pleinement bilingue ? Il est vrai que je n'ai aucun accent ni en français ni en allemand, ce qui m'a aidé à l'agrégation, les candidats alsaciens ayant un fort accent dans l'une et l'autre langue. Et mon engagement pour l'action franco-allemande eût été moins crédible si j'avais eu l'accent allemand.

Ma maîtrise de la langue allemande a été progressive. À 8 ans, au départ de Francfort, je m'exprimais en langue enfantine. Ma mère a ensuite tenu à ce que je garde et élargisse mon allemand – mais, pour les choses sérieuses, nous parlions en français. Puis j'étais devenu germaniste, par facilité et parce que, en 1942, la faculté des sciences de Marseille avait refusé au jeune juif que j'étais le droit de s'inscrire au certificat de mathématiques générales. À l'agrégation, il me fallut composer ou exposer sur des sujets comme « La mystique érotique de Goethe à la fin du second Faust », « Le thème des frères ennemis dans le drame du *Sturm und Drang* », « Le combat de Rilke pour une conception positive de la vie ». Rien de contemporain. Hitler ? L'Allemagne en ruines ? La germanistique n'avait pas à s'occuper de ce genre de questions. Mon passage à l'Institut d'études politiques a été en grande partie dû à cette conception-là. Il y eut ensuite mes nombreux allers-retours en Allemagne pour des discours ou des débats. Mon allemand s'est perfectionné, mais je ne me suis senti capable d'écrire directement des articles ou des livres en allemand qu'à partir des années 1960. Encore aujourd'hui, je demande aux éditeurs de mes livres ou contributions de rechercher et de corriger mes éventuelles erreurs

ou maladresses de style. Je n'ai jamais songé à faire
ce genre de demande à mes éditeurs français ! Mon
allemand, surtout oral, est cependant d'autant mieux
accueilli par les publics les plus variés que je n'ai
jamais recours au jargon politologique ou sociologique, plus courant et plus abscons encore chez mes
collègues allemands que chez les Français. Quand je
m'adresse à des jeunes, je ne cherche nullement à me
servir démagogiquement de leur langage, mais je
conserve le mien, en évitant simplement les termes
compliqués. Comme, dans les deux langues, j'aime
sourire en enseignant ou en discourant, j'ai reçu un
fort beau compliment au lendemain de mon discours
de remerciement pour le prix de la Paix à Francfort,
en 1975. Une vieille dame, qui avait suivi la cérémonie
à la télévision, m'écrivit : « Vous parliez une si belle
langue que j'ai d'abord cru que vous étiez allemand.
Puis vous avez montré un visage réjoui de gamin et
j'en ai conclu que vous ne pouviez pas être un professeur allemand ! »

Mon français doit tout aux admirables institutrices
qui m'ont pris en main au collège municipal de Saint-
Germain. Mon premier jour de classe, le 5 janvier
1934, ne s'est pas très bien passé. Les petits camarades m'ont demandé : « Comment tu t'appelles ? »
Comme je ne comprenais pas la langue du pays
d'accueil et comme, à Francfort, j'avais été battu
comme petit juif, j'ai cru qu'ils proféraient une injure
et j'ai essayé de leur taper dessus. Mais la difficulté
fut vite surmontée. J'ai fait un trimestre de dixième
(CE1), un trimestre de neuvième, une année de hui-
tième (où je fus premier en français), pas de septième
et me retrouvai ainsi à l'âge normal en sixième. Grâce
aux institutrices, j'ai appris – avec joie – les subtilités

de la grammaire et acquis une fois pour toutes le goût de la langue. (Nous n'étions que deux étrangers pendant toute ma scolarité du primaire. Si, comme telle école de banlieue aujourd'hui, plus de la moitié de la classe avait ignoré le français, elles n'auraient pas pu si bien s'occuper de moi.) Le goût de la langue, mais aussi des contenus, explique ma passion pour Guy de Maupassant, pour Victor Hugo, si injustement décrié, pour Roger Martin du Gard et aussi, je l'avoue sans honte, pour Marcel Pagnol que je relis sans modération : *Manon des Sources*, depuis sa parution en 1953 et, depuis 1957, les *Souvenirs d'enfance*, au contenu un peu mensonger, mais à la langue si éblouissante qu'un instituteur a pu écrire à l'auteur qu'on y trouvait plein de dictées !

Dans *Le Questionnaire de Proust*, à la question « Quelle est votre occupation préférée ? », j'ai eu le malheur de répondre : « Parler à un public. » Depuis lors, que de présentateurs de l'orateur ont dit : « Ce soir, il se livrera à son occupation préférée... » ! Je parle librement, après une bonne préparation et à partir de quelques notes. Cela seul permet de tenir compte des réactions du public et donne la joie de jouer avec et sur les mots. Avec un inconvénient de taille : si le discours doit être publié, je suis épouvanté par les corrections à apporter, parfois les réécritures à effectuer sur la transcription. J'ai toujours envié mon ami René Rémond qui parlait comme il écrivait, qui écrivait comme il parlait. Ses transcriptions à lui pouvaient être envoyées directement à l'imprimerie. En revanche, je n'ai jamais compris qu'on puisse se contenter de lire un texte. Il est vrai que l'anglais *lecture*, l'allemand *Vorlesung* (lecture devant un public) autorisent cette pratique. Le pire, c'est quand l'orateur glisse la page qu'il vient de lire sous son paquet de feuilles : on ne sait jamais à quelle distance on est de la fin ! Il m'est tout de même arrivé de devoir lire, en particulier mon discours du prix de la Paix. Non pas qu'il m'eût fallu montrer mon texte à quelque autorité. Simplement parce que la télévision voulait pouvoir se préparer et, lorsque je citais « le président du grand parti d'opposition », passer l'image de Helmut Kohl assis au premier rang.

J'ai eu d'emblée la chance de ne pas avoir le trac, quelles que soient la taille et la nature du public. Mon audience maximale, ce furent, en 1984, les sept mille protestants, parmi la centaine de milliers de participants du *Evangelische Kirchentag* (Congrès des Églises protestantes) rassemblés dans un hall de la Foire de Hanovre. Dans un silence poli, mais glacial, mes auditeurs, portant tous le foulard violet du pacifisme, m'écoutèrent défendre la politique des missiles pratiquée par le président américain et soutenue par le chancelier Kohl et le président François Mitterrand. (Il y eut une vraie discussion grâce au système du « porte-parole du public », un excellent journaliste qui recueillait les questions écrites et les synthétisait pour m'interroger.) Ma plus petite audience – zéro auditeur –, ce fut chez un pasteur d'une banlieue huppée parisienne. Lorsque, à 21 heures, la salle demeurait vide, il poussa un cri : « Les convocations ! » Il avait oublié de les poster. Nous avons discuté théologie et politique jusqu'à 2 heures du matin.

Pas de trac, mais tout de même deux possibles limitations à ma liberté intérieure. Si, dans un auditoire, deux ou trois personnes sont hostiles à ma personne et non à ce que je dis, je perçois leur présence et finis par ne plus parler que pour elles. Comme tout acteur, l'orateur sent son public – et quand la communication avec lui est parfaite, on éprouve un plaisir qui n'est pas sans ressembler à un orgasme. Il peut aussi arriver que les tragédies que je décris ou auxquelles je fais allusion dans mon discours m'émeuvent au point de faire trembler ma voix et monter des larmes. Dans ses *Mémoires de guerre*, le général de Gaulle décrit une entrée dans la foule. On lit alors : « Me laissant saisir par une émotion calculée… » Quand je suis ému, mon émotion ne comporte aucun calcul. Dans le cours sur l'Allemagne au XXe siècle que j'ai assuré tous les deux ans à Sciences Po, je n'ai jamais pu empêcher ma voix de trembler quand je donnais lecture de tel ou tel document narrant une atrocité hitlérienne.

Il m'arrive cependant beaucoup plus souvent de provoquer mon public par une méchanceté. Il en résulte une autre tension entre l'oral et l'écrit. Ainsi, mes auditeurs perçoivent, grâce à un sourire et à un geste, que la provocation contient une part d'ironie et qu'elle n'est formulée que sur un fond de bienveillance à leur égard. Or, à l'écrit, la méchanceté demeure méchante et il me faut trouver un moyen de l'atténuer. Ah ! si seulement il existait un point d'ironie ! (Déjà il faudrait un point d'interrogation renversé, comme en espagnol, puisque, avec la disparition de la forme grammaticale interrogative, seule l'intonation indique qu'il s'agit d'une question. « T'es où ? » s'est ainsi substitué à « Où es-tu ? »)

Je préfère de loin la discussion à l'exposé. J'y trouve des formulations qui ne m'étaient pas venues dans ma préparation. Parfois, j'ai un problème face à des questions vraiment bêtes. Elles proviennent en général de personnes âgées figées dans leurs préjugés anciens.

J'essaie de répondre courtoisement, mais fermement. Les jeunes, en particulier les lycéens, posent rarement des questions stupides et, dans ce cas, ma réponse commence par une reformulation qui les rend pertinentes. Dans les lycées – en France, en Allemagne, en Belgique –, je me vois cependant obligé de poser une condition aux proviseurs qui m'invitent. « Une condition ? » « Oui : pas d'adultes dans les premiers rangs, car cela tue la communication, donc la discussion, avec les élèves. » En général, professeurs et autorités invitées diverses acceptent de bon cœur de s'asseoir aux derniers rangs. Parfois, un préfet renonce difficilement à sa préséance ! Les lycéens constituent régulièrement le public que je préfère, mais les joies que me procure toujours l'usage de la parole face à un auditoire ne constitue assurément pas un mérite. Elle m'a été donnée dès le départ, peut-être par ma constitution de semi-extraverti (la part d'introversion apparaîtra quand il sera question de musique).

Peut-être une chance supplémentaire est-elle aussi que je n'ai encore jamais regretté une décision. Un jour, j'ai dit à un collègue : « Dès que j'ai pris une décision, je ne vois plus que les raisons qui la justifient. » Il m'a répondu : « Pour moi, c'est le contraire. Dès que j'ai pris une décision, je ne vois plus que les raisons qui justifiaient pourquoi je n'aurais pas dû la prendre. » Je ne suis tout de même pas comme Philipp Jakob Spener, le fondateur du piétisme (auquel j'aurais consacré ma thèse d'État si j'étais resté germaniste). Avant chaque avancement, il interrogeait Dieu pour savoir s'il devait l'accepter. Et Dieu a toujours répondu positivement. J'ai aussi prononcé des refus ou accepté des diminutions de salaire. Mes collègues de l'Unesco ne comprirent pas pourquoi, en 1951, je quittai l'organisation au bout d'une année avec un salaire triple (et hors impôt !) de celui que j'aurais comme assistant à la Sorbonne. Je voulais retrouver ma liberté de parole et d'écriture, et ne plus me limiter au langage de l'Unesco avec ses formules imprécises, tels *to promote* ou *to encourage*. Il a pu aussi s'agir de décisions plus importantes. J'ai vraiment hésité en 1959 avant de demander à mon étudiante de doctorat si elle acceptait de m'épouser. Depuis lors, je n'ai jamais eu la moindre tentation de regretter ma décision !

Ce ne fut évidemment pas uniquement un choix de la raison. Un écrivain du XVIIIᵉ siècle interrompit une dame qui lui disait : « Je vous aime parce que... » « Si vous savez pourquoi vous m'aimez, il ne s'agit pas d'amour ! » La décision – de même qu'un plan d'article ! – peut naître du travail du subconscient pendant le sommeil nocturne. Au réveil, la clarté du résultat est aveuglante. Cela n'empêche nullement les mises en question personnelles. Une chance supplémentaire, c'est que chez moi cette mise en question est toujours présente, mais jamais douloureuse.

1

Les fondements

Éloge de la logique

Le lecteur pourrait s'attendre que je lui expose ma pensée et mes convictions philosophiques. Je dois le décevoir. Je ne suis pas un philosophe et ne veux pas l'être. Non que je reprenne à mon compte une plaisanterie classique : « Un philosophe est quelqu'un qui, si vous lui posez une question et qu'il vous répond, fait que vous ne comprenez plus la question que vous lui avez posée. » (Plus proche de la vérité me semble ma définition du théologien : « Un théologien est quelqu'un qui passe sa vie à écrire et à parler sur ce qu'il dit être indicible. ») Je me sens cependant phi losophe quand je relis la définition que donnait Paul Valéry dans un discours à des philosophes de profession : « La philosophie est un exercice de la pensée sur elle-même. » La métaphysique m'est assez étrangère. Non à cause de mon athéisme, car bien des métaphysiciens sont athées. Il s'agit plutôt de mon incapacité de me passionner pour l'être en soi, pour l'essence, pour le *Sein et le Dasein*. J'en reste à la formulation de mon philosophe préféré, Emmanuel Levinas, qui a écrit, dans *Éthique et Infini* : « Il faut comprendre que la moralité ne vient pas comme une couche secondaire… La moralité a une portée indépendante et préliminaire. La philosophie première est une éthique. »

Le recours à l'éthique présuppose une connaissance même approximative de la réalité qu'on juge à partir d'une morale. Souvent, tel philosophe, tel moraliste, juge à partir d'une ignorance parfois abyssale des faits et des situations. Bernard Kouchner a été un vaillant défenseur des valeurs humaines à assumer hautement face à des régimes dictatoriaux. Devenu ministre des Affaires étrangères, il a fini par découvrir qu'il existait au moins une tension entre les exigences de la morale et celles de l'économie.

Au nom de l'éthique, j'aimerais aussi demander au philosophe engagé un minimum d'accord entre sa pensée et sa pratique. Non dans sa vie privée. Je n'attache pas beaucoup d'importance au fait qu'Albert Camus a écrit, peu avant sa mort, trois lettres d'amour à peu près identiques à trois femmes différentes. En revanche, je suis choqué par les absurdités de Jean-Paul Sartre, en principe défenseur des libertés et des opprimés. Écrire, en 1954, « la liberté de critique est totale en URSS » et, en 1964, « l'URSS, seul grand pays où le mot "progrès" ait un sens » disqualifie moralement le philosophe. Quel mépris encore pour la liberté de pensée que de refuser le prix Nobel en déclarant : « Il est regrettable qu'on ait donné le prix à Pasternak avant de le donner à Cholokhov et que la seule œuvre soviétique couronnée soit une œuvre éditée à l'étranger et interdite dans son pays » ! Cholokhov était un chantre de Staline qui avait pris chaque virage pour conserver sa situation d'écrivain officiel. J'ai été peu convaincu par les admirateurs de Martin Heidegger quand ils voulaient démontrer que les prises de position politiques du philosophe étaient sans importance. (Mais je n'ai pas été convaincu davantage par ses critiques désireux de démontrer que la philosophie exprimée dans le difficile *Sein und Zeit* était au fond nazie.) Je demande simplement un minimum de cohérence entre la pensée et l'action. Je crois la percevoir chez Spinoza et chez des auteurs qui ne passent pas pour philosophes aux yeux des philosophes. Ainsi Montaigne, Érasme, Camus.

Ce qu'est la fidélité à un principe, je l'ai trouvé dans la lettre que Camus a envoyée en 1945 à Marcel Aymé qui lui demandait de signer une pétition en faveur de la grâce de Robert Brasillach :

> Je signe cette demande de grâce pour des raisons qui n'ont rien à voir avec celles que vous me donnez [...]. J'ai toujours eu horreur de la condamnation à mort et j'ai jugé qu'en tant qu'individu du moins je ne pouvais y participer, même par abstention [...]. Vous dites qu'il entre du hasard dans les opinions politiques et je n'en sais rien. Mais je sais qu'il n'y a pas de hasard dans ce qui vous déshonore [Brasillach avait demandé la déportation des juifs, enfants compris]. Et ce n'est pas par hasard que ma signature va se trouver parmi les vôtres, tandis que celle de Brasillach n'a jamais joué en faveur de Politzer ou de Jacques Decour.

Je n'ai pas attendu 2010 pour l'admirer comme philosophe (selon ma conception). Il a longtemps été méprisé par les intellectuels tenant le haut du pavé, au point qu'on se faisait agresser quand on se réclamait de lui. J'ai commencé par admirer ses éditoriaux dans *Combat*. À mes yeux, du haut de mes 20 ans, ils incarnaient une belle liaison entre politique et morale. Je n'ai pas pour autant approuvé toutes ses positions. Il était trop impitoyable en matière d'épurations. Il a d'ailleurs donné ultérieurement raison à François Mauriac qui avait plaidé pour plus d'indulgence. Mais lorsque, en octobre 1947, j'ai voulu faire publier une série d'articles, « Jeunesse d'Allemagne », c'est à *Combat* que je me suis adressé. Camus n'y écrivait plus, mais Claude Bourdet, ancien déporté du mouvement de résistance « Combat », était un digne successeur. Sinon, j'aurais proposé au *Monde* le bilan de mon premier voyage à travers l'Allemagne vaincue et occupée. J'ai souvent relu *L'Étranger* (un beau cas pour l'enseignement du français : que serait le roman sans l'emploi constant du passé composé !). Mais c'est dans *La Peste* que j'ai le mieux retrouvé mes préoccupations morales, au point de trouver répugnant le déferlement de mépris suscité par l'œuvre, puis, en 1957, pour le prix Nobel. J'avais aussi été fasciné, en 1947, par la représentation de *Caligula* – pas seulement à cause du génie théâtral de Gérard Philipe, particulièrement saisissant dans son affrontement avec le jeune Scipion-Michel Bouquet. Plus encore par des répliques comme celle de Chéréa : « Je souhaite parfois la mort de ceux que j'aime, je convoite des femmes que les lois de la famille ou de l'amitié m'interdisent de posséder. Pour être logique, je devrais alors tuer et posséder. Mais je juge que ces idées vagues n'ont pas d'importance. » J'ai toujours aimé cette formule. Elle contribue à mon aversion pour Freud. Est-il vraiment toujours utile de faire venir au jour des pensées horribles, mais si souvent sans importance ? (Je me permets deux remarques hors sujet. D'une part, je comprends mal la référence constante à Œdipe, alors que celui-ci ne savait pas qu'il avait tué son père et épousé sa mère, donc n'avait désiré ni le parricide ni l'inceste. D'autre part, comment peut-on être, comme l'ont été tant d'intellectuels, simultanément marxiste et adepte de Freud pour lequel la famille avait une tout autre importance que l'appartenance de classe ?)

Pendant la guerre d'Algérie, Camus a été pour moi une référence constante. Ses silences, qui lui ont été tant reprochés, ne me gênaient guère. Ils venaient de l'impossibilité d'aider vraiment les modérés des deux camps. Je rappelais de mon mieux ses articles d'avant-guerre montrant la misère et le mépris subis par la population musulmane. Et sa formule, au lendemain de l'horrible répression de Sétif, jugée normale par les partis métropolitains, communistes en tête : « Persuadons-nous qu'en Afrique du Nord comme ailleurs, on ne sauvera rien de français sans sauver la justice. » La meilleure explication de ses hésitations se trouvait dans la déclaration contenue dans son discours de remerciement à Stockholm : pour la première fois, un écrivain « algérien » était couronné. Comme son ami Jean Pélégri, auteur, en 1959, du magnifique *Les Oliviers de la justice*, il aurait pu intituler un livre *Ma mère l'Algérie*. La vie commune avec les musulmans ne pouvait provoquer que répulsion, chez ces pieds-noirs, pour la phrase de Jean-Paul Sartre dans sa préface aux *Damnés de la Terre* de Franz Fanon (préface supprimée dans la plupart des éditions ultérieures) : « Il faut tuer : abattre un Européen, c'est faire d'une pierre deux coups, supprimer en même temps un oppresseur et un opprimé ; restent un homme mort et un homme libre. »

Dès lors que la philosophie est déclarée nécessaire, je présente une exigence. À supposer que je sois ministre tout-puissant de l'Éducation nationale, j'imposerais presque en toutes matières l'enseignement de la logique. On a souvent raillé les mots barbares inventés pour désigner certains concepts. Ainsi chez Molière, dans *Le Bourgeois gentilhomme*, le professeur de philosophie, proposant la connaissance de la logique à M. Jourdain, emploie les mots de *barbara, celarent, darii, ferio* et *baralipton* : ils étaient destinés à nommer les diverses formes du syllogisme. (Le plus absurde de ceux-ci a été énoncé par le Logicien dans *Le Rhinocéros* d'Eugène Ionesco : « Tous les chats sont mortels. Or, Socrate est mortel. Donc Socrate est un chat. ») Mais j'avais été désarçonné pendant un moment après avoir dit à un étudiant : « Ce que vous venez d'affirmer est en contradiction avec ce que vous avez dit il y a cinq minutes », et qu'il m'a répondu : « Et alors ? » J'ai essayé de lui expliquer que le rejet de la logique le handicaperait dans ses études et qu'il pourrait lui-même se mettre en colère contre des interlocuteurs pensant et parlant de façon illogique.
L'histoire que j'aime raconter à mes publics, particulièrement aux lycéens, constitue une mise en garde contre les faux syllogismes. Christophoros dit que tous les Grecs sont menteurs. Or, Christophoros est grec. Donc il a menti et les Grecs ne sont pas menteurs. Or, il est Grec, donc il a dit vrai et les Grecs sont menteurs. Or, il est Grec... et ainsi de suite. En quoi cette histoire est-elle bête ? C'est que le contraire de « tous » n'est pas « aucun », mais « les uns oui, les

autres non ». De même que le contraire de « toujours » n'est pas « jamais », mais « tantôt oui, tantôt non ». J'ajoute alors : « Si vous avez compris ce que je viens de dire, vous avez fait un double progrès, en logique et en tolérance. » Suit ma condamnation de l'article défini « les » (les Français, les Juifs, les Arabes, les Bretons, etc., sont…).

La logique exige la recherche de la cohérence. Pour l'atteindre, il faut sans cesse se mettre en question, s'interroger sur sa propre pensée, avant de mettre en œuvre, à l'égard des autres, la méthode de Socrate. « Tu veux ceci. Donc tu en veux la conséquence, puis la conséquence de la conséquence. Mais on en arrive alors à un fait que tu rejettes. Alors revenons-en au point de départ et examinons ton désir initial. » Ainsi : « Le terrorisme est terrible. Il faut donc dénoncer ces terroristes palestiniens. – Certes, mais qu'en est-il du terrorisme juif en Palestine avant la création de l'État d'Israël ? – Ce n'était pas la même chose. – Pourquoi ? Revenons-en à la notion de terrorisme et à sa définition. »

En 1945-1946, j'ai préparé le concours de l'École normale supérieure (auquel j'allais d'ailleurs échouer) dans la khâgne du lycée Condorcet. Mon premier professeur de philosophie était Raymond Polin, jeune et brillant adepte de la phénoménologie. Au bout d'un trimestre, il nous quitta pour aller enseigner à l'université de Lille. Pour prendre sa place, arriva un petit homme beaucoup moins jeune. Au cours de la première heure, il dit trois fois : « Je ne sais pas. Quel est votre avis ? » Nous avons vite compris que Georges Perret pratiquait remarquablement la maïeutique socratique. Il nous fit découvrir en nous des aptitudes insoupçonnées ! Il est devenu inspecteur général – et surtout un ami, jusqu'à sa mort, bien après sa retraite. Il m'a confirmé dans mon désir d'autoanalyse intellectuelle constante. Surtout quand je pars à la recherche de la réponse à la question : « Qu'est-ce que la vérité ? » Avec tout de même une suite de certitudes. Il n'existe pas de Vérité absolue, mais il existe des choses plus vraies que d'autres. Et il existe une grande différence entre ceux qui sont en recherche de vérité(s) et ceux qui ne pratiquent pas cette recherche, soit qu'ils préfèrent agir en se fondant sur des affirmations invérifiables, soit qu'ils se croient en possession de la Vérité supposée évidente. Le risque alors est l'intolérance envers ceux qui se refusent à reconnaître cette vérité-là. Dans son encyclique de 2009, *Caritas in veritate*, Benoît XVI est certain qu'il n'existe qu'une Vérité – la sienne.

On m'a souvent reproché mon manque de « scientificité ». Pour moi, celle-ci est déjà absente chez quiconque prétend avoir une clé qui ouvre toutes les portes, par exemple la lutte des classes chez Marx ou l'appartenance sociale chez Bourdieu. Je préfère l'exclamation célèbre de Lucrèce. Dans son livre *De natura rerum,* écrit au Ier siècle av. J.-C., il dit : « *Felix qui potuit rerum cognoscere causas !* », « Heureux celui qui a pu connaître les causes » – et non la cause. En 1969, j'ai interrompu un séminaire – ce fut la première et la dernière fois. Un groupe d'étudiants de l'Institut Otto Suhr de l'Université libre de Berlin effectuait un bref séjour à Paris. Je devais leur expliquer la situation politique en France. J'étais sans cesse interrompu. Ce que je disais était accessoire. La propriété des moyens de production expliquait tout. Au bout d'une demi-heure, je dis : « Puisque vous savez tout, il est inutile que je continue. »

Les faits les plus simples ont des causes multiples. Un gamin jette une pierre contre une vitre et la casse. Quelle était la cause des débris ? La glace trop mince ? La pierre ? L'âge du garçon qui, plus jeune, n'aurait pas eu la force suffisante ? Son désir de détruire, à son tour susceptible de bien des explications ? Un défi lancé par ses camarades ? Une réaction contre trop d'autorité familiale ? Ou contre une autorité familiale déficiente ? La société répressive qui favorise les actes violents ? La société permissive qui ne s'oppose pas aux actes violents ? Et ainsi de suite. L'un des ouvrages de notre fils Pierre, historien, *Pourquoi la Seconde Guerre mondiale ?*, montre en quoi son déclenchement délibéré par Hitler ne peut pas être considéré comme la seule cause des gigantesques massacres des années 1939-1945.

On peut évidemment se réclamer de la scientificité quand on a du talent pour les raisonnements flous. En Allemagne, mais aussi en France, les livres d'Ernst Nolte ont été à juste titre controversés. La thèse centrale, c'est-à-dire Lénine comme cause de Hitler, n'a pourtant jamais été clairement affirmée par l'auteur. Le *prius* qu'il met en avant signifie-t-il simplement que la terreur bolchevique a été lancée avant la naissance du nazisme, ce qui est une évidence incontestable, mais n'explique rien, ou bien veut-il dire *post hoc, ergo propter hoc* (après cela, donc à cause de cela) ? Sa réponse a varié, ou plutôt fluctué dans une imprécision constante. Pour savoir comment il est possible de clarifier, de dominer une multicausalité, Karl-Dietrich Bracher l'a montré en 1969 dans son grand livre *Die Auflösung der Weimarer Republik* (*La Dissolution de la République de Weimar*).

J'avoue aussi qu'en tant que politiste et historien, je suis assez allergique aux grandes théories. Parfois même aux petites, moins englobantes. Il m'est arrivé d'assister à un séminaire de recherche dirigé conjointement par Raymond Aron et Jean-Baptiste Duroselle, historien des relations internationales. Presque à chaque séance, Aron donnait une dimension théorique à ce qui avait été dit. Immanquablement, Duroselle disait : « J'admire et me sens convaincu. Cela dit, les dix premiers faits historiques qui me viennent à l'esprit ne vérifient pas la théorie. » Depuis des décennies, je me dispute avec mon collègue et ami Gilbert Ziebura. Il n'a cessé de rechercher une théorie qui permettrait d'englober et d'expliquer des faits très différents et des explications partielles. De mon côté, j'ai toujours affirmé qu'une telle théorie ne pouvait pas exister. (Lorsque, jeune étudiant en histoire, Ziebura était venu faire ses études à la Sorbonne, il s'était attiré la sympathie immédiate du doyen Pierre Renouvin, le grand patron de l'histoire contemporaine. Renouvin avait perdu un bras lors de la Première Guerre mondiale et il se trouvait face à un jeune Allemand qui avait perdu un bras lors de la Seconde.)

Il n'en résulte nullement que je serais un affreux « empiriste ». Au contraire. Combien de fois ai-je déploré que des thèses américaines ou allemandes comportent une longue introduction théorique fort abstraite, puis exposent des développements parfaitement déconnectés de la partie initiale et accumulant des faits sans ligne directrice, sans chercher à répondre à la question posée au début et présente, comme un fil rouge, dans toute la suite ! Bien avant d'avoir lu Karl Popper, je savais que n'est scientifique que ce qui est réfutable. Einstein n'a jamais prétendu que sa théorie de la relativité constituait une vérité indépassable. Je suis alors conduit à trouver stupide l'affirmation qui ne saurait être réfutée. Quelques germanistes, historiens, géopoliticiens ont mis en garde le public français, après la réunification, contre le nouveau *Drang nach Osten*, une nouvelle volonté allemande de dominer l'Europe de l'Est. « Mais aucun Allemand n'a montré de pareilles pensées. – C'est qu'ils ne savent pas encore quelles pensées la nouvelle situation géopolitique va nécessairement leur imposer ! » Irréfutable, donc stupide.

Pour moi, le fondement de la scientificité est la comparaison. Pas seulement dans les sciences humaines, mais aussi dans la vie courante. Lorsque l'un des premiers groupes de jeunes Français est revenu d'un voyage en Allemagne, ses membres se sont montrés pleins d'enthousiasme après une visite des usines Mercedes. « Ces machines ! Ce sérieux au travail ! Cette organisation ! Oui, on reconnaît bien là les Allemands. » Je leur ai demandé s'ils avaient déjà visité une usine automobile française, chez Renault, Peugeot ou Citroën. Réponse : « Non, pourquoi ? » Un seul de mes livres constitue une réflexion un peu théorique : *L'Explication politique : une introduction à l'analyse comparative*. En fait, je voulais m'interroger sur la méthode que j'avais employée dans mes livres antérieurs et dans mes cours, dans l'espoir que l'ouvrage puisse être utile au moins à mes étudiants. L'accueil de la presse fut bon et il y eut réédition et publication en poche. Mais les sociologues considérèrent que je n'entrais pas dans leurs débats et que je ne tenais pas compte de l'état de leur science. Mes nombreuses notes de bas de page se référaient en effet aux seuls livres qui m'avaient été ou m'étaient encore utiles. J'ai su que Raymond Aron n'avait pas aimé mon *Explication*. Je lui écrivis pour demander un rendez-vous afin qu'il me fasse part de ses critiques. Il me répondit qu'il me verrait volontiers, mais que l'on ne parlerait pas de mon livre, car ce qu'il me dirait me blesserait et ce que je lui répondrais le blesserait.

Le mot « incomparable » est aussi dénué de sens que le mot « impensable ». Si quelque chose est impensable, c'est qu'on vient de le penser, fût-ce pour le déclarer impossible ou inacceptable. « Incomparable » veut dire que quelque chose est exceptionnel, est unique – que ce soit dans la beauté ou l'horreur. Mais, sauf à considérer qu'il s'agit d'une vérité révélée, on ne peut le dire tel qu'après l'avoir comparé. J'ai beaucoup choqué en intitulant le second chapitre de mon livre *Le Crime et la Mémoire* « Auschwitz par comparaison ». J'y disais en introduction : « L'altérité, même radicale, ne peut être légitimement affirmée qu'après avoir été établie. Établie par la comparaison. L'altérité radicale, c'est celle qui comporte une différence de nature, et non plus de degré... À moins qu'il ne s'agisse pas de convaincre, mais de proposer, d'imposer un acte de foi. Mais pourquoi un Indien, un Cambodgien, un Arménien serait-il disposé à cet acte de foi ? La logique voudrait au contraire que quiconque vit dans la conviction de la singularité de la Shoah cherche à faire partager cette conviction par le raisonnement, donc par la comparaison. » Quand il s'agit de sujets moins tragiques, l'approche comparative est du type : il y a des ressemblances, mais en y regardant de plus près, on trouve des différences. À y regarder d'encore plus près, on découvre pourtant des similitudes !

Le recours aux mathématiques est supposé asseoir la scientificité. La science économique a parfois été si loin dans la mathématisation qu'elle en a perdu le sens des réalités non économiques. Mais à chaque soirée électorale, je suis admiratif en voyant la réussite des bons instituts de sondage, qu'il s'agisse de leur évaluation de l'état de l'opinion quelques jours avant l'élection ou bien, grâce à une méthode toute différente, du résultat du vote, « estimé » avec une précision croissante. Que ce soit en France, en Allemagne ou dans nombre d'autres pays, les débats politiques ont lieu bien avant la proclamation des résultats officiels. J'ai toujours eu beaucoup de mal à expliquer aux étudiants ou à d'autres citoyennes et citoyens que leur réflexion « Mais on n'a pas encore le résultat de Paris et des grandes villes » était injustifiée, puisque le modèle mathématique n'avait pas besoin de ces résultats. Parfois, cependant, emportés par leur élan, les instituts manquent de prudence lorsque le vote est serré. C'est ainsi qu'en Allemagne, Edmund Stoiber, candidat chrétien-démocrate, a triomphé spectaculairement pendant une heure, avant de recevoir le choc de la victoire de justesse de Gerhard Schröder. Et les mêmes instituts ont tort de laisser leurs journaux-clients tirer des conclusions, hors élections, d'une variation de 1 %, alors que la marge d'erreur est bien supérieure.

Les nombres peuvent être utilisés pour des comparaisons simples, à condition de n'en pas exagérer la portée. Si je dis que Pierre est plus grand que Paul, la mesure de leur taille vérifie ou infirme mon affirmation. Si je dis que Pierre est plus beau que Paul, je ne suis plus dans le quantitatif, mais si 90 % de ceux qui connaissent les deux garçons disent comme moi, la plus grande beauté de Pierre est au moins un fait social. Si Pierre soulève des barres que Paul n'arrive pas à faire décoller, dirai-je que Pierre et plus fort que Paul ? Mais peut-être Paul est-il moins timide, plus bagarreur que Pierre. Dans son joli récit *Le Temps des secrets*, Marcel Pagnol raconte comment il avait vaincu, grâce à un croissant « pointé sur la luette » de l'adversaire, un garçon en fait plus vigoureux que lui. Le vaincu se mit à le fuir et la classe a admiré la force de Marcel. De même, tous les indices quantifiés montraient que la France, puis les États-Unis étaient plus forts que le Viêt-minh. C'est pourtant le plus faible qui s'est montré le plus fort et qui a gagné. Non, tout n'est pas quantifiable. Au cours d'une visite au haut lieu de la quantification, Michigan State University, à Ann Arbor, j'ai posé une question qui n'a reçu de réponse ni immédiate ni – en dépit des promesses – ultérieure : « Comment quantifiez-vous la diminution de puissance que subit en permanence la République fédérale d'Allemagne du seul fait d'avoir Hitler dans son passé ? »

Tout est comparable. Rien n'est identique. Si l'on veut expliquer la victoire de Hitler en 1933, la comparaison devrait se faire avec les États-Unis. Même crise économique, même énorme chômage. Mais à moins d'identifier Roosevelt à Hitler, il faut compléter ces données communes avec le traité de Versailles, le nationalisme exacerbé, le manque de tradition démocratique, la tradition antisémite, l'antimarxisme face aux communistes et aux socialistes. Mais mon effort comparatif a évidemment porté sur l'Allemagne et la France. Deux de mes livres ont pour titre l'un *La France, semblable et différente*, l'autre *L'Allemagne de Berlin, différente et semblable*, la comparaison étant ici double : avec la France et avec la République fédérale d'avant la réunification. Pendant que je les écrivais, je me posais sans cesse la question : « Dis-je ceci ou cela à la suite d'une analyse rationnelle ou bien parce que je suis français, ou bien parce que, pour le lecteur de l'autre pays, je tiens à présenter trop favorablement le pays voisin ? »

L'importance de s'interroger sur l'influence de ses appartenances, je l'ai comprise en 1959 lorsque Jean-Baptiste Duroselle m'a demandé de préparer une recension globale de récents *textbooks* américains intitulés *International relations*. Les auteurs qui, dans leur préface, se réclamaient le plus de la scientificité avaient écrit sur fond de préjugés américains, masculins, occidentaux. Ceux, au contraire, qui expliquaient en quoi leur objectivité avait pu être entravée par telle ou telle de leur appartenance, présentaient les analyses les plus impartiales, les plus « scientifiques ». Un de mes collègues historiens a publié récemment un livre sur la politique extérieure française des dernières décennies. Je lui ai écrit en qualifiant l'ouvrage de très riche et de très utile, ce dont il s'est félicité devant une connaissance commune. Il n'a pas vu ma restriction sur le fait que la bibliographie et le texte ne tenaient guère compte des regards américains, anglais, allemands sur cette politique. L'égocentrisme français est si solidement implanté que sa mise en question n'est que rarement pratiquée !

À elle seule, l'introspection critique permet de comprendre qu'il existe deux ordres de réalité. Une croyance fausse est un fait social vrai. Les attitudes se forgent sur la base des deux réalités. Quiconque craint la présence des étrangers acceptera sans autre le fait réel que le taux de criminalité est plus important chez les étrangers que chez les « autochtones ». Mais acceptera-t-il qu'on lui dise que les délinquants sont pour la plupart masculins, jeunes et pauvres ? Or, a-t-on jamais vu une vieille femme courir après un jeune homme pour lui arracher son sac ? La comparaison devrait porter sur les Français masculins, jeunes et pauvres. Mais la simplification correspond aux attentes. La lutte contre les mythes est nécessaire. Les succès sont limités. Surtout aujourd'hui où nouveaux et anciens médias réduisent à néant les analyses fondées sur la recherche sérieuse des réalités. Che Guevara a été un meurtrier impitoyable. Il s'est trompé sur l'Amérique latine et a surtout connu l'échec. Mais tous les jeunes qui continuent à porter son effigie sur leurs T-shirts ont été confortés, en 2009, dans leur admiration par le film de Steven Soderbergh, *Che.* Je n'en ai pas moins toujours tenté d'éliminer, ou du moins d'égratigner les mythes. Par exemple à Leipzig, lors d'un anniversaire de la « bataille des nations » de 1813. Devant le monument commémoratif, j'ai évoqué la trahison des Saxons (et rappelé qu'en France, on avait pendant longtemps fait du mot « saxon » le synonyme de « traître ») et ironisé sur une victoire emportée sur une Grande Armée réduite à peu de chose après la Berezina.

Même mes livres les plus « scientifiques », fruit d'une recherche voulue approfondie, ont été écrits avec une intention pédagogique, donc avec le désir de remplacer chez le lecteur des croyances par des connaissances. Il en a été ainsi pour *La IVe République et sa politique extérieure* et pour *Les Occidentaux : les pays d'Europe et les États-Unis depuis la guerre.* Ici, j'avais à surmonter une difficulté particulière. Le livre devait paraître pratiquement en même temps à Paris, à Munich, à Londres et à New York. Il me fallait donc tenir compte des savoirs, des ignorances, des préjugés de quatre publics « nationaux ». Déjà, dans l'introduction de mon premier ouvrage, *L'Allemagne de l'Occident (1945-1952)*, paru en janvier 1953, je présentais comme suit mes intentions :

> [...] le commun des citoyens, dont le vote influencera la désignation des gouvernants, est obligé de prendre parti en face des événements, bien avant qu'on ne puisse en reconnaître l'enchaînement et les causes avec quelque certitude. Il peut cependant, si on lui en donne les moyens, connaître plus que le fait brut et ne pas se contenter, à partir d'une « opinion », faite de préventions, des jugements aussi catégoriques qu'injustifiables. Une dépêche d'agence annonce que des étudiants allemands se sont battus en duel, que le parti des réfugiés a progressé aux élections du Slesvig ou qu'une bagarre a eu lieu à Essen à propos du réarmement. Un rédacteur anonyme donnera un titre à la nouvelle qui, la plupart du temps, ne sera pas commentée par un éditorial. Le lendemain matin, le lecteur en prend connaissance. Le but de notre livre est de donner à tous deux, l'informateur et l'informé, un aperçu général sur l'Allemagne actuelle qui leur permette de replacer l'information dans un cadre d'ensemble, à l'un de titrer, à l'autre de lire en faisant appel à des connaissances plutôt qu'à des préjugés.

Quelles sont mes sources pour écrire ces livres ? Il s'agissait pour les trois que je viens d'évoquer d'ouvrages d'« histoire immédiate » ou du moins d'« histoire du temps présent ». Peu d'archives existent et je provoque des réactions négatives chez les historiens de métier en disant que je n'en souffre que médiocrement. Avec le téléphone, puis avec Internet, les historiens futurs ne disposeront de toute façon que d'archives limitées. Ils se servent aussi de mémoires, écrits souvent par des ambassadeurs à la retraite dont les rapports archivés étaient souvent des synthèses de la presse du pays où ils avaient été en poste... En revanche, j'ai toujours tenu à mes bibliographies. Aujourd'hui, où sur n'importe quel sujet on peut, à l'aide de Google, produire une liste de livres en cinq minutes, il me paraît plus important que jamais de se soumettre à l'exigence qui a toujours été la mienne et que j'ai toujours imposée à mes « thésards » : pas de titre sans au moins un mot de commentaire sur sa qualité et ses orientations, la bibliographie devenant un texte ordonné. Déjà, pour *L'Allemagne de l'Occident*, j'ai procédé ainsi avec les trois cent vingt titres de ma bibliographie. Mes deux fils universitaires ne se limitent cependant pas comme je le fais. L'historien vient d'accompagner une contribution de trente pages à une revue de quatre cent cinquante références bibliographiques. Et Paul, le professeur de droit civil, a coutume, depuis sa thèse, de remplir de notes la moitié de ses pages.

L'une de mes principales sources est la presse. Son utilisation est, à mes yeux, scientifique, dans la mesure où, selon la formule de Jean-Baptiste Duroselle, le recours à une multiplicité de journaux permet, sur le moment ou rétrospectivement, de trouver le « sillage perceptible » d'un événement passé inaperçu. Je suis un grand lecteur et « découpeur » de journaux (j'ai même découvert, dans une boutique de jouets, de petits ciseaux en plastique que j'ai le droit d'emporter dans les avions). Chaque jour, je prends en mains cinq quotidiens français et deux allemands, quatre ou cinq hebdomadaires français et trois allemands. En Allemagne, on me demande souvent pourquoi je ne laisse pas ce travail à un assistant. D'abord parce que je n'ai jamais eu d'assistant. Ensuite parce que personne ne peut savoir quelles informations, parfois minuscules, et quels commentaires me sont utiles à un moment donné.

Ce goût pour les journaux m'a permis pendant une décennie – de 1980 à 1990 – de me livrer à l'exercice qui m'a apporté les plus grandes joies que j'aie connues dans mes enseignements. Chaque jeudi, de 18 à 19 heures, dans un amphithéâtre de trois cents places, je commentais, sur la base d'une sorte de revue de presse, un sujet de mon choix, annoncé au plus tôt l'avant-veille sur un tableau noir dans le hall de Sciences Po. Qu'il s'agît d'une élection, du suicide d'une étudiante, de Jean-Marie Le Pen ou d'une nouvelle loi, je parlais devant une salle presque toujours pleine, alors que ces séances n'étaient intégrées à aucun programme et ne donnaient aux présents aucun avantage en termes de notes ou d'examens. Je suis souvent un peu vexé lorsque je constate que les étudiants de ce temps ne gardent de mes enseignements que le souvenir de ces heures d'amphithéâtre. Il faut croire qu'ils n'étaient pas gênés, qu'ils appréciaient même que mes « commentaires d'actualité » aient tous été marqués par une tonalité, une dimension morale…

Solitaire, solidaire, moralisant

À un colloque sur Karl Jaspers, à Heidelberg, chacun devait se présenter. L'un était philosophe, l'autre sociologue, un autre théologien, un autre encore historien. On se tourna vers moi, en souriant d'avance de mon incertaine réponse. Elle les fit rire, alors que j'étais sérieux. Je dis en effet : *Moralpädagoge*. Je reconnais que je vise à influencer avec une visée morale. Je sais que la notion d'influence rencontre souvent deux types de critique. Il ne faudrait pas chercher à influencer, puisque l'influence entamerait la liberté de l'Autre. Il ne servirait à rien d'influencer, puisque les conditionnements, extérieurs et intérieurs, subis par l'Autre seraient tels qu'on ne saurait le changer. À cet argument-ci, Bertrand de Jouvenel a répondu dans son grand petit livre de 1963, *De la politique pure* : « Toutes les fois que nous prions, conseillons, exhortons ou commandons à tel homme de faire (ou ne pas faire) telle chose, nous reconnaissons du même coup que l'homme peut faire cette chose ou non ; faute de quoi, notre effort pour l'influencer serait absurde. Cette preuve simple de la liberté de l'Homme... »

Je veux donc influencer – et me sens ouvert à l'influence de l'Autre. Les parents et les enseignants, surtout les soixante-huitards, qui prétendent ne pas vouloir influencer ne savent pas l'influence qu'ils exercent par leur abstention même, et surtout ne sont pas tolérants, mais abdiquent en tant qu'éducateurs. La plupart de mes collègues m'ont reproché d'introduire une dimension morale dans mes enseignements. Ma réponse a toujours été : « Si j'enseignais les mathématiques, la simple transmission de connaissances serait de mise. Comme politiste et historien, je ne peux pas renoncer à cette dimension. Ne serait-ce que pour aider les étudiants à avoir une colonne vertébrale ! » Je reviendrai *in fine* sur la magnifique formulation du père jésuite François Varillon : « On a

passé et non perdu du temps pour que l'Autre soit
– et qu'il soit autre. »

Je dois répondre à une objection. Elle est contenue
dans le texte « Liberté pour l'Histoire », pétition pour
l'abrogation des articles de loi contraignant la
recherche et l'enseignement de cette discipline. Les
signataires de ce texte paru dans *Le Monde* en
décembre 2008 – grands noms de la recherche historique – avaient parfaitement raison de dire que « l'histoire n'est pas un objet juridique. Dans un État libre,
il n'appartient ni au Parlement ni à l'autorité judiciaire
de définir la vérité historique ». Mais ils disaient
aussi : « L'histoire n'est pas la morale. L'historien n'a
pas pour rôle d'exalter ou de condamner, il
explique. » Certes, mais il choisit ce qu'il veut expliquer. Tel des signataires a passé sa vie d'historien à
expliquer Vichy – à partir d'une condamnation
morale du régime ainsi désigné. Celui qui choisit
d'expliquer les mécanismes de la traite des Noirs veut
comprendre et faire comprendre des souffrances auxquelles il compatit et des enrichissements qu'il
condamne – au nom d'une morale.

Avant mes deux dernières années à Sciences Po, le
directeur m'a demandé de prendre en charge un nouvel enseignement, rendu obligatoire pour tous les étudiants de dernière année. « Ils ont appris beaucoup
de réponses. Qu'ils sachent, en partant, qu'il existe
des questions. » L'intitulé, en toute simplicité, était :
« Les grandes questions politiques, sociales et économiques d'aujourd'hui. » Une partie des étudiants
s'irritaient de me voir les impliquer dans mes analyses,
m'interroger sur leurs motivations et leurs aspirations
en fonction des réalités que je leur présentais.
D'autres écrivaient dans leur évaluation qu'ils étaient

contents de s'être vus confrontés aux problèmes qu'ils se posaient, au lieu d'avoir été simplement appelés à augmenter leur savoir. (Depuis nombre d'années, les étudiants de la rue Saint-Guillaume sont invités à évaluer leurs professeurs, leurs appréciations positives ou négatives n'étant connus ensuite que par le directeur et par l'enseignant.) À mon cours étaient rattachées des « conférences de méthode », groupes de travail d'une trentaine d'étudiants dirigés par un maître de conférences. J'avais choisi ceux-ci parmi les professeurs de philosophie des lycées déjà présents à l'IEP. Je leur avais proposé de partir de l'actualité pour remonter vers les philosophes du passé, en montrant que les interrogations d'aujourd'hui étaient enracinées dans les questionnements de Platon ou de Nietzsche. Quelques-unes allèrent dans ce sens. La plupart, hélas, assenèrent à leurs ouailles une sorte de cours d'histoire de la philosophie qui ne débouchait même pas sur les réalités contemporaines.

La coloration éthique est évidemment liée à la recherche de la vérité. Avec un maximum de sain scepticisme. Certains étudiants disaient (et disent encore rétrospectivement) que tous mes cours se laissaient aisément résumer en deux formules : 1° C'est plus compliqué que ce que vous avez cru. 2° Ceci est vrai, mais le contraire n'est pas entièrement faux ! Je leur demandais cependant de ne pas se comporter face à la vérité comme René Descartes qui disait qu'il n'exposerait jamais par écrit ce qu'il croirait être la vérité si cette vérité pouvait porter préjudice à la religion et à l'État. Je suis certain que bien des étudiants n'auront pas fait preuve ultérieurement de courage civique. J'ai en tout cas essayé de les y inciter. Lorsque Richard Descoings est devenu directeur de l'Institut d'études politiques, il a fait distribuer une lettre à tous les étudiants. Il y rappelait, en tant que membre du Conseil d'État, que cette haute autorité avait failli en 1940. Un seul conseiller avait protesté contre les mesures antijuives de Vichy. Les autres les avaient appliquées comme droit positif ordinaire. Que les étudiants sachent donc que leurs fonctions futures ne les appelleraient sans doute pas à prendre seulement des décisions techniques !

Quand j'essaie de présenter à mes auditeurs, sur les sujets les plus divers, leurs implications éthiques, je rencontre deux difficultés.

La première, petite, concerne tous les orateurs s'adressant à des auditoires variés dans des lieux différents. On se répète souvent. On modifie ce qu'on a dit ailleurs en fonction du public et en mettant le contenu à jour. Mais quand on a trouvé une formulation qui porte, on est tenté de la reprendre, même si dans l'auditoire il se trouve peut-être des gens qui l'ont déjà entendue ailleurs. Ainsi, quand je présente en conclusion les valeurs qui ont fondé mon analyse, je dis : « Vous pourriez croire qu'il ne s'est pas agi d'un discours, mais d'un sermon. » Petite pause, puis : « C'était intentionnel ! » Ce « truc » ne me donne pas mauvaise conscience. Les prédicateurs dans les églises présentent d'année en année, de mois en mois, les mêmes exigences au peuple de Dieu !

La seconde difficulté est plus importante. J'ai tendance à toujours présenter le pour et le contre. Le fort sceptique Anatole France a écrit : « Je me suis toujours incliné à tout comprendre et j'y ai perdu des énergies précieuses. » Des amis ont prétendu plaisamment que, si j'avais été présent à Paris le 14 juillet 1789, j'aurais demandé aux révolutionnaires, avant qu'ils donnent l'assaut, de réfléchir au point de vue du gouverneur de la Bastille. Le reproche implicite n'était pourtant pas justifié. Je sais qu'avant de plaider la compréhension, il faut parfois d'abord vaincre. Comprendre les jeunes Allemands enrôlés dans les HJ, les Jeunesses hitlériennes ? Seulement après l'écrasement de Hitler. Comprendre les généraux et les officiers qui se sont révoltés contre de Gaulle au nom de l'Algérie française ? Mon article dans *La Croix* rappelant comment ils avaient été trompés par les promesses du général n'a été écrit qu'après leur capitulation. L'article précédent avait expliqué pourquoi leur défaite était nécessaire et l'indépendance de l'Algérie inévitable.

J'ai toujours eu à accepter les conséquences d'une attitude plus générale. Je suis redevable à Albert Camus de la formule « solidaire, solitaire ». En même temps solidaire de tel ou tel groupe et toujours non inséré. Dans le *Dictionnaire des intellectuels* de Julliard et Winock, il est écrit, dans la rubrique qui m'est consacrée : « Il ne fréquente qu'avec circonspection le milieu intellectuel parisien et ne signe guère de pétitions ou de manifestes. » C'est peu dire ! La rançon de l'éloignement de toute chapelle, de toute coterie, dont les membres s'entrelouent et s'entre-citent, c'est souvent l'absence de recensions de vos livres, la rareté des références à ce que vous avez écrit sur un sujet de nouveau à la mode. Je le dis sans amertume. Je suis plutôt fier de n'appartenir ni à l'une, ni à l'autre des deux catégories humaines que Nietzsche a condamnées dans son *Zarathoustra* : « La fréquentation des gens gâche le caractère, surtout quand on n'en a pas. Qui cherche se perd facilement. Tout isolement est coupable : ainsi parle le troupeau. » Mais il existe chez moi une limitation nullement innocente.

Je crois avoir du caractère et ne pas appartenir au troupeau, mais j'éprouve parfois la tentation de traiter en troupeau des groupes de grande valeur.

Mais jamais de les mépriser. Comme souvent, j'avais passé une belle journée à l'Ifocap (Institut de formation des cadres paysans). Cette fois, dans le cadre d'un stage pour femmes. À sa demande, j'étais accompagné d'une spécialiste de Sciences Po en questions agricoles. Au retour, encore plein d'admiration pour la qualité des participantes, je demandais à mon accompagnatrice : « Alors ? – Qu'est-ce qu'elles s'expriment mal ! » fut sa seule réponse.

À un autre stage féminin, j'incitais ces femmes d'agriculteurs courageuses, attaquées dans leur village parce qu'elles passaient trois semaines à se former en économie, en connaissance de la société, à s'engager dans la vie politique, à dire leurs opinons, à militer dans un parti. La première question fut : « Et dans quel parti êtes-vous donc engagé ? » Ma réponse fut à la fois sincère et hypocrite : « Dans aucun, sinon je ne pourrais vous parler avec impartialité. Si j'avais une étiquette collée dans le dos, vous m'écouteriez différemment. » Je leur donnai l'exemple d'une session antérieure. C'était à la veille d'une élection présidentielle. « Pour qui allez-vous voter ? – Pour François Mitterrand. – Impossible. Vous venez de le critiquer ! » C'est parce que je n'étais pas dans son parti que je pouvais parler librement.

L'appartenance entraîne un inévitable et nécessaire devoir de réserve. Mais mon désir de liberté n'est-il pas lié à un désir de confort ? Mon sens de la responsabilité touche ici à une limite fort peu glorieuse. J'analyse et je prêche. D'autres font le travail obscur et difficile.

Cela vaut tout autant pour l'engagement social. J'écris et parle pour soutenir telle cause, telle organisation.

Je donne de l'argent. Mais je ne participe pas dans la durée, je ne partage pas la vie de ceux qui se dévouent pour autrui. En 1980, j'ai publié dans *La Croix* une assez longue recension du livre de Bernard Kouchner, *L'Île de lumière.* Le titre était le nom du bateau avec lequel Kouchner avait sauvé nombre de *boat people* vietnamiens. Je louais chaleureusement son action. Mais j'émettais une réserve. Kouchner critiquait les femmes et les hommes qui, au sein de la Croix-Rouge ou d'autres institutions internationales, ne pratiquaient pas leur métier avec assez de chaleur. J'écrivais qu'il était facile de critiquer ceux qui faisaient leur métier de façon permanente quand on était sur le bateau par intermittences en menant le reste du temps une agréable vie parisienne. En fait, ma critique me concernait encore bien plus que Kouchner, puisque je n'ai jamais participé à une opération de sauvetage, comme l'a fait si longtemps sur son bateau *Cap Anamur* mon ami admiré Rupert Neudeck. Je donne régulièrement de l'argent à ATD (Aide à toute détresse)-Quart Monde, mais qu'est-ce par rapport à ma lointaine cousine Francine qui a suivi le père Wresinski dans le *slum* de Noisy-le-Grand, puis a vécu au milieu des déshérités et à leur service, avec son mari et leurs quatre enfants nés dans l'environnement de la pauvreté ?

Cela dit, j'ai aussi pu, sans pratiquer un tel engagement, participer sans appartenir. Il existe deux communautés humaines auxquelles je n'appartiens pas et au sein desquelles il m'est tout de même permis de participer aux soucis et aux actions des membres dont je me sens le plus proche – vers le dehors ou à l'intérieur de chacune d'elles. Comme Français en Allemagne, comme athée dans le catholicisme français. Il en sera longuement question plus loin.

46

Comment parler à des publics différents ?

Chaque fois que je m'adresse à un public qui appartient à un groupe humain animé par des convictions fermes, je tente de l'amener à réfléchir sur ces convictions en parlant à contre-courant. *Gegen den Strom* a d'ailleurs été le titre, en 1975, du premier recueil de mes discours et articles. Le principe, je l'ai énoncé dans le journal que j'ai tenu pendant quelques mois lorsque j'avais 21 ans : « Je ne serai jamais un orateur démagogique. Je ne m'adresserai jamais aux instincts des auditeurs. Seulement à leur raison et à leur sens éthique. » Je crois avoir toujours été fidèle à cet engagement. Il m'arrive de me laisser aller au plaisir de la pure provocation... Je devais faire un discours sur l'Europe pour l'association allemande des médecins les plus impitoyablement libéraux. Dans son introduction, le président s'en était violemment pris à la politique de la ministre fédérale de la Santé, une socialiste. J'ai commencé en disant que ses motifs étaient sûrement honorables. Je regrettais cependant qu'il n'ait pas évoqué le poids que l'industrie pharmaceutique exerçait sur la liberté des médecins. La salle a bien voulu rire.

Ma « méthode » est facile à expliquer à partir d'un exemple. Le 1ᵉʳ septembre 1989, cinquantième anniversaire du début de la Seconde Guerre mondiale, j'ai parlé dans une église catholique de Cologne. J'ai évoqué assez longuement l'attitude des évêques en 1933, lors de l'avènement de Hitler, et dans les années suivantes. Si, en 1939, ils n'ont pas protesté contre le recours aux armes, ce fut en particulier parce qu'ils avaient déjà pris l'habitude de se taire. Le lendemain, je parlais à Dortmund, dans un vélodrome loué, pour cette commémoration, par le DGB, la Confédération des syndicats allemands. J'ai raconté – ce qu'une bonne partie des auditeurs ignoraient manifestement – comment l'ADGB (le DGB de l'époque) avait capitulé en 1933, acceptant notamment de participer aux défilés du 1er Mai devenu « Jour du travail national », ce qui n'avait pas empêché Goebbels de faire fermer les maisons des syndicats et arrêter la plupart des dirigeants syndicalistes. Si j'avais critiqué les syndicats dans l'Église ou les catholiques devant les syndicats, j'aurais fait acte de démagogie, non de pédagogie.

En France, surtout quand je parle devant des notables, des diplomates ou des militaires, j'aime dire : « En 1945, les trois vainqueurs et la France ont pris conjointement possession de la souveraineté allemande. » La formule m'a été inspirée par le célèbre discours du général de Gaulle parlant du balcon de l'Hôtel de Ville le 15 août 1944 : « Paris libéré ! Libéré par lui-même, libéré par son peuple avec le concours des armées de la France, avec l'appui de la France tout entière ! » Mes publics français sont en général surpris quand je leur demande : « N'y avait-il pas à l'époque des soldats américains et britanniques sur le sol français ? N'ont-ils pas quelque peu contribué à la libération de la France, y compris à celle de Paris ? » Il est vrai que le général les évoque un peu plus tard, mais par une formule qui en quelque sorte les subordonne : « L'ennemi reste sur notre sol. Il ne suffit même pas que nous l'ayons, avec le concours de nos chers et admirables alliés, chassé de chez nous pour que nous nous tenions pour satisfaits… »

Quand il s'agit des États-Unis, je me sens obligé de tenir un discours double. Je reproche aux auditeurs allemands un excès de gratitude, aux Français un excès d'ingratitude. Certes, le plan Marshall a permis le « miracle économique » allemand des années 1950 et, sans le pont aérien de 1948-1949, Berlin-Ouest aurait dû capituler face au blocus soviétique. Mais était-ce une raison pour se soumettre ensuite à toutes les exigences américaines, pour abdiquer toute velléité de politique internationale divergeant si peu que ce fût de l'américaine ? Le refus du gouvernement Schröder de participer à la guerre en Irak a constitué une véritable révolution.

Sans le plan Marshall, le plan Monnet de 1946 n'aurait pas permis le rapide développement de la France, notamment par les investissements faits, grâce aux dons américains, dans les entreprises nationalisées – SNCF, Charbonnages, EDF. Où étaient donc en France – où l'on est pourtant féru de commémorations ! –, à l'exemple des autres pays bénéficiaires, les cérémonies commémoratives, notamment en 1997 ? Je ne sais qui de Pierre Daninos ou de moi-même a eu le premier l'idée d'une comparaison pertinente. La France, face aux États-Unis, ressemble à M. Perrichon. Dans la joyeuse comédie de Labiche, ce bon bourgeois se met à détester le jeune homme qui lui a sauvé la vie et porte toute son affection à celui qui a fait semblant de se faire sauver par M. Perrichon. Le sommet de l'œuvre est l'exclamation du héros de la pièce : « Je vous ai sauvé la vie, je ne l'oublierai jamais ! » On fera battre les cœurs en évoquant La Fayette. Ils étaient faibles, nous étions forts et les avons secourus : nous les aimons. Ils étaient riches, nous étions pauvres, ils nous ont aidés : il y a vraiment de quoi les détester !

La belle préoccupation d'éclairer lecteurs et auditeurs n'est malheureusement pas la seule. Le plaisir de contredire est moins honorable. Peut-être est-il dû à un héritage talmudique. Mais le prédicateur peu recommandable du film joyeux et profond de Patrice Leconte, *Ridicule*, ne devait rien au judaïsme. Il tombe brutalement en disgrâce pour avoir dit au roi, après un brillant sermon, qu'il aurait pu aussi bien démontrer le contraire. Il m'arrive de pratiquer ce jeu intellectuellement si satisfaisant ! Le plus souvent, pourtant, il s'agit de montrer à un interlocuteur ou à un groupe que son opinion, même quand je la partage, n'est pas à l'abri d'une contradiction raisonnée et raisonnable.

En revanche, je rejette un éloge qui m'est souvent adressé. Je serais courageux. Dans nos sociétés démocratiques, il existe des journalistes courageux qui risquent de perdre leur emploi. Les professeurs d'université, eux, ne courent aucun risque matériel. Je puis donc affirmer que le courage professoral est mince, mais qu'il existe un nombre important de professeurs lâches ! Dans la proclamation de positions controversées, notamment face à la politique israélienne, j'accepte de dire que je montre tout de même un certain courage intellectuel. En revanche, je n'ai que peu de courage physique. Et c'est quand on en manque qu'il faut faire comme si l'on en était pétri. Il en a été ainsi lors des combats (limités) pour la libération de Marseille ou lors de manifestations face à une charge de policiers (portant à une époque de simples pèlerines lestées de plomb, puis brandissant des matraques). Pendant mes discours, je n'ai eu peur qu'une fois. À Berlin, en 1969, il arrivait que l'orateur soit frappé par un œuf contenant un liquide colorant. Or, je n'avais emporté de Paris qu'un seul complet pour une tournée de plusieurs jours. Mais il ne s'est rien passé.

Aucun danger ne me menaçait, à la même époque, dans le grand amphithéâtre de l'université de Munich lorsque, au début de la séance, un petit groupe au fond de la salle s'est mis à hurler. Du pupitre j'interpellai leur chef, un homme d'âge mûr fort barbu : « Venez donc ici pour dire ce que vous voulez exprimer. » Il vint. Je mis la main sur son épaule et lui dis : « Vous avez la parole. » Mais il balbutia simplement quelques mots et le silence se fit jusqu'à la fin de mon exposé. (Qu'aurais-je fait s'il s'était mis à parler interminablement ?) Mais mon procédé n'avait-il pas montré une certaine condescendance de ma part ? C'est malheureusement une attitude que je ne parviens pas toujours à éviter, malgré mon constant désir de respecter l'interlocuteur comme un parfait égal. Je n'ai jamais prétendu être modeste et ne tiens pas à l'être : j'ai toujours critiqué l'appel constant des Églises chrétiennes à une modestie paralysante, surtout quand il demeure adressé aux femmes. Je préfère la référence à la parabole des talents. L'appel consiste alors à demander à chacun de ne négliger aucune de ses aptitudes.

Dans quelle mesure le manque de modestie n'est-il pas une forme de vanité ? Je ne déteste pas les compliments, mais je n'aime pas en recevoir d'immérités. Dans la brochure *Célébration du 91ᵉ anniversaire de l'Armistice de 1918*, publiée par la présidence de la République et distribuée lors de la cérémonie réunissant, à l'Arc de triomphe, Angela Merkel et Nicolas Sarkozy, on lit, pour la période 1945-1948 : « Quelques esprits éclairés pressentent la nécessité d'une réconciliation. Animés par une culture de paix, d'anciens résistants français cherchent à établir un dialogue avec une Allemagne rénovée. En 1948, l'un d'eux, le Français Alfred Grosser, fonde un comité d'échanges avec l'Allemagne nouvelle... » Or, je n'ai été qu'un bien médiocre résistant, ce n'est pas moi qui ai créé le comité et j'aurai à dire dans le dernier chapitre quels autres m'avaient précédé dans l'action ainsi présentée. Dire cela, est-ce de la modestie de ma part ? N'est-ce pas plutôt une preuve de vanité, puisque, ainsi, je parviens à citer la brochure qui me flatte ?

Je n'en ai pas moins le droit d'éprouver joie et fierté quand je reçois des témoignages d'anciens élèves ou étudiants, d'auditeurs ou de lecteurs me disant que je les ai aidés dans leur réflexion et leurs engagements. Sans doute cette fierté recèle-t-elle une part de vanité. Mais la déceler n'est vraiment pas une préoccupation centrale. En revanche, je crains souvent d'être méconnu dans ma visée centrale. Se vouloir médiateur, ce n'est pas chercher à éviter, à nier les conflits. Le désir de comprendre et de faire comprendre l'Autre ne consiste pas à renoncer à des opinions fermes. Combien de fois ai-je relu une citation biblique pour m'assurer qu'elle ne s'appliquait pas à moi, que ce soit aux yeux d'autrui ou à mes propres yeux. Dans l'Apocalypse (3, 15-16), on lit : « Je connais tes œuvres ; je sais bien que tu n'es ni froid ni bouillant ; si seulement tu étais froid ou bouillant ! Ainsi parce que tu es tiède, je vais te vomir de ma bouche ! » Je ne suis jamais certain de ne pas être tiède dans mes dires et dans mes conduites. J'ai simplement essayé d'observer et de comprendre des situations humaines, puis de chercher à exercer une influence, fût-elle minime, sur leurs évolutions.

2

Identités et politiques

La Nation, l'Europe et de Gaulle

Emmanuel Mounier disait justement que, si la politique n'est pas tout, la politique est en tout. La décision du couple de ne pas avoir d'enfant à cause de l'exiguïté de son logement est partiellement déterminée par la politique sociale des gouvernements successifs. Pendant que la caissière de supermarché lit des romans-photos où une caissière épouse le fils du patron, elle ne s'engage pas dans un syndicat pour améliorer sa condition. Le roman-photo et nombre d'émissions de télévision ont pour fonction politique de la détourner du politique. Une vieille histoire américaine ne devrait plus faire rire. On demande à Mr. Smith qui prend les décisions dans son couple. « Pour les choses importantes, c'est moi : quelle doit être notre politique à l'égard de la Chine ? Et notre rôle à l'ONU ? Etc. Pour les moins importantes, c'est ma femme : l'éducation des enfants, le choix du lieu de vacances... » Or, le règne des sondages fait que l'opinion de Mr. Smith pèse sur la politique gouvernementale, et qui nierait que l'éducation contribue à forger les attitudes des futurs citoyens ? Tous deux contribuent donc à la vie politique. Dans *L'Explication politique*, j'ai distingué le domaine du politique où se forgent et se prennent les décisions, des attributs politiques de tous les phénomènes sociaux. Après avoir critiqué son livre *Comment on écrit l'histoire*, j'ai eu la joie de recevoir une belle lettre du grand historien Paul Veyne m'approuvant de mettre en œuvre cette distinction.

Dans mon discours de 1974, dans la salle de séances du Bundestag – l'Assemblée nationale allemande –, à l'occasion du *Volkstrauertag* – la Journée nationale de deuil –, j'ai défini la politique comme le meilleur moyen d'éviter de nouveaux deuils. De façon plus générale, le politique est ce qu'il y a de plus noble dans une communauté humaine, dès lors qu'on le définit comme le but, le moyen que celle-ci décide de se donner pour tenter de maîtriser son propre avenir. Reste à savoir de quelle communauté il s'agit et quelles sont ses limites. Il se trouve que chacun a de multiples identités, donc de multiples appartenances. Je suis homme, mais considère que je suis encore fort privilégié par rapport aux femmes et ne m'engage certainement pas pour l'avenir d'une communauté masculine. Je suis parisien et n'ai aucune envie de défendre les immenses avantages culturels dont je jouis par rapport aux provinciaux. Je suis vieux, mais me dis que le travail de mes quatre fils contribue à payer ma retraite ! Je suis aussi français et européen. Suis-je alors en conflit avec moi-même ?

Qu'est-ce donc qu'être français ? Ma réponse a toujours été double. Le premier volet, c'est que j'ai tendance à me surestimer. La réponse belge aux innombrables « histoires belges » dont on se repaît en France est pour le moins incisive. « Quel est le meilleur moyen de faire fortune ? Vous achetez des Français pour ce qu'ils valent et vous les revendez pour ce qu'ils s'estiment ! » Quand je consulte mon sottisier, j'ai envie de leur donner raison. Certes, je peux dire en Allemagne que personne, chez nous, n'emploie l'expression « la grande nation », utilisée là-bas pour évoquer ironiquement la France. Mais que d'outrances chez nos dirigeants !

> « Notre action vise à atteindre des buts qui, parce qu'ils sont français, répondent à l'intérêt des hommes » (De Gaulle, 31 décembre 1967).

> « Cet indéfinissable génie qui permet à la France de concevoir et d'exprimer les besoins profonds de l'esprit humain » (François Mitterrand à l'Assemblée nationale, juin 1975).

> « La biologie profonde du peuple français en fait un groupe à part, à jamais distinct des autres peuples et destiné à devenir une élite pour le monde » (Valéry Giscard d'Estaing dans son livre *L'État de la France*, 1981).

Je pourrais continuer, mais en viens tout de suite à mes deux champions, tous deux ministres de la Culture. En novembre 1974, André Malraux est critiqué pour avoir laissé la Vénus de Milo partir pour être exposée au Japon. À l'Assemblée nationale, il dit : « Il y a tout de même quatre millions de Japonais pour aller voir le drapeau français placé derrière cette statue. Au Japon comme au Brésil, lorsque les gens viennent applaudir la France, ils viennent applaudir la générosité de l'esprit exprimé par le génie français. » Doit-on comprendre que le sculpteur grec est naturalisé français ? Le sommet, selon moi, a été atteint en mai 1973 par Maurice Druon, de l'Académie française, s'adressant en tant que ministre aux Alliances françaises : « C'est la langue la plus appropriée à l'expression de la pensée... Bien employé, le français ne permet pas aux hommes de se mentir, notamment dans le domaine de l'information » ! Il est vrai qu'un autre académicien, Marc Fumaroli, professeur au Collège de France, a pu écrire dans *Le Figaro*, en mars 1996 : « La francophonie a été, dès l'origine, un pari sur la qualité, la singularité et la supériorité de l'éducation en français. » Pauvres Anglais, Espagnols, Allemands, Russes, Chinois qui ont reçu une éducation inférieure !

(Je trouve bizarre que nos hommes politiques et nos médias ne se vantent jamais de ce qui mériterait d'être vanté, c'est-à-dire de la place exceptionnelle et enviée que des Français occupent à la tête de grands organismes internationaux. Fin 2010, Pascal Lamy était directeur général de l'Organisation mondiale du commerce, Dominique Strauss-Kahn directeur général du Fonds monétaire international, Luc Guyau président de l'Organisation mondiale de l'agriculture, Jean-Paul Costa président de la Cour européenne des droits de l'homme, Pierre Vimont directeur général exécutif auprès de l'incompétente Lady Ashton, ministre européen des Affaires étrangères. Et quand il a fallu créer une commission pour vérifier si les juges proposés pour la Cour de justice européenne avaient la compétence nécessaire, c'est Jean-Marc Sauvé, vice-président du Conseil d'État, qui fut choisi pour la présider. J'avoue avoir été surpris de voir une Française, Christine Lagarde, succéder à DSK – dont le destin ultérieur n'a été dû en rien à la réussite de sa fonction internationale...)

En revanche, je suis aussi français parce que la France a été particulièrement accueillante pour ma famille, comme elle l'a été pour celle de Nicolas Sarkozy de Nagy-Bocsa (nom que le président de la République a intégralement conservé dans sa notice du *Who's who*). Contrairement à lui, je ne me suis jamais senti comme « petit Français au sang mêlé », parce que la notion de sang m'est étrangère, mais, comme lui, pour citer encore son discours du 14 janvier 2007 devant le congrès de l'UMP, j'ai pris, « fils d'immigré, la culture, la langue et l'histoire de France en partage pour pouvoir mieux vivre une destinée commune ». Mon intégration a été facilitée par mes premières expériences. Après le décès de mon père, l'électricien qui avait déjà largement commencé l'installation de ce qui aurait dû être un home d'enfants médicalisé est venu voir ma mère : « Madame, votre mari a laissé une assez grosse dette. Mais il était ancien combattant, comme moi. Pas du même côté, mais ancien combattant, c'est ancien combattant. Vous paierez quand vous pourrez ! » Ma mère m'a fait entrer tout de suite chez les éclaireurs unionistes (scouts protestants, les scouts de France n'acceptant à l'époque que les petits catholiques). Je devins rapidement, chez les louveteaux, chef de sizaine et ma sizaine a gagné le concours qui me permettait de porter le fanion de la meute au défilé du 11 Novembre devant le monument aux morts de Saint-Germain. Je suis allé trouver la cheftaine : « Akéla, je ne suis pas encore français. Est-ce bien à moi que revient cet honneur ? – Mais c'est épatant que ce soit toi. Nous ne fêtons pas la victoire, mais la paix retrouvée » (c'est l'idée exprimée par Nicolas Sarkozy et Angela Merkel le 11 novembre 2009). Plus tard, je me suis surpris à

dire pendant un cours : « Nous avons, en 1914... »
En disant cela, j'ai pensé : « Nous, ce sont les soldats
français – contre lesquels mon père a combattu pendant quatre ans. Assimilation parfaitement réussie.
Napoléon est mon grand-père, Jeanne d'Arc mon
arrière-grand-mère et Goethe un grand écrivain étranger ! » Mais le fait que j'aie pu intituler des mémoires
Une vie de Français n'impliquait pas que la culture
allemande me soit devenue étrangère. Je n'ai jamais
bien compris le rejet du mot « assimilation » par les
partisans de l'intégration.

Ceux-ci, dont je suis, ont en revanche parfaitement
raison de critiquer la façon dont cette intégration a
été et est souvent refusée. Au nom de critères variés.
Raymond Forni, président de l'Assemblée nationale,
fils d'immigrés italiens, devenu Français à 17 ans, a
organisé en 2001, à l'occasion du 50e anniversaire de
la Convention de Genève sur les réfugiés, une séance
particulière au palais Bourbon. La salle des séances
était remplie d'immigrés devenus ou non citoyens
français. Je siégeais glorieusement au banc des
ministres. Presse, radios et télévisions étaient invitées.
Il y eut des discours substantiels. Les médias furent
presque tous muets. Il eût été pourtant intéressant de
savoir quels obstacles les participants avaient rencontrés ou rencontraient encore.

Je m'étais déjà rendu compte de la chance qui avait
été la mienne d'être venu d'Allemagne. Je connaissais
la lettre que le général de Gaulle avait adressée, le
12 juin 1945, à Pierre-Henri Teitgen, ministre de la
Justice. Il fallait limiter les naturalisations en fonction
des intérêts nationaux. « Sur le plan ethnique, il
convient de limiter l'afflux des Méditerranéens et des
Orientaux... Il est souhaitable que la priorité soit

accordée aux nationalités nordiques – Belges, Luxembourgeois, Suisses, Néerlandais, Danois, Allemands. » Et ceux de l'Est ? Je n'avais pas encore lu le livre de Robert Badinter, *Un antisémitisme ordinaire : Vichy et les avocats* (1997), dans lequel il cite un document horrible demandant de remplacer l'antisémitisme par la xénophobie. Le président du Consistoire israélite, président de section au Conseil d'État, écrivait au maréchal Pétain après la promulgation de la première législation antijuive : « L'invasion des réfugiés chassés de leur pays par un nationalisme ombrageux a pris des proportions de plus en plus inquiétantes au fur et à mesure du développement des conquêtes du nazisme en Europe. Malgré les avertissements du judaïsme français, les gouvernements de la France n'ont rien fait – au contraire – pour parer au danger. La réaction contre l'invasion des étrangers s'est traduite par un normal antisémitisme (*sic !*) dont les victimes sont aujourd'hui les vieilles familles françaises de religion israélite. » Et de proposer une législation qui interdirait la fonction publique et les professions libérales à quiconque n'aurait pas quatre grands-parents français !

En fait, les plus maltraités venaient du Sud. Déjà, il a fallu attendre le 11 avril 1946 pour que le travail forcé fût aboli dans l'Afrique noire française. Le discours prononcé le 23 mars par Félix Houphouët-Boigny, député et futur président de la Côte d'Ivoire, emporta le vote :

Il faut avoir vu ces travailleurs usés, squelettiques, couverts de plaies… Il faut avoir vu les transitaires, ces négriers modernes, les entasser dans les camions, les enfermer dans des fourgons comme des animaux ; il faut surtout avoir vu, comme chef, ces scènes poignantes, déchirantes, des vieilles femmes vous réclamant leur fils, leur unique soutien, des orphelins leur père nourricier, les femmes chargées d'enfants leur homme, leur unique moyen d'existence, pour comprendre le drame du travail forcé.

L'Afrique noire, comme celle du Nord, avait aussi fourni, comme en 1914-1918, des soldats appelés à combattre pour leur patrie, la France. Et celle-ci a particulièrement discriminé ces anciens combattants-là. Contrairement à nombre de mes compatriotes, j'ai toujours été choqué par le *Chant des Africains* :

> C'est nous les Africains
> Qui revenons de loin
> Pour sauver la patrie.
> Nous avons tout quitté
> Parents, gourbis, foyers
> Et nous avons au cœur
> Une indicible ardeur
> Car nous voulons porter haut et fier
> Le drapeau de notre France entière
>
> Pour le pays, pour la Patrie
> Mourir au loin
> C'est nous les Africains
>
> Et lorsque finira la guerre
> Nous reviendrons dans nos gourbis ;
> Le cœur joyeux et l'âme fière
> D'avoir libéré le pays.

Je pense alors à ce qu'Albert Camus a écrit dans *Le Premier Homme* : « Quand mon père fut appelé sous les drapeaux, il n'avait jamais vu la France. Il la vit et fut tué. » Depuis plus longtemps, notamment en 1961 dans *La Quatrième République et sa politique extérieure*, je cite le discours du gouverneur Maurice Viollette, lors du débat, en 1947, sur un statut qui devait instaurer un peu plus d'égalité, en Algérie, entre neuf millions de musulmans et un million de pieds-noirs :

> Vraiment, étiez-vous si férus de pureté lorsqu'il s'agissait de partager les champs de bataille ? Vous préoccupiez-vous du statut personnel de ceux des combattants qui avançaient d'un même élan sous le feu ? Ah ! quel scandale, 120 000 électeurs musulmans de statut personnel, mais 200 000 à 300 000 combattants musulmans sans statut personnel, merveille !

Les pensions réduites, l'accession difficile à l'emploi de leurs fils ou petits-fils venus ou nés en France – mes interventions orales ou écrites n'ont pas changé les choses. En prenant note des CV rejetés sur la base du prénom et du nom, je signale souvent la loi du 8 janvier 1993 – tout en comprenant qu'ils n'y aient point recours :

> Toute personne qui acquiert ou recouvre la nationalité française peut demander la francisation de son nom et de ses prénoms ou de l'un d'entre eux lorsque leur apparence, leur consonance ou leur caractère étranger peut gêner son intégration dans la communauté française.

Depuis la fin de la guerre se pose la question de la relation entre la nation et l'Europe communautaire en devenir. La situation la plus simple a été celle de la République fédérale d'Allemagne. Cela pour deux raisons que je me suis toujours acharné à faire comprendre et admettre par mes lecteurs et auditeurs allemands. La première était patente en 1951, avec l'instauration de la Communauté charbon-acier. La France descendait de sa souveraineté vers la souveraineté partagée ou la supranationalité, tandis que le jeune État allemand, encore totalement dominé par ses occupants, montait vers un peu plus de souveraineté. Pour le chancelier Adenauer, l'Europe était à la fois un but et un moyen d'aller vers plus de *Gleichberechtigung*, d'égalité des droits. L'autre était que la République fédérale a été dès l'origine le seul État européen à être fondé non sur l'idée de nation, mais sur une éthique politique, celle du double rejet du nazisme dans le passé et du stalinisme dans le voisinage. J'ai toujours exprimé le souhait que les autres pays aillent vers le modèle allemand et que la République fédérale n'acquière pas la finalité prioritairement nationale des autres États.

En 1989, après la chute du mur de Berlin et l'ouverture de la voie vers la réunification allemande, beaucoup ont pensé et dit que cette hypothèse allait devenir réalité. On a beaucoup reproché à François Mitterrand son attitude pour le moins réticente. Mais il avait deux soucis parfaitement justifiés : que la frontière de la Pologne soit intangible et que l'Allemagne réunifiée demeure solidement intégrée à la Communauté européenne. Antérieurement, il avait affirmé la légitimité de l'unité allemande et, surtout, il avait exprimé une idée fondamentale dans le toast qu'il avait, le 8 janvier 1988, en le recevant à l'Élysée, porté à Erich Honecker, président de la RDA et chef du parti exerçant tous les pouvoirs. Il avait félicité l'ancien résistant au nazisme luttant pour la liberté, mais souligné que celle-ci n'avait été conservée qu'à l'Ouest. Face non seulement à son hôte, mais à tous les protestants et socialistes allemands qui rêvaient d'une maison Europe incluant les deux systèmes, il avait affirmé que cette maison ne pourrait se faire que dans la liberté. En 1989-1990, il avait pu avoir des inquiétudes sur la frontière Oder-Neisse. Helmut Kohl, cédant à la pression des organisations d'expulsés, avait déclaré qu'il fallait attendre l'unité pour que fût accepté définitivement le fait accompli de 1945. Ma chronique du *Monde* a alors été titrée : « Le chancelier dérape sur la frontière » (ledit chancelier m'a alors ignoré pendant plusieurs années).

L'intégration de l'Allemagne unifiée à l'Europe se trouva assurée de différentes manières. Déjà, lors de la grande séance du Parlement, le 3 octobre 1990, le président de la République fédérale avait, dans son discours, remercié le participant étranger assis parmi les hommes et les femmes politiques allemands. Jacques Delors avait en effet grandement facilité, comme président de la Commission de Bruxelles, la réunification, en tant que premier élargissement vers l'Est, de l'Europe de la liberté. Le suivant n'aura lieu qu'en 2004, conformément à la belle formule qui figurait dans le dernier article de Robert Schuman, publié en octobre 1963 :

> Nous devons faire l'Europe non seulement dans l'intérêt des peuples libres, mais aussi pour pouvoir y accueillir les peuples de l'Europe de l'Est qui, délivrés des sujétions qu'ils ont subies, nous demanderaient leur adhésion et notre appui moral.

Pour ma part, dans le discours que j'ai prononcé à la Paulskirche, l'église Saint-Paul, berceau en 1848 de la démocratie allemande, à l'heure de la cérémonie de Berlin, j'ai dit que ma joie venait de ce qu'était atteint le but que nous nous étions fixé dès la seconde moitié des années 1940 : qu'un jour tous les Allemands puissent vivre dans une libre démocratie. Le 20 décembre suivant, devant le premier Bundestag de l'Allemagne unifiée, Willy Brandt, comme doyen d'âge, expliqua que, sans l'existence de la Communauté européenne, l'unification ne se serait pas faite aussi facilement. Il ajouta que, dans ce sens, un homme comme Jean Monnet pouvait être considéré comme l'un des pères de l'unité !

La Constitution fut révisée. Le préambule proclama que l'unité était totalement accomplie (donc qu'il n'existait aucun territoire extérieur qu'on eût pu revendiquer). Du coup, l'article 23 qui permettait aux Allemands extérieurs à la République fédérale d'y faire leur entrée se trouva sans objet et fut aboli – pour être remplacé par un autre article 23 prévoyant et autorisant de nouveaux transferts de souveraineté vers l'Europe. Signé en septembre 1990, le Traité 2 + 4 (les deux États allemands et les quatre anciens vainqueurs) avait beau proclamer que la République fédérale était désormais pleinement souveraine (par rapport à la prise en mains de la souveraineté allemande par les Alliés en 1945), elle ne l'était pas plus que n'importe quel autre État membre de la Communauté européenne. À preuve, l'article 10 du Traité d'unification du mois d'août : les nouveaux *Länder* se voyaient obligés d'introduire dans leur législation et leurs réglementations intérieures toute la législation et toutes les règles européennes.

Quarante-six années plus tôt, le 7 juillet 1944, avait été signée, à Genève, la Déclaration des résistances européennes (Danemark, France, Italie, Norvège, Pays-Bas, Pologne, Tchécoslovaquie, Yougoslavie et antinazis allemands). On y lisait : « Seule une union fédérale permettra la participation du peuple allemand à la vie européenne... » C'est dans cet esprit que l'idée européenne a été portée par l'Union européenne des fédéralistes. Dans son congrès de 1947, elle avait proclamé que « la véritable démocratie doit être une articulation de solidarités ». Les principaux artisans étaient trois hommes, un Français, un Italien et un Allemand. Non pas Robert Schuman, Alcide de Gasperi et Konrad Adenauer, qui n'ont agi que plus tard, mus moins par leur catholicisme que par leur volonté d'hommes des frontières (Lorraine, Trentin, Rhénanie) d'assurer la paix. Mais Henri Frenay, ancien chef du mouvement Combat, Altiero Spinelli, qui sortait des prisons de Mussolini (et qui allait jouer un grand rôle au Parlement européen), et Eugen Kogon, « ancien » du camp de Buchenwald.

La République fédérale est bien fédérale et même en matière européenne, les *Länder* ont un grand poids. En France, le niveau régional ne pèse que faiblement. Lorsque le jumelage Bretagne-Saxe a été scellé, j'ai discrètement expliqué aux ministres de Dresde que nombre de leurs questions n'appelaient pas de réponse. Ils s'imaginaient que les conseillers régionaux avaient des pouvoirs semblables aux leurs. En revanche, que d'étonnements devant les spécificités alsaciennes (et, en partie, lorraines) au sein d'une France si centralisée !

Telle nouvelle législation concernant le surendettement a été adoptée à Paris en faisant passer au niveau national une législation alsacienne (elle-même introduite par Bismarck !) Et ces prêtres, pasteurs, rabbins rétribués par l'État en Alsace ! Demeure cependant une volonté ministérielle et syndicale de mettre des obstacles à l'action alsacienne en faveur du bilinguisme à l'école maternelle et dans l'enseignement primaire. Pourtant, les chambres de commerce de Strasbourg et de Colmar font constamment remarquer qu'il manque une vingtaine de milliers de germanophones pour répondre aux offres d'emploi de l'autre côté des frontières allemande et suisse. Même les tenants du dialecte soutiennent nos efforts pour le bilinguisme, qui n'a que de faibles rapports avec le bilanguisme prôné par le ministère : trois heures d'anglais et trois heures d'allemand à partir de la sixième, autant dire rien. Après 1945, l'Alsace a rejeté l'Allemagne et les premières intentions européennes. Peu à peu, le changement s'est affirmé, même si, par périodes, la mairie de Strasbourg et la présidence de l'intercommunalité sont occupées par des germano- et européophobes. Pour qui veut connaître les difficultés de l'Alsace depuis 1870, il faudrait regarder les quatre magnifiques films réalisés sous l'égide d'Arte, *Les Deux Mathilde ou les Alsaciens.*

Dans l'ensemble de la France, les efforts accomplis dans la société civile en faveur d'une compréhension de l'Allemagne d'après-guerre ont commencé à se faire jour alors que la politique gouvernementale se montrait d'abord offensive (la Sarre à détacher définitivement de l'Allemagne, la Ruhr à placer sous direction internationale à côté d'une Allemagne qui ne devait disposer d'aucune administration centrale), puis en repli constant devant les désirs américains. Comme pour l'Afrique du Nord, on cédait, tard, de mauvaise grâce et sous la pression, bien plus que ce qui avait été initialement demandé. En 1949, j'ai, pour la première et dernière fois, fait de la diplomatie secrète. Lors d'une conférence à Düsseldorf, j'acceptai de rencontrer nuitamment le grand patron des Vereinigte Stahlwerke, le plus grand trust de la sidérurgie. Il s'agissait des usines de l'August Thyssen Hütte. Elles étaient sur la liste des démontages à effectuer par les Alliés. Il me remit une lettre de Konrad Adenauer, vainqueur des élections, mais pas encore chancelier. Destinée à Robert Schuman, elle proposait de renoncer au démontage – qui ferait douze mille chômeurs directs. En contrepartie, l'August Thyssen Hütte deviendrait, au titre des réparations, propriété française. Je remis la lettre à un collaborateur du ministre que je connaissais. Il n'y eut aucune réponse et, quelques semaines plus tard, la France acceptait la demande américaine de rayer l'entreprise de la liste des démontages – sans aucun bénéfice français.

C'est pourtant le même Robert Schuman qui, à partir d'une proposition de Jean Monnet, a effectué la révolution du 9 mai 1950. Avec sa modestie et son lent débit, il était un homme d'État, c'est-à-dire quelqu'un qui tient compte des contraintes et les transforme en acte créateur. S'il avait fait effectuer un sondage sur l'idée de traiter sur un pied d'égalité, cinq ans après la fin de la guerre, le jeune État établi sur un morceau d'Allemagne, il aurait été désavoué. La décision prise, l'approbation fut telle que, lors du débat parlementaire sur le traité établissant la CECA, les adversaires du texte se trouvèrent sur la défensive, tandis que la majorité se sentait portée par l'opinion. J'avoue que je sursaute chaque fois que j'entends ou que je lis que le rapprochement franco-allemand a été initié par le général de Gaulle. Celui-ci s'est rallié (partiellement) à ce qu'il avait combattu et a rallié des

millions de Français avec lui. Mais c'est le 9 mai que
la politique française a basculé. À preuve la lettre
manuscrite que le chancelier Adenauer a fait parvenir
à Robert Schuman, déjà très malade, le 10 septembre
1962. Le général de Gaulle venait d'effectuer une tournée triomphale en Allemagne. « Il est arrivé président
des Français, il est reparti empereur d'Europe », écrivait un journal allemand. Et un autre : « Nous savons
qui va succéder au vieil Adenauer. C'est de Gaulle et
il s'installera, à la suite de Charlemagne, à Aix-la-
Chapelle. » Pourtant Adenauer écrit :

> Cher Monsieur Schuman, pendant la visite du général
> de Gaulle, j'ai souvent pensé à vous comme à l'homme
> qui, par son initiative de la CECA, a scellé la pierre
> angulaire de l'amitié qui unit désormais si étroitement
> nos deux peuples. Je me souviens toujours avec grati-
> tude de notre travail commun. Et il me tient à cœur, sur-
> tout en cette circonstance, de vous témoigner ma
> reconnaissance.

La IVᵉ République, si injustement décriée, a pour-
suivi une politique d'ouverture et d'apaisement. Les
derniers conflits directs franco-allemands ont été
réglés par Adenauer et Guy Mollet par le traité de
Luxembourg, en septembre 1956. La Sarre deviendrait un *Land* de la République fédérale, tandis que,
pour favoriser l'accès de l'acier lorrain à la mer, la
Moselle serait canalisée. En décembre 1949, j'avais
consacré un numéro du bulletin d'information *Allemagne* de notre Comité français d'échanges avec
l'Allemagne nouvelle à la question sarroise, sous le
titre « La Sarre sera-t-elle un pont ou une pomme de
discorde ? ». Michel Debré, alors ancien secrétaire

général aux Affaires allemandes et sénateur d'Indre-et-Loire, exigeait, dans un long article, que la France fasse preuve d'autorité et repousse toutes les demandes allemandes. Henri Frenay, ancien ministre, président du Bureau exécutif de l'Union européenne des fédéralistes, concluait son article « Faisons taire le nationalisme » par la formule : « Pour que cette Europe se fasse, il faut reléguer au musée européen le clairon de Déroulède et le sabre de Bismarck. » Comme le numéro contenait des analyses des mesures fort peu démocratiques prises par la France en Sarre, je reçus de vifs reproches du ministère des Affaires étrangères, mais la petite subvention que recevait le Comité ne fut pas supprimée. Quand la IVᵉ République disparut en 1958, je résumai, dans mes cours et articles, la situation de la façon suivante : « En 1945, pas d'ennemi, sauf l'Allemagne. En 1958, pas d'ami, sauf l'Allemagne. » En effet, l'URSS était l'ennemi désigné par l'Alliance atlantique et c'était le conflit sur l'Algérie avec les Anglo-Américains qui avait provoqué la chute du régime.

Respect limité pour de Gaulle

Le général de Gaulle ne voyait pas du tout les choses ainsi, lorsque, le 6 février 1962, il me reçut pour me parler de mon livre *La IVᵉ République et sa politique extérieure* – qu'il voulut bien qualifier de « très complet et très compétent », tout en critiquant ma présentation de sa politique, en 1945, à propos de Stuttgart laissée en zone américaine et de son échec pour le Val d'Aoste. Il n'y avait pas de téléphone sur son bureau et personne ne vint interrompre notre entretien d'une demi-heure. J'admirai la fermeté et la clarté du discours, moins son contenu. J'eus seulement un sourire en voyant, à la fin de l'audience, le colonel aide de camp sortir à reculons : on ne montre pas sa face arrière au souverain ! Dans les notes que j'ai prises aussitôt, je relèverai les points les plus intéressants :

EUROPE. « Fuite en avant – hommes de valeur, mais système politique ne permettant ni initiative ni continuité. La IVe a eu une certaine réussite – surtout pour tout rendre à l'Allemagne. Le plan Schuman, moyen pour rendre son charbon à l'Allemagne. »

L'EUROPE DES ÉTATS. « Vous ne prenez pas assez position contre l'intégration. » Traité de Rome signé à partir d'une idéologie. Si appliqué sans agriculture, désastre pour la France. Bruxelles négocié par les États, appliqué par les États ; décisions à prendre en Allemagne par le gouvernement allemand, pas par des fonctionnaires internationaux. Exemple de la crise charbonnière : la CECA impuissante, ce sont les États qui sont intervenus.

MONNET ET LES GENS QUE VOUS SAVEZ. Rien de personnel contre eux. Ai employé Monnet, même comme ministre. Mais c'est un apatride. Le mot n'a pas de sens péjoratif pour moi, mais il ne voit pas les choses d'un point de vue national.

IVe RÉPUBLIQUE, DÉCOLONISATION ET APPARENCES. « Les hommes de la IVe savaient qu'il fallait décoloniser. Mais s'ils le voulaient, ils ne le pouvaient pas. Pourtant, hommes de valeur. Edgar Faure, Bidault (« pas le Bidault d'aujourd'hui » !), Pleven. Même Pineau. [Je pense que, me sachant « mendésiste », il a délibérément omis Pierre Mendès France]… Régime où seule l'apparence comptait. »

POLITIQUE EXTÉRIEURE ET CONTINUITÉ. « Pas de continuité sous la IVe. Sous la Ve, on peut faire une véritable politique extérieure. Qu'elle soit bonne ou mauvaise, c'est une autre question. En tout cas, on peut en faire une. »

L'ALLEMAGNE. « Elle est définitivement coupée. Évidemment, rien n'est jamais définitif, mais… Si elle n'avait pas été coupée, il n'y aurait pas d'Europe unie. D'ailleurs, vous savez mieux que moi qu'il y a toujours eu deux Allemagnes. L'autre, c'est la Prusse. – Mais les hommes politiques allemands ne pensent pas seulement à la réunification. Ils pensent aussi à la liberté des Allemands de l'Est. – Oui, bien sûr. D'ailleurs il ne faut pas dire publiquement ce que j'ai dit sur l'unité. – Il n'y a pas actuellement d'intérêt majeur aux deux grands États européens : France et Afrique. Allemagne et réunification. – Si, l'intérêt militaire. On l'oublie trop. Les gens que vous savez ont, en plus de tout, voulu se placer sous la dépendance de l'Amérique. L'Europe se fera par sa défense. »

Deux mots me semblent devoir entraîner un commentaire immédiat : Prusse et décolonisation. Deux autres mériteront un développement allant jusqu'à l'actualité d'aujourd'hui : Europe et défense. Entre les premiers et les seconds, je voudrais préciser mon attitude – d'alors et rétrospective – à l'égard du général de Gaulle.

« De l'autre côté, c'est la Prusse » : que les gens là-bas soient devenus communistes, quoi de plus naturel ? Adenauer, lui, était rhénan. Les Bavarois, eux aussi, pouvaient être de bons Allemands. Dans le document n° 1 (20 juillet 1945), *Directives pour notre action en Allemagne*, on pouvait lire : « Nous devons chercher aussi bien la destruction de l'édifice prussien que celle de l'édifice hitlérien… La zone soviétique comprend principalement les territoires prussiens peuplés des éléments […] les moins accessibles aux idées occidentales de liberté et de respect de l'individu… [faire] une politique de déprussianisation… Abolir l'administration prussienne… Les dirigeants prussiens des mines devaient être rapidement éliminés. »

Les jeunes Français, à travers la littérature, s'étaient vu proposer, comme ennemi héréditaire, les Prussiens plus que les Allemands. Dans l'émouvant récit « La dernière classe » figurant dans *Les Contes du lundi* d'Alphonse Daudet, ce sont les Prussiens qui mettent fin à l'enseignement du vieil instituteur alsacien. C'est aussi en criant « Les Prussiens ! » qu'un vieil officier français tombe raide mort en découvrant, en 1871, que ce sont les troupes ennemies qui défilent sur les Champs-Élysées, alors qu'on lui avait fait miroiter la prochaine entrée des troupes françaises à Berlin. Dans *Deux amis*, la nouvelle sans doute la plus connue de Maupassant, les courageux petits bourgeois de Paris, fusillés pour n'avoir pas voulu donner un mot de passe, sont exécutés par des soldats allemands commandés par un officier prussien. Dans *Boule de suif*, la « mère Sauvage », qui a brûlé des soldats ennemis pour venger son fils, est fusillée sur ordre d'un Prussien. Plus tard, en décembre 1948, Vincent Auriol, président de la République, note dans ses *Carnets* un entretien avec l'ambassadeur André François-Poncet à propos de Kurt Schumacher, chef du parti social-démocrate, survivant estropié des camps, mais critique vigoureux des occupants : « Auriol : Schumacher est un type terrible. – C'est un Prussien recuit. – Schumacher me paraît être un nationaliste presque fasciste. – Oui, conclut François-Poncet, c'est un Hitler de gauche. C'est un Prussien. »

Combien de fois ai-je eu à rappeler que Hitler n'a pas conquis le pouvoir à partir de la Prusse, mais à partir de la Bavière, que l'école libre des Sciences politiques est née en 1872 sur la base d'une admiration jalouse de l'administration prussienne, que ce ne furent pas les protestants prussiens qui ont cherché refuge auprès du tolérant Louis XIV et que le Prussien Emmanuel Kant n'avait pas incarné l'irrationalité agressive et méprisante ?

La décolonisation était déjà entamée en 1958, notamment pour le Maroc et la Tunisie. Gaston Defferre – déjà auteur après la Libération d'une substantielle loi sur la presse et futur auteur, sous Mitterrand, d'une loi créatrice de décentralisation –, avait fait adopter, en 1956, une loi faisant progresser le statut de l'Afrique occidentale et de l'Afrique équatoriale françaises. La guerre d'Algérie, elle, avait commencé en novembre 1954. Mgr Duval, archevêque d'Alger, dénonçait bientôt les excès de la répression. Quelle avait été la vision du général de Gaulle lorsque 80 % des électeurs adoptèrent sa Constitution dans l'espoir qu'il mettrait fin à la tragédie algérienne ? Il lui fallut quatre années de plus, avec, finalement, une indépendance accordée sur fond de double terreur, celle du FLN et celle de l'OAS. Je ne pense pas qu'il a été inspiré d'emblée par les terribles formules rétrospectives qu'Alain Peyrefitte a notées le 22 juillet 1964 :

En Algérie, les Français n'étaient pas chez eux. Ils n'y ont jamais été chez eux, pas plus qu'au Maroc ou en Tunisie. On leur a fait croire que l'Algérie, c'était la France. Ils ont voulu se bercer de cette illusion. Jamais l'Algérie n'a été française. Elle l'était dans les fictions juridiques. Elle l'était dans la tête de colonels braillards, et de la masse des Européens d'Algérie qui avaient fini par s'en persuader. Elle l'était dans les slogans. Elle ne l'était pas dans les faits. C'était une colonie[1].

Alors pourquoi avoir nommé Premier ministre le plus agressif des défenseurs de l'Algérie française, Michel Debré ? (Je me permets d'insérer ici une remarque un peu triste. Le seul texte de mon fraternel ami René Rémond avec lequel je me sois trouvé en désaccord a été son discours de réception à l'Académie française, le 4 novembre 1999. Dans son éloge de Michel Debré, l'Algérie n'était pas nommée. Il fallait savoir que *Le Courrier de la colère*, au contenu non évoqué, pourfendait quiconque mettait en cause le statut de territoire français. De plus, rien n'était dit sur le « père aimé et admiré ». Le nom de Robert Debré, pourtant grand médecin pédiatre, dont le nom a été donné à un hôpital parisien, n'était pas prononcé. Et il n'est pas dit que la famille n'était pas seulement alsacienne, mais juive.)

Pour l'Afrique noire, la Communauté française, instaurée en 1958, n'a jamais pris forme, en particulier avec le pouvoir presque absolu du président de la République française et un Sénat où cette République avait droit à cent quatre-vingt-six sièges, les autres États en ayant quatre-vingt-dix-huit à eux douze. L'article 86 de la Constitution disait : « Un État de la Communauté peut devenir indépendant. Il cesse de ce fait d'appartenir à la Communauté. » Dès 1960,

---

1. *C'était de Gaulle*, tome 2, Gallimard, 1997, p. 140.

une loi constitutionnelle y ajouta l'idée rigoureusement inverse : « Un État-membre de la Communauté peut également, par voie d'accords, devenir indépendant sans cesser de ce fait d'appartenir à la Communauté. » Malheureusement, le général laissa créer une sorte de France-Afrique par Jacques Foccart, secrétaire général à la présidence de la République pour la Communauté et les Affaires africaines et malgaches de 1961 à 1969. Rappelé par Georges Pompidou, puis par Jacques Chirac en mai 1995, il décéda à 83 ans en 1997. Mais le système qu'il a instauré dure encore en 2011. Tout ministre, que ce soit sous Mitterrand ou sous Sarkozy, sera vite chassé s'il veut favoriser une véritable démocratie dans les États africains et faire profiter les peuples de ressources en fait partagées entre les potentats locaux et les entreprises, partis ou hommes politiques français.

Faut-il me considérer alors comme dénigrant le général et son action ? J'ai toujours dit, notamment dans le portrait que j'ai fait de lui en 1965, dans *La Politique extérieure de la Ve République*, mon admiration pour sa dignité (admiration renforcée en 1969 par la grandeur de son départ du pouvoir) et pour tous ses grands succès : le refus, en 1944, justifié par le travail clandestin préparatoire de Michel Debré, de laisser la France gouvernée par l'administration américaine ; la conquête d'un siège permanent au Conseil de sécurité des Nations unies, celle d'une place égalitaire parmi les occupants et « patrons » de l'Allemagne vaincue ; la gestion créatrice de la France en 1945-1946 ; la politique économique de 1958... Mais ma contribution au gros livre de l'Institut Charles-de-Gaulle, *De Gaulle en son siècle* (1991), était intitulée

« Pour l'admiration critique. Contre l'adulation mystifiante ». Je concluais ainsi :

> Dans *Le Salut*, évoquant la situation politique de 1945, de Gaulle a écrit : « Je me gardais, bien entendu, de poser ma candidature, ni de rien dire au sujet de mon éventuel programme. On me prendrait comme j'étais ou on ne me prendrait pas. » Prenons-le donc comme il était vraiment. Avec ses lumières et ses ombres. Avec ses succès, mais aussi ses échecs. Avec la reconnaissance d'avoir rendu la fierté aux Français, mais aussi avec le reproche de leur avoir fait confondre chasse au prestige et politique créatrice, autoglorification et solidarité.
>
> Dans mes livres, j'essaie de maintenir la balance. En 1990, face à la béatification, à la sanctification parfois intolérante, le respect de la vérité me conduit à ne pas donner la priorité à mon respect pour le général.

La défense nationale et le retour à l'Europe

« Par sa défense » : le mot est en réalité ambigu. Il vaudrait mieux utiliser l'expression « politique militaire ». La Suisse a une politique militaire qui ne vise qu'à la défense de ses frontières. La politique militaire française vise à la fois la défense des frontières et une influence, une action politique. Lorsque, le 13 février 1960, conformément à l'action et aux prévisions de la IVe République, la première bombe atomique française explosa à Reggane, dans le Sahara, le général de Gaulle envoya un télégramme au ministre des Armées : « Hourrah pour la France ! Depuis ce matin, elle est plus forte et plus fière ! » Il ne pensait pas tant à la défense qu'au rang de la France parmi les puissances, en particulier face aux États-Unis. Il est vrai qu'en 1948, c'est bien la défense face à l'Union soviétique qui conduisit les dirigeants français, britanniques et « bénéluciens » à s'unir par le traité de Bruxelles, puis à demander la protection américaine. Mais le gouvernement américain n'avait constitutionnellement pas le droit de donner une garantie ferme en temps de paix. Aussi le traité créant l'Alliance atlantique, le 4 avril 1949, disait-il simplement, dans son article 5, que les signataires étaient solidaires en cas d'attaque contre l'un d'entre eux, mais qu'alors chacun l'assisterait par « toute action qu'il jugerait nécessaire, y compris l'emploi de la force armée ». Autrement dit et contrairement à ce qui sera souvent avancé, surtout en Allemagne, l'alliance ne comporte aucune clause d'engagement militaire obligatoire. C'est ce qui permettra au général de Gaulle de rester dans l'Alliance au moment de sortir, en 1967, de la structure militaire de l'Otan, l'Organisation du traité de l'Atlantique Nord. Il oubliera simplement – comme tous ses successeurs – que le traité de Bruxelles de 1948, que l'on a modifié en 1954 pour y introduire la République fédérale d'Allemagne et l'Italie, comportait bel et bien une clause d'engagement automatique. En 1967, j'ai surtout critiqué le procédé, d'une extrême brutalité, en particulier par la véritable confiscation des biens de l'Otan. Son secrétariat général est devenu l'université Paris-Dauphine, sans aucune indemnisation. (J'avoue qu'en 2009, je me suis amusé de voir les socialistes critiquer vigoureusement la décision de Nicolas Sarkozy de réintégrer la structure militaire, alors que le parti socialiste SFIO n'avait pas moins vigoureusement critiqué le général de Gaulle d'en être sorti).

Lorsque, en 1950, s'est posée la question du réarmement de l'Allemagne, Jean Monnet a sans doute commis la plus grosse erreur de sa vie. Il a voulu couvrir cet impopulaire réarmement du manteau populaire de l'Europe. Pour éviter l'entrée de la République fédérale dans l'Otan, la France a proposé la Communauté européenne de défense (CED). La majorité des opposants qui fit échouer le traité à l'Assemblée nationale le 30 août 1954 n'était pas seulement composée des communistes et des gaullistes, les uns et les autres violemment hostiles à l'Europe communautaire. Il y eut d'autres motivations, y compris la mienne. L'une de mes raisons était que le choc du réarmement venait trop tôt pour les jeunes Allemands. On leur avait répété qu'on était bon démocrate si on était antinazi et antimilitariste. Soudain, seuls ceux qui acceptaient les armes seraient de vrais démocrates. Une autre, plus importante, était mon incompréhension de ce que pouvait être une armée commune – jusques et y compris la disparition de Saint-Cyr au profit d'une école militaire européenne – sans l'ombre d'une autorité politique qui disposerait de cette armée. L'Europe politique avait en effet échoué dès 1952.

Près d'un demi-siècle plus tard, je me suis réjoui certes de la création de l'euro, mais n'ai cessé de me demander, avec plus d'inquiétude encore depuis 2008, ce qu'était une monnaie unifiée en l'absence d'une quelconque autorité fixant et imposant des politiques économiques, budgétaires, fiscales communes.

Après l'échec de la CED, la France, dirigée par Pierre Mendès France, proposa et obtint comme solution de remplacement l'entrée de la République fédérale d'Allemagne dans l'Otan. La fière logique française se trouva assez fortement prise en défaut ! Il en alla de même avec notre politique de défense. Pendant quatre décennies de conférences dans l'enseignement militaire supérieur (École supérieure de guerre, École de guerre navale, École supérieure de guerre aérienne, École supérieure d'armement, Institut de défense nationale), je n'ai jamais cessé de critiquer – en souriant – les doctrines officielles. (L'esprit de tolérance de ces institutions m'a toujours impressionné... Je me souviens en particulier de discussions très ouvertes à l'École supérieure de guerre pendant la guerre d'Algérie.) La doctrine de la réplique du faible au fort a longtemps régné. Grâce à nos Mirage porteurs de bombes et grâce à nos fusées du plateau d'Albion en Haute-Provence, nous pouvions dire à l'URSS : « Notre réplique sur votre territoire provoquerait de telles destructions que cela vous empêche de nous menacer de façon crédible. » Je ne suis jamais parvenu à imaginer le chef d'État français, y compris le général de Gaulle, risquant la destruction totale du territoire national face à l'écrasante supériorité soviétique. En fait, nous étions à l'abri parce que les États-Unis protégeaient l'Allemagne et que celle-ci, par chance, était située entre la Russie et la France.

En septembre 1983, François Mitterrand proclama, à la tribune des Nations unies : « La France possède l'arme de sa propre défense. Rien de plus, rien de moins. » J'écrivis aussitôt que l'affirmation était doublement fausse. Rien de moins : les États-Unis nous mettaient à l'abri. Rien de plus : n'avions-nous donc pas des alliés que nous nous étions engagés à défendre ? François Mitterrand avait lui-même pris une position différente, en janvier, dans son discours retentissant devant le Bundestag. Soutenant le chancelier Kohl contre les socialistes allemands (mais non contre Helmut Schmidt que son parti avait poignardé dans le dos sur cette question), le président de la République avait soutenu la décision atlantique d'installer des fusées Pershing si l'URSS installait ses SS20. Comme il était improbable que les États-Unis risquent la destruction s'ils menaçaient l'Union soviétique avec leurs fusées transatlantiques, face aux fusées analogues russes, il leur fallait pouvoir s'exposer à une contre-menace soviétique sur le territoire européen pour que, pour la protection de ce territoire, l'égalité de la terreur fût rétablie. Pour expliquer la dissuasion, il m'a longtemps suffi de dire : « Supposez qu'il n'y ait aucun soldat américain à Berlin. L'URSS peut attaquer Berlin-Ouest, car aucun président américain ne risquerait de façon crédible la destruction massive de ses grandes villes en menaçant l'URSS avec ses fusées transocéanes. Supposez maintenant qu'il y ait un seul soldat américain. Il est là pour se faire tuer. Alors il ne sera pas tué. En effet, s'il l'était, les États-Unis enverraient au moins un char, puis l'Armée rouge répliquerait avec deux chars – et personne ne saurait dire où l'on s'arrêterait. La dissuasion, c'est l'incertitude du niveau de l'emploi des armes. »

Malheureusement, cette notion d'incertitude, acceptée par tous les États de l'Otan, connaissait une seconde définition, uniquement française. Nous laissions nos alliés dans l'incertitude de notre solidarité. Si la frontière orientale de la République fédérale était franchie, l'envahisseur se heurterait aux forces britanniques, belges, allemandes, mais non aux forces françaises. Il vaut la peine de rappeler ce que Jean-Pierre Chevènement, ministre de la Défense, a déclaré en février 1989 :

> Notre dissuasion protège à la fois notre territoire national, qui se définit en termes géographiques, et nos intérêts vitaux, dont la définition est politique et peut varier en fonction des circonstances de la crise. Ainsi, l'incertitude sur l'étendue et la nature de ce qui, dans une situation de crise, serait perçu par la France comme ses intérêts vitaux, incite l'agresseur éventuel, en compliquant ses calculs, à une sage retenue.

J'ai souvent fait rire mes auditoires, militaires et autres, en commentant ainsi ce texte : « Ainsi, face aux armes nucléaires américaines, face aux armées allemandes, britanniques et autres, les maréchaux soviétiques seraient obsédés et bloqués par la question : "Que va faire la France ?" » Mais il est vrai que notre situation a changé depuis le lancement des sous-marins nucléaires lanceurs d'engins (SNLE). Autant les missiles enterrés en Haute-Provence, maintenant démantelés, étaient vulnérables, autant les indécelables SNLE constituent une contre-menace sérieuse non plus contre la Russie, mais contre la Libye ou l'Iran.

En revanche, je n'ai pas fait rire un jeune saint-cyrien en lui posant la question : « Vous recevez l'ordre de torturer. Que faites-vous ? » En 1985, une réforme de la scolarité de Coëtquidan venait à son terme. Une troisième année était ajoutée à la scolarité, plus « intellectuelle » que militaire. Un examen final permettait aux élèves de sortir lieutenants et non plus sous-lieutenants, mais les refusés ne dépasseraient jamais le grade de capitaine. Trois jurys feraient passer un oral en stratégie et relations internationales, en gestion publique ou en sciences de la matière. Composés d'officiers supérieurs et d'universitaires, ils étaient présidés conjointement par un général d'armée et une personnalité civile. C'est ainsi que le général Bernard Philliponnat, inspecteur général de l'armée de terre, et moi avons eu à interroger des candidats intimidés, se présentant en grand uniforme. À ma question, le jeune saint-cyrien eut la faiblesse de répondre : « J'aurais un problème de conscience. » Mon coprésident lui tomba dessus. « Vous n'avez pas à avoir de scrupules. Le règlement général des armées, que vous devriez connaître, vous interdit d'obéir à un ordre immoral. » Je lui chuchotai à l'oreille : « Mais cette interdiction (impliquant un devoir de désobéissance) n'a été formulée qu'après la guerre d'Algérie », ce dont il convint ensuite très volontiers.

La défense commune n'a jamais été une priorité pour les Européens. En janvier 1963, j'ai cru à une originalité dans le traité de l'Élysée entre de Gaulle et Adenauer... On n'y proclamait pas un accord militaire, mais simplement le désir d'aboutir ultérieurement à un tel accord. Mais les traités européens, jusques et y compris celui de Lisbonne, ont été encore plus loin. On y affirme la volonté d'aboutir à une politique de défense commune, puis, dans un second avenir, à une défense commune. De toute façon, l'Otan élargie a une doctrine pour le moins floue. On ne fait plus front contre la menace russe (Nicolas Sarkozy, en 2010, va jusqu'à fournir des armes sophistiquées à l'ancien ennemi potentiel), mais on intervient en Afghanistan, pays assurément non situé dans la région de l'Atlantique Nord.

En revanche, l'Europe communautaire n'a cessé de

progresser tout en s'élargissant. Déjà, en 1957, le traité de Rome préférait ne pas parler des États, mais disait, dès le préambule : « Déterminés à établir les fondements d'une union sans cesse plus étroite entre les peuples européens… » La Communauté puis l'Union européenne ne relèvent même pas du principe confédéral, puisqu'elles n'ont pas de défense ni, malgré le changement du traité de Lisbonne, de véritable politique extérieure commune. En même temps, si vous expliquez à un Suisse ou à un Américain quelles sont déjà les lois (et les règles) européennes, les autorités transnationales, les interpénétrations, votre interlocuteur dira : « Heureusement que nous n'avons pas cela chez nous ! Ce serait trop de centralisation pour notre fédéralisme. » L'Union est simplement un objet *sui generis*, dont les mécanismes, surtout juridiques, sont acceptés par les États membres. La Cour de justice située à Luxembourg a sans doute plus fait pour l'unification que les autres institutions communautaires. En France, la Cour de cassation en 1975 et le Conseil d'État en 1989 ont proclamé la loi européenne supérieure à la loi interne. Mais les réticences sont nombreuses. Sachant que « les directives lient tout État membre quant au résultat à atteindre, tout en laissant aux instances nationales la compétence quant à la forme et aux moyens », j'ai trouvé courageuse parce qu'exceptionnelle, la circulaire que, le 22 septembre 1988, le Premier ministre, Michel Rocard, a envoyée à tous les ministres et secrétaires d'État :

J'appelle donc votre attention sur la nécessité de tenir systématiquement compte de la dimension communautaire dans la réflexion et la détermination de la politique de notre pays […]. Le droit communautaire fait partie intégrante de l'État de droit [...]. Je vous demande de veiller à éviter de placer les autorités françaises en situation d'infraction [...]. Vous veillerez à la transposition adéquate en droit français des directives européennes dans les délais imposés.

On ne saurait dire qu'une telle circulaire ait toujours été respectée ! En grande partie parce que, en France, comme dans les autres pays européens, notamment en Allemagne, peu de gens ont pris conscience d'une disposition figurant dans les traités successifs :

Il est institué une citoyenneté européenne. Est citoyen de l'Union toute personne ayant la nationalité d'un État membre.

Il est une autre autorité européenne à laquelle les gouvernements français ont du mal à se soumettre. La Cour européenne des droits de l'homme, siégeant à Strasbourg, est le seul organe efficace du Conseil de l'Europe, faible de quarante-six États membres. La France a reconnu l'autorité de ses jugements, mais nos prisons sont toujours dans l'état scandaleux que condamne régulièrement la Cour. Il est vrai que le Tribunal constitutionnel allemand a du mal à se soumettre aux Cours de Luxembourg et de Strasbourg. Son long jugement sur le traité de Lisbonne a délibérément été conçu comme un frein à l'unification européenne. J'ai pu le dire avec quelque brutalité dans l'exposé inaugural que l'on m'avait demandé de faire pour un débat entre professeurs de droit et juges à l'université de Heidelberg en décembre 2009.
Pour les gouvernements et surtout les présidents français, la tentation n'est pas d'ordre juridique. Elle

est de tenir pour vraie la formule que Georges Pompidou, Premier ministre, a utilisée en janvier 1964 dans une allocution à l'American Club de Paris : « Par son histoire et sa géographie, la France est condamnée à jouer le rôle de l'Europe » – et non pas « un rôle en Europe ». Mes efforts ont toujours tendu à ce que dirigeants, diplomates compris, et citoyens prennent conscience de la constatation que le jeune Premier ministre de Valéry Giscard d'Estaing, Jacques Chirac, a faite dans son discours d'intronisation à l'Assemblée nationale le 5 juillet 1974 : « La politique européenne ne fait plus partie de notre politique étrangère. Elle est autre chose et ne se sépare plus du projet que nous formons pour nous-mêmes. »

Légitimités et institutions

Dans *La Règle et le Consentement* (1979), sans doute son meilleur livre, René Rémond, réfléchissant sur son expérience de président de l'université de Nanterre après la tempête, a écrit :

> J'étais convaincu qu'aucun groupement ne peut se passer d'une organisation. J'ai toujours cru à la nécessité d'institutions ; sans y voir autre chose qu'un moyen de vivre ensemble. D'un minimum de règles admises et observées, aucune société ne peut se dispenser, pas plus que faire l'économie d'un pouvoir et d'une autorité. L'objectif qui a aimanté toute mon action a donc été de reconstruire une société de droit.

De mon côté, j'ai toujours cru que les membres d'un groupe avaient un devoir de loyauté à l'égard des institutions légitimes au sein desquelles ils agissaient. Quand j'étais jeune professeur chez les Frères maristes, je me suis interdit de révéler mon incroyance à mes élèves. Pendant mes trente-six années à Sciences Po, contrairement à nombre de mes collègues (et aux comportements de tant de professeurs d'université), je me suis toujours senti au service d'une institution et en situation d'allégeance à l'égard de son directeur, fût-il, comme dans le cas d'Alain Lancelot, un de mes anciens étudiants. Sauf, sans doute, en mai-juin 1968. Dans Sciences Po occupé (avec drapeaux rouges et noirs sur la façade !), mes collègues m'ont élu coprésident professeur d'une commission mixte chargée de préparer les instances futures de l'institution. Les élus étudiants ne s'intéressaient guère au contenu des enseignements futurs. Ils voulaient parler des structures. Et celles que nous avons adoptées durent encore aujourd'hui, avec un conseil de direction tripartite (enseignants, étudiants, membres extérieurs – autres universités, syndicats, entreprises), un comité paritaire chargé des libertés et surtout un directeur aux pouvoirs renforcés, puisque non plus nommé librement par le gouvernement, mais sur avis *conforme* du conseil. Et le choix unanime du premier conseil se porta sur Jacques Chapsal, directeur de Sciences Po depuis 1947 ! Mon allégeance, jamais totalement écartée pendant ma coprésidence « révolutionnaire », pouvait de nouveau fonctionner dans un cadre légitimé par un décret d'Edgar Faure, ministre de l'Éducation nationale.

Mais quand donc, de façon générale, les institutions sont-elles légitimes ? La légitimité de Vichy a été contestée de diverses façons. L'Assemblée nationale (Sénat et Chambre des députés) n'avait pas le droit de déléguer son pouvoir constituant (rétrospective de juristes). Le système institutionnel mis en place n'était pas démocratique (tous les réseaux de la Résistance). L'Armistice suffisait, dès avant le vote du 9 juillet, à rendre illégitime tout gouvernement qui l'avait signé ou qui l'appliquait (de Gaulle). L'immoralité des mesures discriminatoires et de la restriction des libertés faisait que le régime n'était pas légitime (Résistance métropolitaine). En 1958, François Mitterrand et Pierre Mendès France ont considéré que la Ve République était née d'un coup d'État à Alger et d'une menace militaire sur la métropole. Comme eux, j'ai voté non au référendum constitutionnel – tout en considérant que le oui à 80 % créait sa légitimité. Celle-ci s'est trouvée renforcée lorsque, en 1965, François Mitterrand s'est porté candidat, selon les règles constitutionnelles, à la présidence de la République.

Si l'on croit à la seule légitimité de la démocratie, toute Constitution ne légitime pas le pouvoir. Il peut s'agir d'un simple hommage du vice à la vertu. Ainsi, la Constitution stalinienne de l'Union soviétique proclamait-elle, en 1936 : « La loi garantit aux citoyens de l'URSS a) la liberté de parole, b) la liberté de presse, c) la liberté de réunion et de meetings, d) la liberté de cortèges et de démonstrations de rues. » Mais depuis quand la Constitution est-elle considérée en France comme base légitimante du régime démocratique ? Écartons le cas particulier du général de Gaulle, niant la IVe République par la seule phrase « Au nom de la légitimité que j'incarne depuis quarante ans » prononcée lors de la révolte d'Alger en 1961. La formule « Vous avez juridiquement tort parce que vous êtes politiquement minoritaires », lancée à l'opposition par un député socialiste, a provoqué sourires ou indignations. Elle correspondait pourtant à la conviction française selon laquelle aucun texte ne saurait être supérieur à la loi, donc au vote parlementaire majoritaire. Lorsque Lionel Jospin, premier secrétaire du parti socialiste, a déclaré, en 1982, que le Conseil constitutionnel et son pouvoir étaient contraires à la tradition française, il avait parfaitement raison. Simplement, l'existence puis les possibilités d'action plusieurs fois élargies du Conseil ont très heureusement changé cette tradition !

Qu'il s'agisse de la Cour suprême américaine ou du Tribunal constitutionnel fédéral de Karlsruhe, il m'a toujours semblé que, malgré leurs défauts, ils incarnaient la supériorité d'une éthique politique – même en évolution – sur les caprices d'une majorité par définition provisoire. Hélas ! j'eus à déplorer en 1959, dans un article assez vif dans *La Croix*, les lacunes originelles du nouveau Conseil constitutionnel. Ainsi pour la nomination de ses membres par le président de la République et les présidents du Sénat et de l'Assemblée, alors qu'en Allemagne l'opposition est institutionnellement associée au choix des juges. Ainsi pour leurs origines professionnelles. Ils peuvent n'avoir aucune qualification en matière de droit et, s'ils sont juristes, doivent se taire pendant leur participation au Conseil. (Pour les rééditions de notre livre *La Politique en France* publié pendant ses neuf années de conseiller constitutionnel, François Goguel et moi avons mis en tête une note parfaitement mensongère disant que j'avais effectué l'ensemble de la mise à jour, y compris de ses chapitres à lui.) Puis Valéry Giscard d'Estaing et venu et, en 1974, soixante parlementaires pouvaient déposer des recours. Mais toujours seulement contre des textes votés par le Parlement et non encore proclamés par le chef de l'État. Il a fallu attendre 2008 pour que l'article 61-1, adopté dans la révision constitutionnelle de Nicolas Sarkozy, permette, comme à Washington et à Karlsruhe, de mettre en cause des lois existantes. Avec une restriction d'importance : la QPC (question prioritaire de constitutionnalité) doit transiter soit par le Conseil d'État, soit par la Cour de cassation. L'extrême prudence de celle-ci en la matière s'explique aisément : le sens et la portée d'une loi sont déterminés par la jurisprudence de cette cour – qui se trouverait désavouée par une décision d'annulation du Conseil constitutionnel.

L'éthique commune demeure beaucoup plus floue à Paris. Elle est définie par la Déclaration des droits de l'homme et du citoyen de 1789 et par le préambule de la Constitution de 1946. Ce dernier est fort beau, mais d'application si floue qu'on peut affirmer qu'est constitutionnel ce que le Conseil décide de déclarer tel. « Chacun [...] a le droit d'obtenir un emploi » : toute loi admettant le chômage serait-elle inconstitutionnelle ? Et comment appliquer pleinement par la loi la très belle idée : « Tout être humain qui, en raison de son âge, de son état physique ou mental, de la situation économique, se trouve dans l'incapacité de travailler a le doit d'obtenir de la collectivité des moyens convenables d'existence » ? Il est vrai qu'en sens inverse, tout le monde croit le droit de grève illimité, alors que le préambule dit simplement : « Le droit de grève s'exerce dans le cadre des lois qui le réglementent. »

Tout cela n'est pas trop difficile à expliquer en France et aux étrangers qui s'intéressent à notre pays. En revanche, l'incompréhension est difficile à dissiper (parfois elle ne mérite pas de l'être !) quand il s'agit de la réalité politique qui ne tient guère compte de la Constitution. Depuis l'origine, c'est-à-dire depuis le communiqué annonçant la nomination de Michel Debré comme Premier ministre, le 8 janvier 1959, les articles 20 et 21 ont été pour le moins contournés. « M. Michel Debré […] a soumis à l'approbation du général de Gaulle ses conceptions en ce qui concerne la politique générale et les noms des personnalités qui deviendraient, le cas échéant, ses collaborateurs au gouvernement. » Que devenait la constatation constitutionnelle : « Le gouvernement détermine et conduit la politique de la Nation […]. Le Premier ministre dirige l'action du gouvernement » ? Le sommet de la dépossession du Premier ministre a été atteint lorsque Nicolas Sarkozy a qualifié François Fillon de simple « collaborateur ». Il est vrai que la fonction est fortement revalorisée en période de « cohabitation ».

Le président de la République se situe en principe au-dessus des partis. Il devrait, selon le candidat Nicolas Sarkozy, écarter tout arbitraire dans l'exercice de sa fonction… Le président Sarkozy n'a certainement pas évolué dans ce sens. Faussement, mais avec une certaine grandeur, le général de Gaulle avait affirmé le 31 janvier 1964 : « L'autorité indivisible de l'État est confiée tout entière au président par le peuple qui l'a élu. Il n'en existe aucune autre, ni ministérielle, ni militaire, ni judiciaire, qui ne soit conférée et maintenue par lui. » Le président Sarkozy, avec une petitesse certaine, est intervenu directement dans les domaines les plus divers, notamment en matière de nominations tous azimuts – un pouvoir quasi absolu non prévu par les textes, mais facilité par un esprit de soumission fort peu démocratique.

Mais ce président n'aura pas été le seul à ne pas avoir tenu compte d'un constat que René Rémond a dressé dans le même livre :

> Le pouvoir [...] isole toujours : son ou ses titulaires ont tôt fait de s'enfermer dans un système dont la logique est impeccable, mais s'écarte insensiblement des réalités. Plus les responsables sont certains d'avoir raison et plus le risque est grand qu'ils déraisonnent. L'obligation d'entendre les interrogations, de répondre aux interpellations, de prendre en considération les objections, les prémunit contre l'exercice solitaire du pouvoir.

Justice et police

J'ai toujours eu le souci de ne pas porter des condamnations collectives, en particulier sur des catégories professionnelles. Il ne sert à rien de créer des sortes de ghettos moraux. Il en a été ainsi pour l'armée pendant la guerre d'Algérie. Condamnant camps de regroupement et torture dans mes articles de *La Croix*, je n'en ai pas moins cherché à aider de mon mieux Jean Mialet, créateur des groupes « Rencontres » réunissant officiers supérieurs et hauts fonctionnaires civils. Lui-même était à la fois saint-cyrien et énarque, officier jusqu'en 1955, ultérieurement conseiller à la Cour des comptes.

J'ai ressenti de la compassion pour les éducateurs de prison lorsque j'en ai rencontré un à Fresnes : ils étaient deux pour deux mille détenus ! C'était à l'occasion d'un enseignement sur la vie politique française destinée à des délinquants mineurs, les grands criminels n'ayant pas accès aux séances d'ouverture sur le monde. J'eus une question, posée par un Africain, sur la politique française en Afrique. Comme je parlais de l'aide, je fus interrompu par un cri fort applaudi : « Pas notre argent pour ces gens-là ! » Ces délinquants sans ressources, ces fauchés, se considéraient comme codétenteurs de la richesse nationale et en refusaient les miettes aux Noirs. Bel exemple d'auto-identification mystifiante ! Ils vivaient pourtant une condition carcérale indigne. En revanche, à Berlin, j'ai pu rendre visite à plusieurs reprises à un condamné pour agression qui m'avait écrit à la suite d'une des émissions pour jeunes que j'ai assumées pendant dix ans au *Sender Freies Berlin*. Nous avons pu à chaque fois converser sans surveillance dans une sorte de salon bien aménagé – et aujourd'hui encore, des décennies plus tard, nous sommes en contact régulier.

À son procès, en mars 1849, Auguste Blanqui avait lancé à ses juges : « Je connaissais jusqu'ici une magistrature debout et une magistrature assise. Je saurai désormais qu'il existe une magistrature couchée. » Un procureur général allemand m'a interrogé sur la situation de soumission des procureurs français. Ma réponse sur leur dépendance à l'égard du pouvoir et leur capacité d'enterrer les dossiers l'a beaucoup surpris. « Chez nous, si je suis saisi d'une affaire à présomption de culpabilité et que je déclare qu'il n'y a pas lieu de poursuivre, je risque des poursuites pénales. » Sous la présidence de Nicolas Sarkozy, l'emprise sur la magistrature s'est faite plus forte. Le ou la ministre ne tenait pas compte, comme il en a le droit, des choix pour nominations du Conseil supérieur de la magistrature, alors qu'Élisabeth Guigou, ministre de 1997 à 2000, s'était fait un devoir de ne jamais passer outre.

La magistrature avait raison de défendre l'application de la loi face à ceux qui ne voyaient dans celle-ci qu'un moyen pour les forts d'imposer leurs normes aux faibles. On verra au chapitre suivant la part de vérité que cette affirmation comporte de plus en plus. Essayant de tenir compte des situations d'injustice nées des inégalités sociales, le Syndicat de la magistrature m'avait paru digne d'attention et de soutien pendant ses premières années. Il s'était donné des dirigeants lucides et courageux, tels Louis Joinet, François Colcombet, Pierre Lyon-Caen. Malheureusement, il s'était aussi imposé une règle stupide, celle du renouvellement régulier intégral des organes de direction. La continuité n'était pas assurée, ce qui a permis certaines dérives idéologiques. Mais j'avais apprécié la définition de sa vocation, en 1971, dans sa publication *Justice* : « Contribuer, par les voies et les moyens d'un syndicat, à permettre à la justice de jouer le rôle d'autorité morale réellement gardienne des libertés. » Dans la pensée des fondateurs, cela valait (et vaut encore aujourd'hui) en particulier pour le droit du travail. Depuis quelques années, ce sont plutôt les magistrats des tribunaux administratifs qui défendent les droits des immigrés, clandestins ou simplement dépourvus des papiers nécessaires. Dans chaque numéro de *Plein droit*, la publication du Gisti (Groupe d'information et de soutien des travailleurs immigrés), figurent en insert des arrêts de tribunaux administratifs annulant, pour vice de forme, des décisions préfectorales d'expulsion. En 2010, le ministère de l'Intérieur a trouvé un pare-feu : le procureur fait appel et, cet appel étant suspensif, on expulse avant le second procès. Auparavant, on recourait aussi à la convocation à la préfecture pour régularisation, avec arrestation immédiate puis expulsion.

Mes interventions à l'École nationale de la magistrature, à Bordeaux et à Paris, avaient plutôt trait au passé. À deux reprises, il y avait eu initiative des élèves appelés « auditeurs de justice ». À la question : « Qu'est-ce qui distingue un crime contre l'humanité d'un crime de guerre ? », nous avons, le procureur général Pierre Truche et moi, cherché à répondre sur la base d'une étude remarquable de plusieurs élèves. Nous avons repris en partie la juste thèse que Pierre Truche avait défendue à Lyon dans l'affaire Barbie et que la Cour de cassation avait désavouée... Elle avait avancé, pour éviter tout amalgame avec la torture en Algérie, une idée surprenante : les mêmes faits, les mêmes crimes devaient recevoir des qualifications différentes selon la nature du régime au nom duquel ils avaient été accomplis ! À Bordeaux, j'ai présidé un colloque sur les juges de Vichy et les juifs, publié en 1993 sous le titre *Juger sous Vichy*. La quasi-totalité des magistrats d'alors avaient appliqué la législation antijuive comme droit positif ordinaire, approuvés en cela par les professeurs de droit et par les recueils Dalloz.

Le passé a aussi été présent dans mes enseignements à l'École de police du plateau du Moulon, à Orsay, et, plus tard à l'École des agents de police de Saint-Malo. Là, les choses avaient évolué. Alors qu'au début, je choquais en disant mon incompréhension pour le cordon rouge, la Légion d'honneur collective, remis à la police parisienne après la Libération, police qui se vit pourtant participer sans trop d'états d'âme à la rafle des juifs, le directeur de Saint-Malo me dit :

« Vous avez bien fait : il faut que les jeunes policiers sachent quel a été le passé, même négatif, de leur corps. » Mais depuis lors, et en particulier aujourd'hui, il s'est agi de réagir contre les violations par des policiers des obligations de leur métier. La Déclaration des droits de 1789 dit bien, dans son article 12, que « la garantie des droits de l'homme et du citoyen nécessite une force publique » (et dans un dialogue pour une télévision allemande portant sur la police, Daniel Cohn-Bendit a fortement défendu cette thèse et reconnu qu'elle ne correspondait guère à son attitude de 1968). Mais l'article 9 dit que « tout homme étant présumé innocent jusqu'à ce qu'il ait été déclaré coupable, s'il est jugé indispensable de l'arrêter, toute rigueur qui ne serait pas nécessaire pour s'assurer de sa personne doit être sévèrement réprimée par la loi. »

C'est ce qu'a écrit, le 29 mai 1968, l'admirable préfet de police Maurice Grimaud, à tous les policiers de la capitale :

Frapper un manifestant tombé à terre, c'est se frapper soi-même en apparaissant sous un jour qui atteint toute la fonction policière. Il est encore plus grave de frapper des manifestants après arrestation et lorsqu'ils sont conduits dans des locaux de police pour y être interrogés [...] Dites-vous bien : toutes les fois qu'une violence illégitime est commise contre un manifestant, ce sont des dizaines de ses camarades qui souhaitent le venger. Cette escalade n'a pas de limites.

À l'époque, j'avais fait la connaissance du commissaire de police du 5ᵉ arrondissement – celui de la Sorbonne – et j'ai été ensuite appelé à travailler avec lui pour son association « Police et Humanisme. Communauté chrétienne des policiers de France », notamment pour tirer les conclusions de son congrès de 1988. Deux ans auparavant, le 18 mars 1986, Pierre Joxe, ministre de l'Intérieur, avait établi par décret un code de déontologie de la police nationale, en principe toujours en vigueur, mais dont on ne saurait dire qu'il soit vraiment appliqué. En effet, on y lit en particulier :

Art. 7. Le fonctionnaire de la police nationale a le respect absolu des personnes, quelles que soient leur nationalité ou leur origine, leur condition sociale ou leurs convictions politiques, religieuses ou philosophiques.

Art. 10. Toute personne appréhendée est placée sous la responsabilité et la protection de la police. Elle ne doit subir, de la part des fonctionnaires de police, aucun traitement inhumain ou dégradant.

Le fonctionnaire de police qui serait témoin d'agissements prohibés par le présent article engage sa responsabilité disciplinaire s'il n'entreprend rien pour les faire cesser ou néglige de les porter à la connaissance de l'autorité compétente.

Que de faux témoignages, au contraire, pour décharger les collègues coupables ! Et que de violences sans nécessité ! Il m'a toujours été répondu que les sanctions étaient beaucoup plus nombreuses que je ne le supposais. À quoi je n'ai cessé de répliquer que seule la publicité des sanctions pouvait rétablir, surtout chez les jeunes, la confiance perdue.

Loin et près de la vie politique

Je n'ai jamais été tenté par une participation directe à la vie politique. En partie par paresse. Que d'efforts à fournir pour les campagnes électorales ! Que de silences à observer au service de qui aidera à votre ascension ! En partie par tempérament : j'ai tendance à donner raison à l'adversaire sur tel ou tel projet, sur telle ou telle attitude, dès lors que je pense qu'il a raison. De plus, je n'ai jamais porté chance au candidat pour lequel je faisais campagne, ce qui m'est arrivé deux fois seulement. Alain Savary, le plus droit, le plus discrètement courageux des hommes, battu au congrès socialiste d'Épinay parce qu'il n'imaginait pas la manœuvre conjointe de Jean-Pierre Chevènement et de François Mitterrand, a été écrasé dans notre 15ᵉ arrondissement de Paris. Il en alla de même pour Pierre Mendès France dans son fief de Louviers, après les « événements de mai » en 1958.

De plus, à une exception près, je n'ai jamais eu envie d'entrer dans une équipe gouvernementale. Ladite exception s'est produite en 1954. Déjà, l'année précédente, j'étais entré en contact avec Pierre Mendès France pour lui dire tout ce qu'il pouvait avoir comme soutiens du côté des jeunes catholiques épris de réformes sociales. Lorsqu'il fut chef du gouvernement, pendant « sept mois et dix-sept jours » en 1954-1955, j'effectuai des voyages d'explication à Bonn où il passait pour un anti-européen teinté de neutralisme. Un peu plus tard, il y eut une réunion chez Brigitte Gros, sœur de Jean-Jacques Servan-Schreiber, au cours de laquelle Gaston Defferre découvrit, en présence de François Mauriac, à quel point les dirigeants des mouvements de jeunesse catholiques étaient « mendésistes ». En fin d'année, lorsqu'il fut question d'une réorganisation du cabinet de Mendès France au Quai d'Orsay (il était en même temps ministre des Affaires étrangères), il fut envisagé que j'y entre pour m'occuper de l'Allemagne. Mais un ultime remaniement donna le ministère à Edgar Faure.

Ultérieurement, j'ai eu simplement l'occasion, en 1957, d'aller à la place de PMF en Angleterre, à l'université de Cambridge, présenter et discuter – difficilement – de la guerre d'Algérie. Puis je me suis trouvé parmi les 5 % d'électeurs donnant leur voix à Gaston Defferre à la présidentielle de 1969, simplement parce qu'il avait annoncé son projet de faire de Pierre Mendès France son Premier ministre. Comme tant de jeunes hommes d'alors, notamment parmi les hauts fonctionnaires, j'ai toujours gardé le souvenir de l'espoir déçu que quelqu'un pratiquant le parler-vrai et fort de la volonté de décider et de construire puisse exercer durablement le pouvoir. Il y eut tout de même ensuite un autre espoir déçu. J'étais prêt à m'engager pour la candidature de Jacques Delors à la présidence de la République. Le choc fut rude de l'entendre, au bout d'une émission de télévision menée, par sa faute, comme une sorte de jeu à suspense, déclarer qu'il ne se présenterait pas, alors que nombre de comités de soutien s'étaient déjà créés à travers la France !

Ma contribution à la vie politique a été la recherche de l'influence par l'explication raisonnable. Par exemple en faisant comprendre l'importance des systèmes électoraux. Ainsi, la politique israélienne ne changerait pas tant que s'appliquerait la proportionnelle intégrale, donnant un poids excessif aux petits groupements extrémistes, indispensables pour former des majorités. En sens inverse, le vote majoritaire de circonscription à un tour a presque toujours écrasé le parti libéral en Grande-Bretagne (en 1983, un maximum d'injustice : 25,4 % des voix et 2,4 % des sièges), alors qu'il était la seule formation d'esprit européen. Malheureusement, après avoir enfin accédé à un exceptionnel gouvernement de coalition en 2010, à cause de la régression brutale des travaillistes, il a, dans le programme gouvernemental, accepté un troc choquant : il bénéficierait d'un changement de loi électorale tandis qu'il renonçait à tout progrès sur l'Europe pendant toute la législature. En France, malgré les deux tours, le passage au majoritaire a également contraint le centre à choisir avant le second entre le camp de gauche et le camp de droite, donc à ne plus exister en tant que centre. Mon plus grand échec d'explicateur a concerné le système allemand. Malgré soixante années de présentation (pourtant claire !) pour les étudiants, les journalistes, les hommes politiques, je ne suis jamais parvenu à ce qu'on ne dise, qu'on n'écrive plus : « En Allemagne, il s'agit d'un système mi-majoritaire, mi-proportionnel. » Est-il si difficile de comprendre que, s'il est vrai que la moitié des députés sont élus à un tour dans des circonscriptions, l'autre moitié est prise sur des listes régionales, de façon que chaque parti dispose finalement d'autant de sièges que s'il les avait acquis par un vote national à la proportionnelle ?

Avant 1958, les partis politiques n'avaient pas d'existence constitutionnelle. L'article 4 de la Constitution actuelle a été copié, avec quelques aménagements, sur l'article 21 de la Constitution allemande. Mais, alors que celui-ci dit que « les partis contribuent à la formation de la volonté politique du peuple », chez nous ils « concourent » seulement « à l'expression du suffrage ». Et, comparés aux partis allemands, ils ont fort peu de membres, tandis que le problème de la discipline de vote et de la soumission de la majorité parlementaire au gouvernement se pose un peu dans les mêmes termes. Sauf que le chancelier ou la chancelière n'a jamais trouvé un groupe parlementaire aussi soumis, aussi prêt à abdiquer, même par comparaison avec la présidence du général de Gaulle, que sous celle de Nicolas Sarkozy.

Cela dit, les campagnes électorales sont semblables un peu partout. Avec un affrontement télévisé final entre les grands chefs, même s'il ne s'agit pas d'une présidentielle. La meilleure présentation d'un tel affrontement a été faite, dans *Les Voraces*, la joyeuse tragédie en cinq actes et en vers de Frédéric Bon, Michel-Antoine Burnier et Bernard Kouchner (oui, le futur ministre !). Publiée en 1974 comme s'il s'agissait d'un petit livre scolaire, avec des questions finales telles que « Le tragique dans le personnage de Pierre Messmer » ou « Méditez cette belle maxime de M. Jean-Paul Sartre : "Élections, piège à cons". Imaginez le commentaire qu'en ferait un ouvrier hongrois ou portugais », la pièce a connu nombre de rééditions et a même été portée à la scène. Dans l'ultime joute verbale entre les candidats François Mitterrand et Valéry Giscard d'Estaing, on pouvait lire :

F. M.
[...] Sentez-vous le terroir
Les petits paysans qui croulent sous les dettes
Pour payer le tracteur, pour doter la cadette,
[...] Voyez-vous le béton dans les banlieues lointaines
Qui comprime les gens, les tient en quarantaine,

La route où les poids lourds la nuit vont sans arrêt,
Le chauffeur fatigué, le mégot, le béret,
Voyez-vous au matin les foules dans les gares,
Ce piétinement lent du troupeau que bigarrent
Le teint des Portugais, la couleur des Maliens...
... Vous détestez le peuple et le jugez immonde.

VGE
Quand il faudra demain juguler l'inflation,
Votre rose sera piètre consolation,
L'économie ruinée, les capitaux en fuite,
Les chômeurs par millions : vous connaissez la suite...

Il existe des différences plus durables, plus à l'abri de résultats électoraux fluctuants, pour marquer les vies politiques nationales. Un seul exemple devrait suffire pour le montrer. L'atome a une connotation positive en France, négative en Allemagne. Si la chancelière Merkel avait dit avant les dernières élections qu'elle prolongerait la durée des centrales et qu'elle croyait aux bienfaits de l'énergie nucléaire, elle ne serait plus au pouvoir. L'atome fait penser prioritairement à Hiroshima et à Tchernobyl (puis, aujourd'hui, à Fukushima). En France, parmi les grandes créations de 1946, il y eut le Commissariat à l'énergie atomique. De Gaulle en confia la direction à un prix Nobel de physique, Frédéric Joliot-Curie – dont il savait qu'il était aussi membre du Comité central du parti communiste. Jamais la France n'a connu une opposition antiatomique organisée à gauche. D'autant que le comité d'entreprise d'EDF recevait, depuis la nationalisation de 1946, 1 % du chiffre d'affaires. Or, d'une part le CE était aux mains de la CGT, pas vraiment indépendante du PCF, d'autre part il bénéficiait de chaque nouvelle construction de centrale atomique.

Depuis 1962, l'atome militaire est assimilé à la puissance nationale. De plus, les petits Français ont eu à lire *Sans famille* d'Hector Malot avec, au centre du roman, une catastrophe charbonnière. Les lycéens ont dû lire, les cinéphiles ont pu voir Germinal, histoire d'une autre catastrophe minière. Comment ces Allemands peuvent-ils vouloir protéger le charbon contre l'atome ? Et voici qu'en juillet 2011, suite au choc de Fukushima, le Parlement allemand décide, à la quasi-unanimité, de mettre progressivement hors d'usage toutes les centrales nucléaires, au risque de tomber encore davantage dans la dépendance au gaz russe et d'avoir à construire nombre de centrales fonctionnant au charbon.

Les communistes et moi

La comparaison sur l'atome est pourtant moins utile que celle sur le communisme. En Allemagne, il fallait toujours faire comprendre les aspects positifs du communisme français, en France, les fondements historiques de l'anticommunisme allemand. Dans les deux pays, cependant, il faut encore lutter pour que ne soient pas oubliées les complicités avec le communisme le plus criminel.

Le parti communiste allemand est né de la scission d'un petit parti socialiste, lui-même résultat d'une scission avec le grand parti social-démocrate SPD. À Tours, en décembre 1920, une large majorité de la SFIO (Section française de l'Internationale ouvrière) décida de devenir le parti communiste, section française de la IIIe Internationale ou Komintern. La formation nouvelle put ainsi garder les ressources, dont le quotidien *L'Humanité* (fondateur Jean Jaurès). À Berlin comme à Paris, on se soumit à la discipline de l'Internationale et, lorsque Staline la prit en mains, on attaqua, à partir de 1928, la social-démocratie comme ennemi principal. Et comme Staline croyait à l'avenir du communisme en Allemagne, le PCF se mit à faire lui aussi du nationalisme allemand. Le 15 janvier, parlant à Berlin, Maurice Thorez, secrétaire général du parti français, proclama le droit à l'auto-détermination de tous les peuples de langue allemande, dont celui d'Alsace-Lorraine. Mais, arrivé au pouvoir, Hitler interdit et persécuta le KPD qui fut donc incapable, en 1935, de participer au revirement du Komintern, alors qu'en France, le PCF participa au Front populaire et soutint le gouvernement de Léon Blum. Les quarante heures et les congés payés étaient donc à mettre aussi au crédit du parti communiste. En 1939, le parti français se soumit et accepta le pacte germano-soviétique, mais l'invasion de l'URSS, en juin 1941, fut un élément important de la Résistance en France. Pour la première fois de son histoire, le PCF entra, en 1944, dans un gouvernement, celui du général de Gaulle. En échange, celui-ci obtint la dissolution des milices patriotiques et la participation communiste à l'effort de reconstruction, participation qui cessera avec la naissance du Kominform en octobre 1947. La Sécurité sociale, avec Ambroise Croizat comme ministre du Travail, était donc également due à l'action du parti.

Malgré les attaques et les violences de la fin des années 1940 et du début de la décennie suivante, le PCF resta honorabilisé, avec des alternances de rejets et de coalitions avec les socialistes. Électoralement, son dernier grand succès fut les 21,5 % des suffrages obtenus par Jacques Duclos à la présidentielle de 1969. À sa mort, en avril 1975, le président de la République, Valéry Giscard d'Estaing, écrit à sa veuve :

Avec Jacques Duclos disparaît un témoin éminent de notre vie nationale et un représentant authentique du peuple français. Sa mort a été ressentie par tous ceux qui, quelles que soient leurs sensibilités, appréciaient son évidente conviction et le grand talent d'expression qu'il mettait au service de ses idées.

En juillet 1964 déjà, le général de Gaulle avait écrit au fils de Maurice Thorez, après la mort de celui-ci :

> Pour ma part, je n'oublie pas qu'à une époque décisive pour la France, le président [du PC] Maurice Thorez – quelle qu'ait pu être son action avant et après – a, à mon appel et comme membre du gouvernement, contribué à maintenir l'unité nationale.

Une unité que le parti communiste allemand a détruite après 1945. La RDA s'est, au contraire, de plus en plus intégrée à l'Empire soviétique. Ce fut l'une des raisons de la violence de l'anticommunisme en République fédérale. Le parti, avant d'être stupidement interdit en 1956, n'a jamais obtenu le nombre de suffrages suffisant pour gérer, comme en France, de nombreuses municipalités et n'a jamais joué un rôle notable au sein de la Confédération des syndicats. Or, les maires communistes, les militants du parti, les nombreux communistes au sein de la CGT ont vécu une proximité avec la population la plus défavorisée, ont fait preuve d'un désintéressement remarquable – et remarqué par tous ceux qui en ont bénéficié. Les horreurs progressivement révélées n'ont pas entamé la perception d'un parti qui a servi en quelque sorte de patrie sociale à un nombre considérable de Français. Les films de Robert Guédiguian en ont porté un excellent témoignage.

Mais cela n'explique pas, cela n'absout pas les abdications, les soumissions des intellectuels communistes. En 1945, je me vis reprocher de ne pas sentir le « vent de l'histoire » lorsque j'ai fait un choix décisif. Pour un jeune homme de 20 ans qui voulait participer à la création d'une société meilleure, l'alternative était, face au retour en arrière de la SFIO et des Radicaux, de devenir le compagnon de route soit du PC, soit de la partie la plus vivante, la plus foisonnante du catholicisme français. Je n'ai jamais eu à regretter ce choix-là non plus.

Ce qu'est le mystère d'un fanatisme, je l'ai compris ou plutôt je ne l'ai pas compris en 1948. À la Fondation Thiers, nous étions une petite quinzaine de pensionnaires à vouloir devenir professeurs de faculté. L'un de nous, normalien, agrégé de philosophie, était secrétaire de la cellule du quartier. Nous l'avions connu en 1947 grand admirateur de Tito. Puis Moscou avait excommunié Tito et notre camarade s'était mis à détester le maître de la Yougoslavie. À un repas commun, nous lui avons demandé : « Qu'as-tu contre Tito ? – Il a un régime fasciste. – Qu'est-ce donc, pour toi, qu'un régime fasciste ? – C'est un régime policier qui liquide l'opposition par des purges. » Éclat de rire général. Le mystère, c'est que, pendant une minute, il n'a vraiment pas compris pourquoi nous riions. Puis il dit : « Si vous employez des arguments de pissotière, je quitte la table. » C'est ce qu'il fit.

Je ne sais si, plus tard, ce fut un tel aveuglement ou une parfaite mauvaise foi qui fit déposer, en décembre 1950, au procès Kravchenko, Marie-Claude Vaillant-Couturier, députée communiste, ancienne déportée à Ravensbrück, en ces termes :

Je sais qu'il n'existe pas de camps de concentration en Union soviétique et je considère le système pénitentiaire soviétique comme indiscutablement le plus souhaitable dans le monde entier. Je crois que c'est le seul pays où les condamnés, quels qu'ils soient, touchent un salaire égal à celui qu'ils toucheraient s'ils étaient à l'extérieur, peuvent acheter ce qu'ils achèteraient à l'extérieur... ont la possibilité de lire, d'écrire, de voir des films, de faire de la musique.

Au même procès, maître Joë Nordmann, avait injurié Margarete Buber-Neumann, veuve d'un dirigeant communiste allemand que Staline avait fait périr, ancienne détenue en URSS, puis à Ravensbrück. Dans ses mémoires, l'avocat a montré quelque regret de son attitude d'alors, excuses rares, tant on n'est pas disqualifié en France par son stalinisme passé. Annie Besse (plus tard Annie Kriegel) n'a pas seulement été, après la Libération, une grande épuratrice (Edgar Morin a raconté comment il avait été ainsi « épuré » par elle). Elle a aussi produit des textes horribles. Ainsi, en avril 1953, elle écrivit, à propos de l'ordre de quitter le mari donné par le parti aux femmes dont l'époux communiste avait été déclaré traître : « Il n'est pas étonnant que la bourgeoisie crie au scandale et à la dislocation de la famille quand une femme se refuse à suivre son mari dans l'abjection. » Plus tard, elle a changé, est devenue une historienne respectée du communisme. Sa mort a été célébrée comme celle d'une héroïne du libéralisme. Dans ses mémoires, une note en bas de page était consacrée à ma critique de son attitude dans *Le Crime et la mémoire*. Elle se demandait ce que je lui voulais, puisqu'elle n'avait dit que ce que le parti lui avait ordonné de dire ! Avant sa mort, Staline avait accusé les médecins juifs de l'avoir empoisonné. Il s'est trouvé tel grand médecin juif parisien pour affirmer aussitôt que le crime de ces médecins soviétiques devait être puni. Que d'intellectuels, notamment chez les historiens, se seront avilis au point de signer, en 1950, un texte intitulé « Maurice Thorez et l'histoire » :

> Maurice Thorez est historien parce qu'il est un homme politique de la classe ouvrière. En tant qu'homme politique de la classe ouvrière, il indique la voie à suivre parce qu'il est historien... Nous pouvons, grâce à Maurice Thorez, opposer à l'histoire bourgeoise la conception scientifique de l'histoire qui est la nôtre.

Bagatelles que tout cela, puisque la société française non seulement pardonne, mais oublie les défaillances, si elles ont été d'extrême gauche. André Stil, rédacteur en chef de *L'Humanité* de 1950 à 1957, est devenu en 1977 un membre respecté de l'Académie Goncourt. Peu importait qu'en décembre 1956, il eût écrit un texte, « Je reviens de Budapest », où il disait :

> Mais qui se bat ? D'abord les fascistes, les contre-révolutionnaires [...]. Ensuite ce lumpenprolétariat qui reste la plaie des capitales des démocraties populaires [...]. À cela il faut ajouter des milliers de condamnés de droit commun [...]. Un groupe armé du boulevard Ferenc était commandé par une ancienne prostituée qui n'a pas dessoûlé pendant les jours de l'insurrection et qui entraînait de tout jeunes gens dans la bataille, dans l'atmosphère morale que l'on imagine [...]. L'armée soviétique s'est comportée non en ennemie, mais, comme toujours, en soutien et défenseur du peuple.

Pourquoi mon irritation d'alors et de maintenant ? Je risque de choquer bien des lecteurs par une comparaison à laquelle je tiens pourtant fermement. Le négationnisme de tant de communistes était encore plus coupable que celui d'un Robert Faurisson. Ce dernier, en niant après la guerre l'existence passée des chambres à gaz, insultait les morts. La soumission communiste a empêché bien des voix de prendre la défense de vivants que les protestations d'extrême gauche auraient peut-être pu encore sauver. Un Paul Éluard a nettement refusé de s'occuper des gens qui (sous la torture) s'étaient reconnus coupables. Et aujourd'hui encore, dans les manuels d'histoire, les millions de victimes de Staline et plus encore de Mao tiennent une place réduite, alors qu'un Alain Badiou, grand admirateur passé de l'exterminateur chinois, court les médias tout en continuant à n'exprimer aucun rejet de ses positions pas entièrement passées.

3

L'argent, son pouvoir et ses victimes : agir par les médias

L'argent maître

Dans *Le Maître de Santiago*, Henry de Montherlant, en 1948, fait dire à son héros, chevalier espagnol intransigeant du XVIᵉ siècle : « On aimait l'or parce qu'il donne le pouvoir et qu'avec le pouvoir on faisait de grandes choses. Maintenant on aime le pouvoir parce qu'il donne l'or et qu'avec cet or, on en fait des petites. » La formule est séduisante par son apparente actualité, mais elle est devenue inexacte. Le Pouvoir n'a plus guère de prise sur l'or. Les grandes entreprises, dont les banques, sont plus puissantes que les gouvernements et reçoivent leur craintif soutien. Il y a évidemment des cas où le pouvoir donne fort directement de l'or. Dick Cheney a démissionné de la présidence de la firme Halliburton après être devenu vice-président des États-Unis. Mais est-ce pur hasard si Halliburton a pu faire, sans appel d'offres, des bénéfices énormes en Irak, ne serait-ce que par ses fournitures à l'US Army ? Il est vrai aussi que les tenants du pouvoir politique sont en général à l'abri d'éventuelles retombées négatives du mauvais usage de l'argent. Ainsi, en décembre 2010, il est apparu que les hommes politiques membres du conseil d'administration de la *Bayern Landesbank* sont à l'abri de poursuites engagées contre les autres membres, à la suite d'une perte frauduleuse de quatre milliards d'euros : une loi bavaroise antérieure définissait un seuil spécial particulièrement élevé pour eux, tant au civil qu'au pénal. En France, on connaît d'autres techniques de mise à l'abri. Et le Pouvoir peut agir en faveur d'un ami. Par exemple en remplaçant la justice ordinaire par un tribunal arbitral, juridiction privée, qui fait payer 210 millions d'euros à l'État au profit de Bernard Tapie, bénéficiaire de 45 millions pour « préjudice moral » subi de la part du Crédit Lyonnais (banque qu'en tant que contribuable, j'ai contribué à renflouer).

Je n'ai jamais appartenu ni au pouvoir ni à « la finance ». Simplement, j'ai parfois l'impression d'être un expert en économie. Par exemple quand, dans notre département d'adoption, les Côtes-d'Armor, je perçois la plainte constante des éleveurs de cochons (sauf en période de peste porcine aux Pays-Bas) : « Les prix tombent ! » Or, on « produit » de plus en plus de porcins. Quand un éleveur dépasse la quantité autorisée, le préfet ratifie l'infraction *a posteriori*. Je peux pourtant expliquer à un élève de sixième que l'offre excessive fait chuter le prix de vente !

Surtout, je ne me sens pas plus incompétent dans l'analyse économique que tant d'experts reconnus. Quand on prête de l'argent à des gens pour qu'ils puissent acheter la maison si ardemment désirée, en sachant qu'ils ne pourront sans doute pas rembourser leur emprunt, on devrait comprendre d'emblée que le papier qui définit la dette est sans valeur. Ou bien c'est l'incapacité du prêteur qui est patente, ou bien il a l'habileté malhonnête de mélanger ce papier à d'autres pour le rendre méconnaissable. Mais que dire alors des « experts » des banques et d'autres entreprises hors d'état de retrouver les non-valeurs cachées dans d'autres titres ? Pour leur capacité supposée de démêler les paquets, ils sont pourtant magnifiquement rémunérés ! Et les professeurs d'économie ressemblent aux politologues ! J'ai toujours dit que j'étais capable d'expliquer pourquoi telle situation s'est produite – mais non de la prévoir. Il est vrai qu'il fallait de l'expertise à nombre de banques pour à la fois recommander à ses clients tel papier qu'elles savaient pourri – et spéculer sur l'effondrement du cours dudit papier. C'est ce qu'a fait le fondateur des *hedge funds* Paulsen conseillant Goldman Sachs pour lui dire comment « envelopper » les mauvaises valeurs en CDO (*collaterized debt obligations*), tout en pariant sur leur chute. Il y a gagné un milliard de dollars, au détriment des investisseurs ignorants. La règle n° 1 des *Our Business Principle* de Goldman Sachs, selon laquelle le but de la banque est l'intérêt des clients, s'est trouvée constamment bafouée. La justice américaine peut alors être plus justement sévère que la française. En juin 2011, la Bank of America a dû payer une somme énorme pour mettre fin à la procédure ouverte contre elle pour avoir abusé ses clients et avoir spéculé sur la chute de papiers qu'elle continuait à leur vendre. La Deutsche Bank a été mise en accusation là-bas pour les mêmes raisons, ce dont les médias allemands ont peu parlé.

L'expert mondial le plus célèbre, le plus admiré, le plus vanté a fini par publier un texte de quarante-huit pages dans lequel il tente de justifier ses erreurs. Alan Greenspan avait été nommé président de la *Federal*

Reserve en août 1987 par Ronald Reagan. Sous Bush père et fils et sous Clinton, il a pu élargir constamment sa gloire – jusqu'à ce qu'après sa retraite, en 2006, on constate que sa politique de l'argent facile et des bas taux d'intérêt avait certes été utile, mais qu'elle avait aussi été une cause essentielle de la crise financière mondiale. Une de ses thèses s'est effondrée, celle de l'autorégulation des marchés financiers. Pourquoi alors un non-initié comme moi devrait-il faire confiance aux savants de l'économie ? Je n'ai jamais prétendu que la science politique était une vraie science. Aussi ai-je lu, avec une joie mauvaise, qu'en mars 2010, David Brooks, éditorialiste du *New York Times*, disait que les professeurs de sciences économiques exerçaient un métier comparable à celui de romancier !

S'agit-il encore d'économie au sens ancien du terme et même au sens fort différent qu'a en allemand le mot *die Wirtschaft* ? En effet, il ne signifie pas seulement l'ensemble des faits économiques, mais un milieu social devant lequel toute une presse s'incline tous les matins ou toutes les semaines. Le terme s'applique alors à la catégorie des puissants, des « sachants » – ou supposés tels – des grandes entreprises, des banques, des boursiers influents. Mais est-il encore vrai qu'ils pensent en termes de développement ? Ne s'agit-il pas plutôt d'assurer la rentabilité d'investisseurs mondiaux, prêts à se défaire de leurs actions si l'on tombe au-dessous des 10 % ? La rentabilité baisse si l'entreprise investit fortement pour son propre avenir, ou bien si (*horribile dictu* !) elle distribue une bonne partie de son bénéfice en salaires. Investir ne signifie-t-il pas acheter une entreprise, la « dégraisser » par des licenciements, puis la revendre avec un solide profit ? De tels agissements ne se font cependant pas seulement pour l'enrichissement de particuliers, mais aussi pour assurer une rentabilité maximale à des fonds de pension regroupant les retraites de centaines de milliers de petites gens. Cela dit, les chiffres des transferts financiers donnent le vertige. Les flux quotidiens sont de l'ordre de 1 200 à 1 800 milliards d'euros, soit cinq à six fois le budget de la France. Le montant des transactions financières est cinquante fois plus important que la valeur du commerce international sur les biens et services. L'essentiel est pure spéculation, un jeu dans lequel l'argent devient une marchandise qui s'autoreproduit. Lorsque les paris portent sur les cours des matières premières et entraînent un renchérissement des prix du blé ou du riz, le jeu peut entraîner la famine pour des millions d'êtres humains. Cela importe peu à ceux qui jouent à faire changer un cargo de propriétaire plusieurs fois en une journée ! Et les très grandes entreprises françaises disposent légalement, pour ne pas payer l'impôt en France, de centaines de paradis fiscaux dans une soixantaine de pays d'accueil. Si seulement deux ou trois d'entre elles payaient leur dû, il ne serait pas nécessaire de prélever, en 2010-2011, 340 millions d'euros sur le logement social et 300 millions sur les fonds de formation !

Que vient faire ici un jugement moral ? Avant de publier, en 1776, *An Inquiry into the Nature and the Causes of the Wealth of Nations*, Adam Smith avait fait imprimer, en 1759, *The Theory of Moral Sentiments*. Il y soulignait la valeur de la sympathie pour autrui. Le père du libéralisme économique centrait sa réflexion sur la place et la valeur du travail. (Chez nous, Guizot ne disait pas simplement « enrichissez-vous ! » – citation à prononcer avec mépris ! –, mais ajoutait « par le travail et l'épargne. ») Qu'en est-il de cette valeur aujourd'hui ? Je reconnais bien volontiers la compétence et l'efficacité du travail du *trader* utilisant si bien des modèles mathématiques qu'il peut en une seconde, sur son ordinateur, acheter un produit et le revendre avec bénéfice.

Depuis mars 2009, je cite volontiers le discours prononcé par le président de la République fédérale d'Allemagne, Horst Köhler, fort de son passé de directeur du Fonds monétaire international :

> Il y a un manque de volonté pour assurer la primauté du politique sur les marchés financiers [...]. Trop de gens, avec fort peu d'argent leur appartenant, peuvent mettre en action de puissants moteurs financiers. Pendant de nombreuses années, on est parvenu à persuader les citoyens que les dettes constituaient par elles-mêmes une valeur [...]. Les banques, elles aussi, ne peuvent être créatrices de valeurs économiques durables que si elles se conçoivent comme parties de la société globale. Donc quand elles respectent les fondements de notre constitution : « La propriété crée des devoirs. Son utilisation doit servir le bien commun... » Nous vivons les conséquences de la liberté sans responsabilité [...]. La crise nous montre que la liberté sans barrières apporte la destruction. Le marché a besoin de règles et d'une morale.

Il n'est pas trop difficile de définir une telle morale. Il est sans doute impossible de l'appliquer. En tout cas, la corruption ne relève pas d'elle. Elle est pourtant fort répandue. La lutte de l'organisation privée *Transparency Inernational*, longtemps dirigée par l'Allemand Peter Eigen, fait ce qu'elle peut pour découvrir et faire connaître de sombres réalités, mais ses recherches ont des limites. Les définitions peuvent d'ailleurs varier d'un pays à l'autre. Ainsi on appelle corruption, en Allemagne, les sommes clandestinement versées dans d'autres pays, par exemple par Siemens ou Daimler, pour obtenir des contrats. Ce sont des versements contraires aux règles internationales, mais ne donnant pas lieu à un enrichissement personnel du corrupteur. En France, il faut distinguer commissions et rétro-commissions, toutes deux placées dans des paradis fiscaux. L'existence de tels paradis n'est pas nouvelle. Au début de 1933, Klaus Mann, fils de Thomas, a écrit un joli poème ironique vantant le Liechtenstein comme agréable refuge où tout le monde est délinquant, mais peut vivre heureux sans être inquiété. Le délit en est-il vraiment un ? À lire *Le Figaro*, on ne le croirait pas. On y parle, à propos de la Suisse, de « réfugiés » et même d'« émigrés » fiscaux. J'avoue appliquer ces dénominations à de tout autres catégories de gens. Et je trouve que le pays d'accueil se fait complice. Dans un discours à des banquiers suisses réunis à Sankt Gallen, j'ai utilisé, à propos de la Confédération helvétique, l'expression *Land der Hehlerei* – pays du recel. Un participant s'est levé et a dit que je ne mesurais sans doute pas la signification de ce mot en allemand. J'ai répondu que c'est parce que je la mesurais fort bien que je l'avais employé !

Artistes, sportifs, chefs d'entreprises se « réfugient » en Suisse. Johnny Halliday, contrairement à ce qu'il avait annoncé, n'est pas revenu fiscalement en France. L'ex-P. D.G. de Vinci, Antoine Zacharias, qui avait quitté ses fonctions avec des avantages variés de 250 millions d'euros, s'est installé en Suisse en 2006. Puisqu'il est question de déchoir de la nationalité française de jeunes délinquants d'origine étrangère, je propose aussi souvent que je peux – sans aucune chance d'être entendu ! – de déchoir de leur nationalité les gros délinquants qui privent la collectivité nationale de tant de millions de ressources. Il est vrai que la Suisse n'est, en quelque sorte, qu'un refuge visible. Les paradis fiscaux sont nombreux dans le monde et les banques n'empêchent pas toujours leurs conseillers en gestion de fortunes d'orienter leurs clients vers tel ou tel de ces paradis.

En général, j'essaie, dans mes discours et mes écrits, d'analyser les faits avec pondération. Dans le cas des situations financières du haut de l'échelle, j'avoue me laisser saisir par la colère devant tant d'indécence. Les faits sont les mêmes en Allemagne et en France. En mars 2009, la Dresdner Bank, avec des pertes de 6 milliards d'euros, est reprise par la Commerzbank. Les dirigeants non repris ont touché 27 millions, dont 8 pour le responsable des investissements (désastreux). Serge Tchuruk, à la tête d'Alcatel, a vu l'action tomber, entre 2000 et 2009, de 92 à 6,2 euros. La fusion avec Lucent s'est faite au prix de milliers de licenciements. Il a pu partir avec 8,5 millions et une retraite annuelle de 1,1 million. De même, les risques judiciaires sont réduits pour les puissants de l'argent. Klaus Zumwinkel, patron de la poste allemande, a été condamné avec sursis pour grosse fraude fiscale et a pu conserver les 20 millions qui lui avaient été accordés pour sa retraite. En France, l'impunité pour la délinquance économique ne cesse de s'élargir, au civil et plus encore au pénal. De plus en plus de moyens ont été enlevés aux magistrats chargés des poursuites contre les délinquants financiers.

Une sanction d'un tout autre ordre a fait beaucoup de bruit en Allemagne. La caissière d'un supermarché avait été licenciée pour avoir dérobé au passage deux bons d'une valeur totale de 1,30 euros. Comme l'a écrit un commentateur de la *Frankfurter Allgemeine* : « La relation de confiance, du point de vue de l'employeur, avait été détruite. » Le journal a bien voulu publier ma mise au point. Je citais un mot fameux du XIXᵉ siècle français : « La preuve que les riches sont plus honnêtes que les pauvres, c'est qu'on n'a jamais vu un riche voler un pain. » Je disais surtout que nous étions des millions à avoir perdu toute confiance dans les banquiers, mais que nous n'avions pas la possibilité de les licencier. Après bien des péripéties, le Tribunal fédéral du travail décida que la caissière devait être indemnisée et réintégrée, parce qu'un blâme aurait constitué une sanction suffisante. Auparavant cependant, la présidente de ce tribunal avait déclaré à un journal qu'il n'existait pas de petits délits (*Bagatellen*). « Depuis des décennies, la jurisprudence stipule que le vol même d'objets sans valeur est un motif de licenciement. » J'écrivis à la *Süddeutsche Zeitung* que la présidente n'avait manifestement pas la moindre idée de la situation. Un voleur de grand magasin sans casier judiciaire est en général frappé d'une peine avec sursis. La caissière, au bout de trente ans de service, est punie du chômage à vie. De toute façon, à son âge, elle ne trouverait pas de nouvel emploi. Si elle avait été révoquée, toutes les portes lui seraient fermées. Le licenciement pour moins de deux euros correspondait à une condamnation à vie à la pauvreté, surtout si elle était chargée d'enfants…

Le fossé entre en haut et en bas existe aussi pour la répartition des aides européennes à l'agriculture. Leur répartition a longtemps été jalousement tenue secrète. On voit maintenant à quel point elle est favorable non seulement aux grandes exploitations, mais aussi à l'industrie agroalimentaire. Parmi les grands bénéficiaires allemands, on trouve le groupe français Doux, plus grand producteur européen de viande de volaille.

Je n'ai jamais demandé qu'on applique aux bénéficiaires de tant de privilèges la terrible formulation de Jean-Jacques Rousseau dans *Du contrat social* : « Tout malfaiteur attaquant le droit social devient par ses forfaits rebelle et traître à la patrie. Il cesse d'en être membre en violant ses lois et même il lui fait la guerre. Alors la conservation de l'État est incompatible avec la sienne, il faut que l'un des deux périsse et quand on fait mourir le coupable, c'est moins comme citoyen que comme ennemi ! » Mais j'aimerais qu'on tienne compte d'un autre passage de l'ouvrage : « Sous les mauvais gouvernements, cette égalité n'est qu'apparente et illusoire ; elle ne sert qu'à maintenir le pauvre dans sa misère et le riche dans son usurpation. Dans le fait, les lois sont toujours utiles à ceux qui possèdent et nuisibles à ceux qui n'ont rien. D'où il suit que l'état social n'est avantageux aux hommes qu'autant qu'ils ont tous quelque chose et qu'aucun d'eux n'a rien de trop. » Je dirai tous les progrès accomplis en matière de répartition et j'ai toujours fait rire en citant, à propos du principe d'égalité, l'une des versions de la *Carmagnole* :

> Il faut raccourcir les géants
> Et rendre les petits plus grands,
> Tous à la même hauteur,
> Voilà le vrai bonheur !

Mais en voyant la morgue de certains économistes et en constatant l'augmentation du nombre des discriminés, je me sens renforcé dans mes dénonciations de ce que tout un chacun devrait considérer comme injustices.

État social et discriminations

Il doit être dit cependant que, au moins depuis le XIXᵉ siècle, des progrès énormes ont été accomplis pour le plus grand nombre. Quand, à juste titre, nous sommes choqués par l'exploitation des enfants sur d'autres continents, nous devrions nous rappeler quelle était la forme du travail enfantin, par exemple à Lyon, en lisant les terribles textes rassemblés en 1951 dans *Regards sur le mouvement ouvrier*. Au travail dès 5 ans, « depuis 6 heures du matin jusqu'à 7 heures du soir, constamment debout, monté sur un petit escabeau ». « Ils sont constamment courbés, sans mouvement et sans pouvoir respirer un air pur et libre, ils contractent des irritations qui deviennent par la suite des maladies scrofuleuses ; […] dès leurs premières années, ils s'étiolent et sont débiles et valétudinaires. » Et quand le progrès dû au développement technique est né au nom de la préservation de la nature, faut-il vraiment rappeler quelle transformation le paysan avec son fléau a connu en devenant un agriculteur avec tracteur et moissonneuse-batteuse ? Ou à quel point sa femme qui, à 30 ans, ressemblait à une citadine de 50, a gagné, ne serait-ce qu'en préservation physique, grâce au remplacement du lavoir par la machine à laver ?

Les enfants ont pu bénéficier des premières lois sociales. En 1841, la première loi sociale interdit d'utiliser les enfants de moins de 8 ans, ceux de 8 à 12 ans plus de huit heures par jour, de 12 à 16 ans plus de douze heures. L'État était ainsi intervenu comme protecteur des plus faibles. Il remplit encore ce rôle aujourd'hui, ce qui lui est souvent reproché par ceux qui font appel à lui pour qu'il sauve des banques privées ou pour qu'il limite les agissements des *hedge funds*. Mais il ne devrait en aucun cas limiter l'exercice de la liberté économique. La France a, sur ce point, une spécificité qui remonte à la Révolution. Voulant libérer les salariés appartenant par contrainte à une corporation et soumis aux règles de celle-ci, la loi Le Chapelier du 17 juin 1791 a supprimé toutes les organisations professionnelles. Les syndicats n'ont été autorisés qu'en 1884. L'idée que les rapports sociaux se faisaient d'individu à individu a longtemps soumis le salarié à la bonne volonté de son employeur potentiel. En 1866, l'« arrêt des sabots », prononcé par la Cour de cassation, a encore confirmé qu'une ouvrière était punissable pour n'avoir pas pleinement respecté un règlement auquel elle avait évidemment souscrit librement en entrant dans l'entreprise. L'idée des rapports individuels s'est maintenue jusqu'à aujourd'hui puisque, malgré tous les engagements présidentiels, les *class actions* demeurent interdites aux consommateurs, contraints de déposer des plaintes individuelles, même si des dizaines de milliers d'acheteurs ont été abusés de la même façon.

L'État protecteur est devenu l'État social. En Allemagne, dès la législation bismarckienne, en France, c'est le Front populaire qui a marqué un tournant. C'est cependant après la Seconde Guerre mondiale que le développement d'un tel État a été fortement mis en route. En Grande-Bretagne, sur la base du rapport présenté en 1942 par lord Beveridge. En France, à partir du programme du Conseil national de la Résistance. La création de la Sécurité sociale a constitué une sorte de révolution, justifiant partiellement le sous-titre du journal *Combat* : « De la Résistance à la

Révolution ». J'ai donc trouvé, au vrai sens du terme, pleinement réactionnaire une contribution parue dans *Le Figaro* en mai 2008. L'auteur, professeur d'économie politique, y réclamait un nouveau droit social. Il ne fallait pas seulement rejeter les idées de Mai 1968. On devrait abolir les réformes sociales du Front populaire et de la Libération. L'idée de liberté impliquait celle d'engager et de licencier librement et aussi de mettre fin aux privilèges des syndicats. Parmi les textes à supprimer figurait le Préambule de 1946.

J'ai écrit à Jean-Philippe Feldman une lettre fort agressive. J'en avais envoyé une analogue à l'un de ses collègues, Pascal Salin. À l'un et à l'autre, je disais que, dans mes enseignements, j'avais depuis longtemps fait un constat : nos économistes ultralibéraux étaient des professeurs d'université, donc des fonctionnaires de l'État, protégés par leur statut. Je les écouterais mieux s'ils commençaient par démissionner de la fonction publique et se mettaient au service d'un établissement privé susceptible de faire faillite et de les mettre au chômage. Le papier à lettres sur lequel le professeur Feldman m'envoya sa réponse irritée montrait qu'il était aussi associé à un prospère cabinet d'avocats, ce qui limitait de toute façon son risque de devenir chômeur.

Le vrai adversaire a été et demeure pour moi un auteur fort célèbre, honoré et vanté, Friedrich August von Hayek. Sa principale œuvre, *Droit, législation et liberté*, a pu passer pour l'un des grands textes du XXe siècle. Pour moi, le volume *L'Illusion de la justice sociale* constitue un sommet de la condamnation arrogante et ignorante de l'État social. Dans une de mes chroniques régulières de *L'Expansion*, je m'en suis pris, en janvier 1981, à une interview terrifiante qu'il venait de donner à *L'Express.* Il y niait toute idée de redistribution, même entre régions d'un même pays. New York ne devait pas être puni pour la pauvreté de Puerto Rico, laquelle était évidemment imputable à sa population. Que la pauvreté puisse être héréditaire, puisqu'on a toute chance de devoir vivre dans la pauvreté si l'on est né dans une famille pauvre, voilà qui semble avoir été caché à Hayek et à ses disciples socialement bien situés !

J'avoue qu'en 2010, je ne m'étais pas attendu à l'énorme succès que rencontrerait en Allemagne le gros livre *Deutschland schafft sich ab* (*L'Allemagne travaille à sa perte*) de Thilo Sarrazin, membre du Conseil de direction de la Bundesbank et aussi membre du parti social-démocrate. Il est vrai que le million d'acheteurs s'est rué sur toutes les critiques de l'islam en général et des musulmans-parents-de-trop-d'enfants en particulier. Ils ne semblent pas avoir lu ou compris le chapitre fondé sur un racisme social que même Hayek aurait rejeté. Déjà – ce qui a fort fâché les organisations juives –, les gènes des juifs les rendent supérieurs, tandis que ceux des musulmans leur donnent un handicap insurmontable, mais la division sociale entre en haut et en bas est pour 80 % fondée sur l'hérédité génétique. Quelle tristesse recelée dans le constat que les couches autochtones cultivées ont moins d'enfants que les couches également autochtones *bildungsfern* – éloignés de la culture. Ces dernières sont composées de gens « qui ne possèdent rien et qui agissent à la légère, souvent rabaissés encore par des vices de toutes sortes », tandis que ceux d'en haut sont « les prévoyants, les modérés, qui vivent aussi par ailleurs *gewissenhaft* – de façon consciencieuse ». Quand je cite ce passage, j'ajoute :

« Consciencieux comme les dirigeants de la banque publique bavaroise dont l'un des dirigeants "cultivés" s'est laissé acheter pour cinquante millions d'euros par la Formule 1 automobile. » Et je demande comment il se fait que le SPD n'ait pas encore exclu un membre qui nie aussi radicalement les fondements mêmes de la pensée sociale-démocrate. Hélas, en fin de compte, il ne l'a pas exclu et a même crédibilisé ses thèses.

En réalité, l'État social a permis partout à des millions et des millions de gens de se voir à l'abri de la plus grande misère et de mener une vie tout de même plus digne que celle à laquelle les aurait contraints une absence de soutien public. Peut-être a-t-on atteint le point où la protection face à toutes les situations et tous les risques n'est plus finançable. Mais, contrairement aux idées de Hayek, même les conservateurs cherchent des solutions pour les chômeurs en fin de droits ou pour les vieillards de plus en plus nombreux qui ont besoin d'assistance. En France, l'introduction de la CMU, la couverture maladie universelle, a suscité peu d'oppositions, alors qu'elle assure en principe des soins même à ceux qui n'ont pas cotisé. (Sauf que les malades relevant de la CMU n'obtiennent guère de rendez-vous dans les consultations de médecins du secteur privé.)

L'État de droit devrait être en même temps un État juste qui traite tous ses citoyens de la même façon, sur la base des lois existantes, applicables à tous. En France, malheureusement, on abolit de plus en plus les organes de contrôle de cette application. Ainsi, les inspecteurs du travail sont de moins en moins nombreux et leur activité est de moins en moins soutenue par l'administration et par la Justice. Lorsqu'un inspecteur a été assassiné par un petit entrepreneur dont il voulait inspecter l'entreprise, aucun ministre n'a assisté aux obsèques, alors que le président de la République se déplace pour les funérailles de tout policier tué dans l'exercice de ses fonctions. En janvier 2007, le candidat Nicolas Sarkozy avait déclaré : « La démocratie sera irréprochable. Ce n'est pas une démocratie où les nominations se décident en fonction des connivences et des amitiés, mais en fonction des compétences. » Le président Nicolas Sarkozy avait aussi proclamé, en octobre 2009, face à des lycéens, que désormais la réussite en France ne serait plus due au fait d'être « bien né », mais serait fondée sur l'étude et le travail. Le lendemain, Libération citait la formule à la une pour introduire l'annonce que le président appuyait fortement la candidature d'un de ses fils, étudiant en deuxième année de droit en échec, à la présidence d'une des entreprises les plus richement dotées de la région parisienne. Et presque chaque jour, on apprend que les positions les plus diverses sont attribuées à des amis du président ou de ses ministres – quels que soient leurs mérites ou, le cas échéant, leurs démérites. En juin 2011, une sorte de record a été battu. Pour l'empêcher d'écouter les sirènes centristes, Jean Léonetti, député-maire d'Antibes, auteur d'une excellente loi sur la bioéthique – qui porte son nom et dont il sera question plus loin –, a été nommé ministre des Affaires européennes, chargé des relations franco-allemandes. Or, il ignorait et l'anglais et l'allemand, et ne connaissait rien aux affaires compliquées qu'il allait avoir à traiter à Bruxelles ou avec Berlin. On peut également se voir écarté simplement parce que l'on a déplu à un président se comportant en souverain tout-puissant.

Malgré l'égalité de traitement proclamée et, pour une large part, tout de même réalisée, la pratique contraire justifie en partie deux types de réactions. J'ai décrit l'une, en 1975, dans mon discours de remerciement pour le prix de la Paix. J'y avais dénoncé les *Berufsverbote*, les interdictions d'entrée dans la fonction publique de jeunes dont l'avenir de démocrates n'était pas certain. J'ai reproché au tribunal constitutionnel d'avoir confondu rébellion contre l'État de droit – rébellion à combattre – et révolte contre l'ordre social existant. La confusion ne risquait-elle pas de convaincre les jeunes contestataires épris de justice qu'il fallait abolir l'État de droit pour corriger l'ordre social ? L'autre réaction a été brutalement formulée par un livre allemand paru en 1983. Il énumérait les formulations utilisées dans les groupes de jeunes. L'une, par exemple, était : « Nous sommes les gens contre lesquels nos parents nous mettent en garde ! » C'est une autre définition qui m'a le plus frappé : « Désordre : là où rien n'est à sa vraie place. Ordre : là où à la vraie place, il n'y a rien. » La formule est-elle absurde appliquée à tant de jeunes de ce qu'on appelle « les banlieues » ?

Avant d'en venir à eux, ne convient-il pas d'évoquer d'autres groupes sociaux souffrant d'inégalités ou même de discriminations que ne surmonte pas l'« ordre spontané du marché » cher à Hayek ? Les droits égalitaires des femmes, des homosexuels, des jeunes en général se trouvent-ils assurés ?

Il faudra revenir sur la situation particulière des femmes au sein de l'Église catholique. Les attitudes les plus extrêmes s'y trouvent en voie de disparition. Pour sourire ou s'indigner, voici juste un exemple de ce qui peut en demeurer. L'évêque « lefebvrien » Richard Williamson, devenu célèbre par sa négation de la Shoah, a rédigé en 2001 une longue lettre pour répondre à une question venue du Canada : telle institution universitaire catholique devait-elle accepter des étudiantes ? L'évêque écrivait qu'aucune femme ne devrait être admise dans aucune université, cela pour trois raisons : elles détourneraient les garçons de leur travail, elles devaient plutôt devenir mères au lieu d'étudier et, de toute façon, elles n'auraient jamais le niveau intellectuel nécessaire. Plus sérieusement, les progrès, dans nos sociétés, sont considérables, même si l'on ne les compare pas avec les sociétés islamiques. J'ai peine à faire comprendre à mes petits-enfants que la démocratie française n'a connu le vote des femmes qu'en 1944, que c'est dans l'après-guerre seulement que les épouses ont pu avoir un compte en banque sans l'autorisation du mari et qu'il a encore fallu attendre pour que la puissance paternelle soit partagée. Les trois lettres KKK signifiaient en Allemagne « enfants, cuisine, église ». Aujourd'hui, il se lit plutôt *Kinder, Krippe, Karriere* – « enfants, crèche, carrière ». Il y a progrès, mais tout de même limitation.

Il reste surtout des attitudes machistes difficiles à éliminer. L'une me semble en lien étroit avec la doctrine de Sigmund Freud. La femme souffre d'infériorité de n'avoir pas de pénis. J'ai toujours dit que mes ambitions, mon désir de publier, s'expliquaient par le manque qui me faisait souffrir, celui de ne pas pouvoir enfanter. Les réactions à deux tragédies pas si anciennes ont confirmé la persistance du machisme. En 1990, l'égérie des Verts allemands, Petra Kelly, a été trouvée morte à côté du cadavre du général Gert Bastian, son amant beaucoup plus âgé qu'elle. Tout prouvait qu'elle n'avait eu aucune envie de mourir. Pourtant tout le monde a parlé d'un double suicide. Si elle avait tué l'homme puis s'était suicidée, elle aurait été accusée *post mortem* de meurtre. En France, le philosophe Louis Althusser a, en 1980, étranglé Hélène, son épouse. La compassion pour le meurtrier fut intense. Il fut immédiatement confié aux psychiatres et ne fit pas un jour de prison. Rapidement sorti de clinique, il ne fut plus inquiété. D'Hélène il ne fut guère question. Si elle avait tué son mari, on aurait exigé que cette meurtrière fût punie ! Plus récemment, en 2010, Laurence Parisot, présidente du Medef, a pu raconter, en évoquant la place des femmes dans les instances dirigeantes des entreprises, comment elle avait été reçue, accompagnée d'un collaborateur, par un directeur de ministère. Quand elle posait une question, l'interlocuteur homme ne la regardait pas, mais s'adressait au collaborateur mâle. Le contre-argument, c'est la féminisation presque complète de certaines professions. On manque d'instituteurs, pardon, de professeurs des écoles. Le pourcentage de femmes étudiant à l'École nationale de la magistrature était de 54,4 % en 1985, de 63,2 % en 2005 pour atteindre 77,2 % en 2010. Le contre-contre-argument est que ce sont des professions faiblement rémunérées et que les ascensions sont plus limitées pour les femmes – y compris pour atteindre des positions élevées dans les syndicats.

Longtemps, ostracisme et persécution ont été le lot des homosexuels. Encore jeune, j'ai reçu comme un choc la lecture du texte d'Oscar Wilde *La Ballade de la geôle de Reading*. Le récit avait paru en 1898, après que son auteur eut été condamné en 1885 à deux années de travail forcé pour homosexualité. L'évolution sera lente. Le répressif article 175 du Code pénal allemand n'a été définitivement aboli qu'en 1969. En France, cette évolution a abouti en décembre 2009 à la modification de la célèbre loi de 1981 sur la liberté de la presse. Trois nouveaux articles ont été insérés, sur proposition de la Halde (Haute Autorité de lutte contre la discrimination et pour l'égalité – hélas en voie d'anéantissement !). Est désormais punissable la provocation à la discrimination, à la haine et à la violence sur la base du sexe ou de l'orientation sexuelle d'une personne ou d'un groupe. Une telle disposition législative montre à quel point les situations d'accusé et d'accusateur se sont en quelque sorte inversées. L'homosexualité des maires de Berlin et de Paris est de notoriété publique (surtout quand ils participent à la Love Parade) et ne constitue pas une entrave à leur vie politique. Au contraire, toute réserve se trouve immédiatement dénoncée comme signe patent d'homophobie. La comparaison peut choquer, mais j'affirme qu'il existe aujourd'hui un intégrisme homosexuel comme il existe un intégrisme juif qui voit l'antisémitisme dans la moindre critique d'une attitude, surtout lorsqu'il s'agit d'Israël. Un certain procédé est fort répandu. Guido Westerwelle, ministre allemand des Affaires étrangères, a laissé entendre que, s'il subissait des attaques politiques, c'était en réalité à cause de son homosexualité affichée. Rachida Dati a tenté de disqualifier les critiques qu'elle recevait en leur prêtant des arrière-pensées racistes. Élisabeth Badinter a laissé entendre que ceux qui ne la croyaient pas qualifiée pour occuper une chaire à l'École polytechnique étaient en fait mus par un antisémitisme inavoué. En Allemagne, un livre présentant de façon fort agressive le pape très virulent de la critique littéraire, Marcel Reich-Ranicki, a été immédiatement considéré comme antisémite, alors que le roman n'évoquait même pas la judéité de son héros.

Déjà, comme on le verra, accusé d'antisémitisme, j'aggrave mon cas en disant que je considère la relation amoureuse entre un homme et une femme comme plus normale qu'entre deux partenaires de même sexe. Je vais jusqu'à compatir, sans le leur dire, avec des amis dont trois fils sur quatre sont homosexuels. Ils leur portent à tous le même amour, mais souhaiteraient sans doute avoir plus de petits-enfants. Serait-ce, de ma part, une preuve d'homophobie ? Je trouve que le Pacs permet de résoudre la plupart des problèmes juridiques du couple, mais j'avoue mal comprendre pourquoi le mariage homosexuel, surtout religieux, serait nécessaire, même s'il ne me choque pas en principe... Quelle est donc sa justification dans les Écritures où l'homosexualité se trouve condamnée ? Et je ne mets assurément pas sur le même plan toutes les pratiques. Je suis révulsé quand je lis la correspondance entre Roger Peyrefitte et Henry de Montherlant. Ils se donnent les adresses des urinoirs devant lesquels s'offrent à bon marché de jeunes Arabes. Ou quand je vois décrit ce que sont les *black box* où peut se pratiquer dans l'obscurité « la sexualité la plus débridée ». En revanche, j'admire, comme belles et émouvantes, les lettres d'amour de Jean Cocteau à Jean Marais et n'ai cessé de trouver profondément créatrice la relation entre Maurice Béjart et son danseur préféré Jorge Donne.

Il est des questions sur lesquelles je n'ose intervenir que pour dire mes perplexités. Ainsi pour les rapports entre générations. Oui, il serait injuste de condamner les vieillards à la misère. Oui, il serait injuste de faire porter aux jeunes générations tout le poids de l'entretien de vieillards de plus en plus âgés, de plus en plus nombreux, de plus en plus dépendants. La charge serait d'autant plus grande qu'elles auraient aussi à assumer le remboursement de la dette publique accumulée avec tant de légèreté. Existe-t-il une bonne réponse, une bonne issue ? Je ne parviens pas à la voir, d'autant plus qu'il ne faudrait pas se laisser aller à des généralisations abusives. Bien des retraités ont profité des années prospères pour épargner, pour faire des placements intéressants, et auront moins besoin d'assistance que de possibilités d'aider enfants et petits-enfants. Ceux, en revanche, qui auront dû se contenter de bas salaires ne pourront jamais payer un séjour prolongé dans une confortable maison de retraite médicalisée. Autre distinction : peut-on vraiment mettre sur le même plan le retraité de 65 ans bien traité par l'État et les municipalités (réductions pour activités culturelles, voyages organisés pour le troisième âge), et l'octogénaire grabataire définitivement coupé de son environnement ?

La menace du chômage pèse sur tous les jeunes. Mais de façon tout de même fort différenciée ! Même les diplômés de l'enseignement supérieur ont du mal à s'insérer dans le marché de l'emploi et, globalement, près d'un quart des moins de 24 ans connaissent le chômage. Mais le niveau d'éducation, de formation crée des différences considérables. Dans les « banlieues », les 40 % sont dépassés. Est-ce la faute de l'enseignement ? Parmi les grandes réformes accomplies sous la présidence de Valéry Giscard d'Estaing (vote à 18 ans, loi Veil…), la plus osée était peut-être la loi Haby, instituant en 1975 le collège unique. « La définition et l'acquisition au collège d'une même culture pour tous les Français qui iront tous désormais dans une même école et un collège identique sont un élément essentiel d'unité de la société française. » L'échec incontesté de l'entreprise a été causé par le déclin du primaire dans les acquisitions de base et surtout par le déni d'une réalité sociale importante : les clivages selon le milieu social se font bien plus tôt que dans le secondaire. Il aurait donc fallu installer en permanence des soutiens privilégiés pour les sous-privilégiés. Or, en 2010, ces soutiens, maintes fois promis, sont dans tous les secteurs en régression constante. Et la politique de destruction de postes d'enseignants (60 000 postes disparus de 2007 à 2010, 16 000 équivalents de temps plein supprimés par la loi de finances de 2011) va à l'encontre du but proclamé du soutien individuel et des actions à mener dans les « zones difficiles ». Le refus de la prétendue fatalité, c'est le directeur de Sciences Po, Richard Descoings, qui l'a manifesté. Les élèves d'établissements déshérités, admis par une procédure spéciale, ont vécu une adaptation d'abord difficile, puis si réussie que, sur le marché de l'emploi, ils étaient les égaux de ceux qui avaient été admis par le concours « normal ». Pendant ce temps, l'association des grandes écoles continue à affirmer l'infériorité en quelque sorte consubstantielle des boursiers sur les élèves dont les familles pouvaient payer la scolarité.

La baisse des moyens ne concerne pas seulement l'enseignement. On sait – ou l'on devrait savoir – à quel point la criminalité juvénile est liée au chômage. On sait ou l'on devrait savoir à quel point la prévention peut avoir des effets heureux, à quel point aussi l'action du juge des enfants fait partie de la prévention. « Moins d'éducateurs, moins d'hébergements en foyer ; le seul endroit où je sais que l'on ne va pas refuser un gamin qui sort de mon bureau, c'est la prison. » La charge des rares juges pour enfants est telle que le suivi ne peut pas être assuré. La répression est prioritaire. Les associations qui agissent pour l'insertion voient leurs crédits coupés. La fonction de défenseur des enfants se trouve, elle, supprimée sous le prétexte que l'omnicompétent défenseur des droits assurera aussi – de façon évidemment plus lointaine, plus gouvernementale et plus administrative – cette défense-là. Que fera-t-il pour tirer les conséquences du rapport que la très efficace défenseuse sortante,

Dominique Versini, a présenté en novembre 2010 ? Il était surtout consacré à la pauvreté. Sur les quelque huit millions de personnes vivant, en France, sous le seuil de pauvreté (950 euros mensuels par famille), deux millions sont des enfants. « Il existe des dispositifs expérimentaux où l'enfant est entouré, pris en charge en réseau, avec sa famille. Voilà ce qui marche. » Avec quels moyens généraliser l'expérience ? Dans les années 1950, le juge Chazal avait fait créer une maison expérimentale de jeunes en semi-liberté. L'expérience avait été si positive que nombre de maisons de même type avaient été ouvertes en Belgique. En France, le stade de l'expérience n'avait pas été dépassé.

La contradiction entre la finalité affichée et les moyens diminués est particulièrement sensible pour les zones d'éducation prioritaire (ZEP), autrement dit pour les « banlieues ». Ne serait-ce que parce que n'est pas prise en compte une réalité fondamentale, c'est-à-dire les difficultés de l'auto-identification de ceux qui se sentent discriminés, rejetés par la société française « normale ». Une enquête de l'Institut national d'études démographiques, publiée en octobre 2010, a montré que, si 89 % des enfants de naturalisés se sentent français, 37 % ne se sentent pas reconnus pour tels. Si l'insertion dans la société globale apparaît impossible, pourquoi ne pas chercher une identification dans l'islam ? Cette question-là est à son tour inséparable de celle de l'immigration en général. Le problème existe aussi ailleurs, mais seule la France a eu droit à un ministre de l'Immigration, de l'Intégration, de l'Identité nationale et du Codéveloppement, dont les vastes compétences ont été définies par le décret du 31 mai 2007 : droit d'asile, immigration illégale, attribution des visas, travail illégal, apprentissage et diffusion de la langue française, politique de la mémoire, promotion de la citoyenneté et des valeurs de la République !

En France comme en Allemagne, le thème de l'immigration s'est largement transformé en questionnement sur l'islam. Pourtant, que de sans-papiers non musulmans réclament leur régularisation ! Ce ne sont pas des clandestins, mais ils travaillent au noir, faute précisément d'obtenir l'autorisation nécessaire. Trop souvent, les employeurs ont tout intérêt à les garder dépendants et sans cotisations sociales, qu'il s'agisse d'ateliers chinois clandestins ou de grandes entreprises du bâtiment. En cas de contrôle, les sans-papiers risquent l'expulsion immédiate, tandis que ceux qui les exploitent paieront, au pire, une légère amende. Une grève bien menée a montré que, dans certains secteurs comme la restauration ou l'hôtellerie, ils avaient un pouvoir d'immobilisation – ce qui a tout de même conduit à un certain nombre de régularisations. Il est sans doute inutile de décrire dans le détail comment la rétention administrative puis l'expulsion répondent à des exigences gouvernementales chiffrées plutôt qu'à une politique globale de l'immigration.

Mais, de plus en plus, c'est de l'islam qu'il est question. L'horrible attentat aérien de New York du 11 septembre 2001 a servi d'accélérateur. D'accélérateur seulement. Le rejet de l'islam assimilé faussement aux Arabes est plus ancien et a nourri la thématique agressive de l'extrême droite. L'antisémitisme n'a pas empêché l'admiration pour ces soldats israéliens qui battaient les armées arabes. Au moment de l'expédition de Suez, en 1956, le grand ténor de cette extrême droite, maître Jean-Louis Tixier-Vignancour, avait trouvé une formule saisissante : « Nous voici donc youpinophiles ! » Si Jean-Marie Le Pen a longtemps gardé un bandeau noir sur l'œil, c'était pour ressembler au général Moshe Dayan. Le rejet du terrorisme islamiste ne devrait pas aller de pair avec le rejet d'une religion, même si, comme j'aurai à le dire au chapitre V, la critique de sa rigidité est légitime. Il y a des formulations qui devraient être inacceptables. Ainsi, la journaliste italienne Oriana Fallaci, jusqu'alors incisive, mais pondérée, a été conduite à écrire des horreurs à la suite de l'attentat de New York dans *La Rage et l'Orgueil* (2002).

> Les fils d'Allah… des messieurs qui, au lieu de contribuer au progrès de l'humanité, passent leur temps avec le derrière en l'air, à prier cinq fois par jour.

> Ils sont trop malins, trop organisés, ces travailleurs étrangers. Et en plus, ils font trop d'enfants. Les Italiens ne font plus d'enfants, les imbéciles. Les autres Européens, à peu près pareil. Les fils d'Allah, au contraire, se multiplient comme des rats.

> Dieu merci, je n'ai jamais eu affaire à un homme arabe. À mon avis, il y a quelque chose dans les hommes arabes qui dégoûte les femmes de bon goût.

Traduite en justice en France pour incitation à la haine raciale, elle fut acquittée. Imaginons quelle aurait été l'issue du procès si, dans tous ces passages, le mot « arabe » avait été remplacé par le mot « juif » ! De toute façon, comme tant de Français ou d'Italiens, elle ignorait que l'Indonésie est peuplée de musulmans non Arabes et qu'on trouve au Proche-Orient nombre d'Arabes chrétiens.

Il existe cependant des difficultés réelles d'intégration. Non pas la construction de mosquées pour remplacer des lieux de culte indignes, mais les refus de se plier aux règles de l'État de droit et de la laïcité. Lorsqu'une femme arrive à l'hôpital avec une cohorte d'hommes barbus qui exigent qu'elle ne soit touchée par aucun médecin homme, quand parents et écoliers musulmans font pression pour empêcher que soit traité tel ou tel point d'histoire ou de sciences naturelles, l'embarras est grand et la limite de la concession possible mal définie.

La discrimination existe aussi à l'égard de ceux qui sont Français depuis longtemps. Il ne s'agit pas seulement du « délit de faciès » qui régit trop souvent les contrôles policiers. Avant de publier en 2010 son beau livre *Mes Étoiles noires*, Lilian Thuram – l'intellectuel de l'équipe de France de football championne du monde – avait déjà raconté sa rencontre avec un garçonnet blanc de 5 ans. « Quelle est ta nationalité ? » La réponse qu'il était français entraîna la réplique : « Mais non, tu es Noir ! » Des centaines de milliers de lecteurs du *Monde* auront, je l'espère, été choqués comme moi en découvrant, le 24 septembre 2009, la page courageusement mise par le journal à la disposition de son collaborateur Mustapha Kessous pour qu'il y raconte toutes les discriminations que son prénom et son nom lui faisaient subir. Quelques jours plus tard, une nouvelle page complète du journal était remplie de lettres de lecteurs qui donnaient des témoignages venant à l'appui de ce qu'avait écrit le journaliste. Ils ne vivaient pourtant pas la discrimination géographique que l'on trouve décrite par exemple dans le livre du journaliste Luc Bronner *La Loi du ghetto* (2010) ou dans le cri que *Le Monde* a publié le 10 avril 2010 sous le titre « Moi, Claude Dilain, maire de Clichy-sous-Bois, j'ai honte ! »

Tous les citoyens, pauvres ou aisés, sont aussi globalement discriminés dans la mesure où ils ne savent pas comment ils sont trompés en tant que consommateurs. Le joli film *L'Aile ou la cuisse* en donnait une illustration joyeuse et pas totalement inexacte ! La fausse feta, les jambons recomposés, les poulets gras et sans muscles, la masse de sel irrégulièrement introduite – la liste pourrait être indéfiniment allongée. La lutte contre l'obésité juvénile est rendue impossible parce que les fabricants ou producteurs utilisent encore tous les moyens pour inciter les enfants et les jeunes à consommer des aliments mauvais pour leur santé. Et ces moyens leur sont donnés par le recours à une publicité plus ou moins directe, plus ou moins clandestine. En Allemagne, un congrès « Alimentation et diététique » s'est vu présenter la liste de tous les moyens psychologiques mis en œuvre pour convaincre le consommateur que des produits nuisibles sont bienfaisants ou du moins sans danger. Cette publicité ne peut être efficacement combattue, puisque les médias qui la dénonceraient verraient aussitôt leurs ressources publicitaires diminuées en guise de sanction. Le groupe de pression le plus puissant – et budgétairement de loin le plus nuisible – est assurément l'industrie pharmaceutique.

Emmanuel Levinas, dans son livre *Humanisme de l'autre homme* (1972), a signalé qu'aucun besoin humain ne correspond univoquement à celui d'un animal, mais a d'emblée un fondement culturel. Dans le *Petit Robert*, l'article « besoin » comporte la formule : « Les désirs naissent des besoins. » Dans un article publié dans *La Croix* et intitulé « Le consommateur, les besoins et la publicité », j'affirmais au contraire que « les besoins naissent des désirs » et que ces désirs sont largement créés par la publicité. Les choses n'ont pas beaucoup évolué depuis que, en 1976, j'ai parlé à un congrès français de consommateurs. Mais je ne savais pas encore alors ce que j'ai appris en préparant mon discours pour le congrès de la Fédération allemande de la pharmacie. À ma demande et fort courtoisement, les organisateurs m'avaient fait parvenir le mensuel de la profession. J'y ai découvert toute une série de conseils sur la meilleure façon d'organiser la vitrine, pour stimuler la vente des produits ne demandant pas d'ordonnance. La parapharmacie était reine. Il n'était pas besoin d'indiquer si ces produits pouvaient être nuisibles. Au début de mon intervention, j'ai exprimé mon étonnement – qui a provoqué l'étonnement des congressistes. Ne fallait-il pas faire un maximum d'argent ?

Comme consommateur naïf, j'ai longtemps introduit dans mes cours une comparaison entre la marque Black et Decker et la marque Pirelli. La première disait au client potentiel : « Voici tel instrument qui vous permettra excellemment tel usage. » Pirelli a fait fortement progresser la vente de ses pneus en vantant non leur qualité, mais la beauté des jambes de femme auxquelles l'affiche les assimilait. À l'époque de la vogue pour l'« ancien temps », un publicitaire génial a inventé Maître Kanter qui avance avec son chien dans la neige pour atteindre sa vieille brasserie. Le succès du producteur de bière a été colossal et la France connaît encore nombre de tavernes de Maître Kanter.

Aujourd'hui, la publicité est particulièrement inventive pour les voitures et pour les produits de beauté.

Le syllogisme ancien vaut toujours : « La vedette X utilise cette crème ou ce parfum. Or, elle est belle. Donc, si tu l'achètes, tu seras belle à ton tour. De toute façon, il faut rajeunir et embellir ton corps. Tu le peux avec mon produit puisqu'il est efficace dans 77 % des cas pour l'effacement des rides. » En petit, on ajoute parfois : « Fait prouvé par un échantillon de quatre-vingts femmes qui ont évalué elles-mêmes le résultat ! » Je pense alors à la réponse qu'a reçue un chercheur de Sciences Po interrogeant Jean-Marie Le Pen pendant une campagne électorale : « Pourquoi affirmez-vous avec tant de précision que vous diminueriez, arrivé au pouvoir, les impôts de 11 % ? – Parce que 10 %, cela ne ferait pas sérieux ! » Les hommes doivent être persuadés que toute odeur corporelle serait sexuellement dissuasive. La preuve que la Chine appartient désormais au monde développé, c'est le montant des investissements que L'Oréal fait dans ce pays pour pouvoir y satisfaire la demande grandissante de soins corporels masculins !

Dans un discours assez percutant adressé aux grands de la sphère de l'économie mondiale réunis en 2010 à Davos, le cardinal Reinhard Marx, archevêque de Munich, a dit : « Nous avons besoin d'une discussion éthique pour savoir quels biens le consommateur ne devrait pas accepter. » La probabilité qu'un tel débat ait lieu avec la participation des publicitaires est faible. Même si une association aussi utile et désintéressée que l'Union fédérale des consommateurs cherchait à l'organiser.

Les « bonnes volontés »

En principe, en démocratie, l'État institue des organismes chargés de défendre les faibles, même face aux politiques et aux décisions du gouvernement et autres autorités publiques. L'ennui, en France, c'est que ces organismes se trouvent, chez nous, de plus en plus diminués, sinon supprimés. J'ai déjà évoqué les cas des inspecteurs du travail, de la Halde et du défenseur des enfants. On constate la disparition progressive des médecins du travail. Les trois quarts d'entre eux ont plus de 50 ans et ne seront sans doute pas renouvelés. Leur profession consistait notamment à constater les dégâts causés par les maladies du travail, donc à défendre les salariés. L'appellation nouvelle de « service de santé au travail » les charge plutôt de déceler les simulateurs. En 2008 a disparu l'Ifen (Institut français de l'environnement). Il fournissait des données objectives, notamment sur les politiques menées, ce qui l'amenait par exemple à signaler le non-respect par la France de la directive européenne en matière de pollution des rivières. Désormais il subsiste comme « service à compétence nationale » du ministère du Développement. Le défenseur des droits sera aussi en charge de ce qui était de la compétence du contrôleur général des lieux de privation des libertés – prisons et centres de rétention (CGLPL) –, de la Commission nationale de déontologie de la sécurité (CNDS) et, bien entendu, se substituera au médiateur qui avait pourtant travaillé de façon ordonnée et satisfaisante pour diminuer les duretés du face-à-face entre citoyen et administrations.

La disparition des autorités indépendantes rend

encore plus nécessaire le travail des associations de volontaires. Il se trouve que l'Union européenne a décidé de faire de 2011 l'année du bénévolat. Il s'agit évidemment de tous les retraités qui donnent beaucoup de leur temps à des associations. En France, on peut également compter beaucoup de volontaires qui sont, par exemple, 58 000 à œuvrer pour les Restos du cœur, ou 80 000 à se mettre au service du Secours populaire. L'association qui a sans doute les volontaires les plus jeunes est le Secours islamique. Il est juste aussi de tenir compte des gens qui, sans appartenir à un groupe constitué, apportent de la nourriture et des vêtements aux sans-papiers errant autour de Calais – au risque d'être inculpés pour aide à étrangers en situation irrégulière. Il existe également des personnes qui acceptent pour un temps de vivre, fûtce brièvement, une vie de déshérence pour attirer ensuite l'attention sur telle ou telle catégorie de déshérités. Ensuite, il se trouvera des critiques qui leur reprocheront de n'en avoir pas fait assez ou (et) d'avoir voulu simplement voulu se mettre en valeur. De mon côté, au contraire, je les admire et me reproche de n'avoir jamais eu le courage (ni la possibilité) de faire comme eux. En Allemagne, Günther Wallraff s'est fait passer pour un Turc, pour un petit journaliste et, plus récemment, pour un Noir. Il a pu décrire ainsi aussi bien les discriminations que les trucages journalistiques. En France, il est heureux que le livre de Florence Aubenas *Le Quai de Ouistreham* ait eu beaucoup de lecteurs. Elle leur a fait comprendre ce que pouvait être la vie d'une femme de ménage en CDD contrainte à des déplacements incessants. Avant sa vie difficile comme otage pendant cent cinquante-sept jours en 2005, elle avait déjà fait des reportages courageux. Libérée, elle aurait pu aspirer à une vie plus reposante !

Les meilleurs défenseurs des gens sans défense devraient être les syndicats. J'ai eu plaisir à participer parfois à la formation des cadres de la CFDT. Et je redis mon admiration pour les syndiqués qui, dans des usines, des ateliers, des bureaux, prennent des risques (notamment celui d'être « placardisés ») en intervenant en faveur d'autrui. Mais je me sens au moins mal à l'aise devant ce qui m'apparaît comme des dérives égocentriques du syndicalisme. Qui fait encore grève en France ? D'une part, il y a les grèves du désespoir face à la fermeture de l'entreprise qu'on a loyalement servie pendant des décennies. La perspective du chômage durable fait comprendre tel ou tel recours à la violence. Mais d'autre part, les grèves les plus visibles sont le fait de salariés qui ne risquent pas de perdre leur emploi. Ils ont d'autant plus de chances d'obtenir quelque chose que leur pouvoir de nuisance est plus élevé. Les contrôleurs aériens en sont un bon exemple, les employés de la RATP aussi.

La nuisance peut aller jusqu'à couper la branche sur laquelle on se trouve assis. C'est le cas des dockers de Marseille. Le coût d'une journée de grève est estimé à 400 millions d'euros. Les navires étrangers préfèrent de plus en plus ne pas risquer l'immobilisation en allant à Rotterdam ou à Hambourg. S'il n'y avait pas les pétroliers, l'écart entre Marseille et ces deux ports (83 millions de tonnes traitées en un an contre 387 et 110) serait encore plus grand. On ne peut devenir docker sans passer par le syndicat.

Le Syndicat du livre a connu un tel monopole de l'embauche. Il a surtout profité d'un phénomène qui n'existe guère qu'en France, c'est-à-dire l'acceptation de la violence. Le Syndicat du livre peut bloquer des camions de livraison de journaux et en jeter la cargaison dans le fossé, sans qu'il y ait ni intervention des forces de police ni procès. Le fait que la grève, avec ou sans violence, rende encore plus difficile la situation des journaux et plus encore celle des « kiosquiers » ne semble jouer aucun rôle.

La violence acceptée n'est cependant pas d'abord celle de syndicats ouvriers. Elle est paysanne. Lorsqu'une manifestation violente a détruit une gare avec son installation électronique, c'est l'État qui a dédommagé la SNCF. S'il y a procès, tous les journaux plaident pour l'« apaisement », donc pour une condamnation symbolique. À la SNCF ou à la RATP, la timidité de l'employeur, fût-ce seulement pour dénoncer une situation qui cause des dommages énormes à des centaines de milliers de gens, est en général illimitée. On craint un renforcement, un élargissement de la grève. Pour les agriculteurs, la timidité des pouvoirs publics est plutôt due à des préoccupations électorales. Si, par exemple, des éleveurs de porcs dérobent en force dans des supermarchés la viande d'origine étrangère, il ne leur arrivera rien. S'ils démolissent l'électronique d'une gare, l'État dédommagera la SNCF.

Parmi les associations avec lesquelles j'ai l'occasion de travailler ou que j'ai particulièrement cherché à soutenir financièrement, il y en a des petites et des grandes. La plus petite est sans doute celle où l'on meurt le plus. *Votre école chez vous*, présidée jusqu'à sa mort par la femme admirable qu'a été France Quéré, s'occupe d'enfants que leur maladie ou leur infirmité empêche de suivre une scolarité normale. Des institutrices (mal) rémunérées leur apportent une joie d'apprendre qui existe même chez les élèves qui se savent condamnés. L'Éducation nationale a toujours eu du mal à admettre qu'il existait des cas dans lesquels la très souhaitable insertion scolaire est impossible. ADT (Aide à toute détresse)-Quart Monde a bien voulu pendant un temps me ranger parmi ses « alliés ». Je reparlerai du père Joseph Wresinski qui a su trouver et garder autour de lui des volontaires permanents engagés au service des pauvres et vivant même parmi eux, y compris souvent pour la scolarisation de leurs enfants. Son mouvement a essaimé à travers l'Europe. Je ne me suis trouvé en désaccord avec lui et sa « doctrine » que sur un point, à vrai dire important. Pour lui, il ne fallait jamais séparer un enfant de sa famille, fût-elle en état de déchéance par l'alcool et par la violence. Je lui ai raconté le récit de Guy de Maupassant, *Aux champs*. Un couple bourgeois sans enfant voit une famille paysanne lui refuser un bébé, puis une autre accepter de lui céder le sien contre une rente mensuelle. Au bout de vingt ans, un beau jeune homme éduqué et prospère vient au village saluer ses parents. Le garçon qui n'a pas été vendu quitte à jamais ses parents à lui en les maudissant. Je racontai aussi l'histoire de deux frères, apprise dans un Centre pour jeunes délinquants près de Reims, au cours d'une visite avec le juge Jean Chazal. L'un avait volé, avait bien profité du centre de rééducation et était devenu instituteur. Celui qui n'avait pas volé était resté toute sa vie ouvrier agricole comme leur père.

Je devrais citer les nombreuses organisations qui se sont mises au service des étrangers, des immigrés, des sans-papiers, des maintenus dans les centres de rétention. Mon admiration allait déjà depuis longtemps à la Cimade, connue depuis longtemps par ce seul sigle, a été créée en 1939 comme Comité intermouvements (protestants) auprès des évacués. L'organisation n'a jamais cessé d'être courageusement dérangeante par la nature de ses engagements. Des équipes de la Cimade ont vécu, en 1940, dans des camps comme Gurs ou

Rivesaltes pour aider les réfugiés espagnols ou allemands antinazis. Puis elle a créé des refuges ou des filières d'évasion pour juifs pourchassés. En 1956, la Cimade était présente dans les centres de regroupements créés par les autorités françaises en Algérie. En 1996, elle a obtenu d'avoir accès aux centres de rétention ouverts par notre administration. Il suffit aujourd'hui de lire le moindre numéro de sa chronique mensuelle pour comprendre pourquoi cet accès a fini par être limité. Ne vaut-il pas mieux que les injustices et les illégalités soient aussi peu connues que possible ?

J'ai déjà dit que, comme ancien petit réfugié, il était normal que je me sente proche du Groupement d'information et de soutien aux travailleurs immigrés (Gisti), surtout pendant tout le temps où il était présidé par Danièle Loschak, professeur de droit aussi pugnace que compétente. Vers le dehors, Médecins sans frontières (dont j'ai été membre d'un conseil scientifique pas très utile) et Médecins du monde me paraissent d'égale valeur dans leur action à la fois réfléchie, organisée et efficace. La seconde intervient aussi fortement en France, la première a été la seule à demander à ses bienfaiteurs d'interrompre leurs dons à destination des victimes d'une catastrophe, parce que l'emploi de cet argent n'était plus assuré.

Je suis conscient cependant de deux réalités. La première concerne l'État et le gouvernement. Il a respecté et respecte l'extraordinaire « niche fiscale » que représente la partie des dons déductible de l'impôt sur le revenu. Sans elle, les associations se verraient privées d'une partie importante de leurs ressources. La seconde, personnelle, c'est que je suis toujours resté partout un extérieur qui avait quelque peu mauvaise conscience de ne pas en faire davantage. Il me semble pourtant que la participation aux médias fait aussi partie de l'action engagée.

L'usage des médias

Il est deux forces sans lesquelles il est impossible de comprendre radios, télévisions et journaux : la publicité et les sondages. La formule choc de Patrick Le Lay, directeur général de TF1, qui fit scandale en 2004, était excessive :

> Dans une perspective « business », soyons réalistes : à la base, le métier de TF1, c'est d'aider Coca-Cola, par exemple, à vendre son produit [...]. Pour qu'un message publicitaire soit perçu, il faut que le cerveau du téléspectateur soit disponible. Nos émissions ont pour vocation de le rendre disponible, c'est-à-dire de le divertir, de le préparer entre deux messages. Ce que nous vendons à Coca-Cola, c'est du temps de cerveau humain disponible.

Mais déjà auparavant, on disait dans les rédactions de la presse écrite que, bientôt, les articles des journalistes auraient pour fonction de remplir les espaces libres entre les publicités. Par ailleurs, la provocation de Patrick Le Lay ne tenait aucun compte des engagements en matière d'information et de culture pris par la société Bouygues, tels qu'ils étaient énumérés dans la décision du 4 avril 1987 de la Commission nationale de la communication et des libertés qui lui attribuait l'utilisation des fréquences de TF1.

Les sondages, eux, occupent une place de plus en plus importante dans la vie publique française, notamment dans les médias. En septembre 1972, je me suis trouvé mêlé à un débat de fond. Maurice Druon, du haut de son autorité d'ancien ministre de la Culture et de membre de l'Académie française, avait violemment attaqué les sondages en général, les accusant de remplacer les avis de gens compétents par l'expression d'opinions incompétentes. À la demande d'instituts où œuvraient d'anciens étudiants, j'ai publié un fort long article dans *Le Monde*, article repris ensuite dans des publications de ces instituts. J'y exposais les mécanismes de sondages et m'en prenais à l'élitisme des critiques. Qui autorisait par exemple les éditorialistes des journaux à écrire « Les Français croient…, les Français veulent… » ? C'étaient des formules volontiers utilisées à l'époque par Louis Gabriel-Robinet, éditorialiste du *Figaro.* En même temps, je présentais des exigences quant aux formulations des questions, à l'établissement des échantillons et à la publication des résultats, exigences reprises ultérieurement dans ma contribution « Les sondages pèsent » dans la revue *Études* (avril 1988). Aujourd'hui, les abus sont flagrants. Le nombre de commandes est tel que, même involontairement, les questions sont souvent biaisées. Le lecteur ou l'auditeur est appelé à attacher une grande importance à une variation de 1 % alors que la marge d'erreur est beaucoup plus grande. Une courte réflexion sur les ventilations montre que le nombre de « sondés » entre 30 et 45 ans habitant à la campagne et favorables à tel ou tel groupuscule est si réduit qu'un calcul de pourcentage est absurde. Je me souviens d'un sondage américain sur l'enseignement en France qui attribuait une attitude étonnante à 75 % des professeurs d'université. Je pus me procurer l'échantillon. La « population » interrogée était de quatre professeurs. Si un seul avait exprimé une autre opinion, on serait passé à 50 ou à 100 % ! Surtout, aucun « échantillon représentatif » ne devrait permettre de dire : « Les Français pensent... Les Français veulent... »

Ma participation aux radios et aux télévisions a été nettement plus régulière en Allemagne qu'en France. Mais c'est en 1948 qu'Henri Brunschwig, à la tête de la section « Allemagne » de la Radiodiffusion française, m'a confié une émission régulière destinée à la jeunesse d'Allemagne. Je coopérais avec la section jeunesse de la radio de Hesse, à Francfort. Je n'avais pas de budget et c'était une radio d'une Allemagne encore en ruines qui rétribuait mes collaborateurs. Aujourd'hui, la situation n'a guère changé. La moindre interview pour une radio allemande faite par téléphone à mon domicile se trouve rétribuée, alors que même les télévisions françaises ne rétribuent pas une participation en studio, puisque c'est un honneur et un avantage de « passer à la télé ». Ma notoriété en Allemagne a été due en partie à ma participation fréquente à l'émission dominicale très écoutée, le *Frühschoppen* (verre de vin du matin), dirigée par Werner Höfer. Des journalistes étrangers et un confrère allemand y discutaient fort librement d'un sujet à l'ordre du jour. Le courage de Höfer, je l'ai compris le dimanche où il nous a présentés ainsi : « Nous avons aujourd'hui Untel, journaliste américain né à Leipzig, Alfred Grosser, Français né à Francfort... Nous célébrons en ce jour le *Tag der Heimat*. Je voulais simplement rappeler que les expulsions de la *Heimat* ont commencé en 1933 et non en 1945. » À l'époque, les associations d'expulsés allemands d'Europe centrale et orientale étaient particulièrement puissantes. Après la réunification, j'ai pu mesurer la portée du *Frühschoppen* avant 1990. Tel dirigeant d'un nouveau *Land* m'a remercié pour avoir toujours à la fois vivement critiqué le régime et montré de la compréhension pour la population. Une autre émission régulière m'a paru de grande qualité : le *Baden-Badener Disput*, organisé six fois par an par le *Süd-westfunk*, la société de radiotélévision installée à Baden-Baden (celle-là même qui avait permis l'émergence de Pierre Boulez) et qui durait quatre-vingt-dix minutes. Pas de musique, pas d'insertion d'images autres que celles des cinq ou six participants discutant d'un sujet sérieux de politique, de société ou de culture... Nous avions en moyenne quatre cent mille téléspectateurs. J'ai participé pendant les dix années de fonctionnement de l'émission. Elle a été supprimée parce que l'Audimat était insuffisant. « Si nous passions à 20 heures au lieu de 23 h 30, ils seraient plus nombreux. – Mais on ne peut pas vous donner une heure de grande écoute, puisque votre audience est faible ! »

C'est le raisonnement qui a toujours prévalu en France aussi. Là, mes participations à la radio, surtout à Europe 1 et RTL, ont été assez fréquentes, avec deux expériences particulières. Lors de la présidentielle de 1981, Jacques Rigaud, patron de RTL, avait prévu des interviews de chaque candidat par deux journalistes. Pour Valéry Giscard d'Estaing, il avait choisi Michèle Cotta et moi. Le président a voulu nous récuser l'un et l'autre. Michèle Cotta parce que trop proche de François Mitterrand (ce qui n'était pas faux !), moi parce que d'esprit trop critique. Courageusement, Rigaud a alors décidé que le principal candidat ne serait pas interviewé. Après l'élection, Europe 1 a décidé de supprimer la chronique politique d'Étienne Mougeotte, qui lui paraissait trop lié au président sortant. Philippe Gildas me proposa de le remplacer pour une émission matinale quotidienne… Après avoir beaucoup hésité et demandé l'accord de Mougeotte (ancien président des étudiants de Sciences Po), j'ai accepté. Un communiqué de presse d'Europe 1 annonça que, du lundi au vendredi, à 8 h 20, je commenterais « un fait d'actualité en fonction de sa portée, fait de politique intérieure, événement international ou fait de société ». Au dernier moment, cela ne se fit pas. Ou bien – version Gildas – parce que mon essai numéro zéro avait été jugé insuffisant, ou bien – selon mon interprétation qui n'excluait pas l'autre – parce que Matra, propriétaire d'Europe 1, était en négociations avec le gouvernement socialiste épris de nationalisations et que la liberté critique était déjà présente chaque matin avec Jean Boissonnat. À ma place, il y eut un chroniqueur d'une espèce rare : un gaulliste patenté, admirateur inconditionnel de François Mitterrand. De toute façon, j'ai été content de cet échec, car je n'aurais probablement pas tenu le rythme sans sacrifier d'autres travaux ou engagements.

Ce type de réaction, je l'ai connu à Antenne 2, lorsque l'un de mes anciens étudiants et ami était devenu directeur général. Je lui avais dit : « Ne peux-tu pas me donner une émission, fût-elle mensuelle et de seulement cinq minutes, pour commenter l'actualité ? – Impossible ! Avec toi, on ne sait jamais ce que tu vas dire, ni si tu vas critiquer ou approuver le gouvernement ! » J'aurais eu une étiquette dans le dos, c'eût été différent. Plus anecdotique a été une non-aventure, également à Antenne 2. Il fallait y nommer un nouveau président. Je reçus un premier coup de téléphone. « Vous savez, nous avons toujours eu d'excellentes relations. Peut-être créerez-vous une émission pour moi ! » Il y eut plusieurs appels du même genre. J'allai aux renseignements. Le bruit avait couru que j'allais être nommé. Europe 1 se fit l'écho de la rumeur. Je téléphonai à Ivan Levaï : « Ivan, vous savez bien qu'il n'en est rien. — Ne démentez pas trop et allez ce soir au Fouquet's profiter de toutes les jolies filles qui viendront vers vous ! » En fait, il y avait sans doute eu confusion avec Jean-Claude Groshens (futur président du Centre Pompidou), à cause de la ressemblance de nos noms, alors que lui, contrairement à moi, était étranger au milieu journalistique.

Plus sérieusement, j'ai pu souvent constater à quel point la radiotélévision en France a toujours souffert d'un flou en quelque sorte linguistique et sûrement conceptuel. Il m'est arrivé de diriger, au Centre Pompidou, un débat franco-allemand sur les rapports entre télévision et politique. Le président de la commission compétente de l'Assemblée nationale réagit à l'idée de stations régionales autonomes : « Il faudrait tout de même une agence gouvernementale de contrôle. » Je l'interrompis : « Vous avez sans doute voulu dire "instance publique." — Je ne vois pas la différence. » Or, en Grande-Bretagne, en Allemagne, la radiotélévision de service public n'est pas gouvernementale. Chez nous, l'assimilation est ancienne. En juillet 1949, le secrétaire d'État à la présidence du Conseil, chargé de l'information, François Mitterrand, intervint à l'Assemblée nationale :

La Radiodiffusion française a quotidiennement à faire de la politique, une politique nationale des intérêts de la France… Le gouvernement estime logiquement qu'il est le représentant qualifié de la nation française puisqu'il a la confiance de la majorité de l'Assemblée et que lui revient le devoir d'exprimer la volonté de la nation.

Georges Pompidou utilisera l'expression « La voix de la France ». Avec la création de l'ORTF, l'Office de radiodiffusion et de télévision française, on a pu croire à l'indépendance. Mais le premier P.-D.G. nommé, haut fonctionnaire de qualité, alla demander des instructions au ministre, alors que la BBC, statutairement dépendante du gouvernement, avait conquis sa liberté dès l'avant-guerre par le refus de ses dirigeants de se soumettre au pouvoir. Les moyens les plus divers ont été utilisés pour ne pas concéder la liberté. En 1972, Arthur Conte fut nommé P.-D.G., en principe inamovible pendant cinq ans. Il déplut. On se souvint alors que le P.-D.G. devait être nécessairement choisi parmi les membres du conseil d'administration. Or, dans celui-ci, les « représentants de l'État » étaient révocables à merci. Privé de son siège au conseil, Arthur Conte ne pouvait plus être P.-D.G. Il dut partir dès 1973. Le général de Gaulle, lui, avait une conception très personnelle du service public. Maints passages des *Lettres, notes et carnets* (volumes 1961-1963 et 1964-1966) en témoignent :

> Pour la radio. Il y a six partis. Je crois qu'il faut leur donner à chacun douze minutes en une seule fois et qu'il faut les faire parler avant le jeudi 18 où je parlerai moi-même... Ne pas se laisser intimider par les hurlements intéressés des adversaires.
>
> Je n'admets pas qu'on mette la Radio Télévision française à la disposition d'un critique ou d'un auteur ou d'un politicien prenant de Gaulle pour sujet, sans que j'aie donné mon assentiment.
>
> À propos des stations périphériques de radio (RTL, Europe 1). Leur existence constitue une anomalie décidément inacceptable. Il s'agit en fait d'une atteinte carac-

térisée au régime de monopole que la législation a voulu instituer en France au profit d'un établissement public dans le domaine de l'information par les ondes.

Cette attitude n'était pas propre à la droite. Arrivé au pouvoir, Jack Lang, ministre socialiste de la Culture, disait en janvier 1982 à *Télérama* :

> J'estime que le Parlement et le Gouvernement doivent imposer, je dis bien imposer, aux responsables des chaînes de radio et de télévision des obligations précises et leur rappeler qu'ils ne sont pas seulement au service de leurs idées personnelles, mais du développement culturel et intellectuel de l'ensemble du pays...

Ce fut pourtant un gouvernement socialiste-communiste qui accomplit enfin la révolution libérale. En effet, la loi du 29 juillet 1982 sur la communication audiovisuelle disait :

> Art. 1er. La communication audiovisuelle est libre.
> Art. 2. Les citoyens ont droit à une communication libre et pluraliste

Demeurait un « service public de la radiodiffusion sonore et de la télévision », avec, pour mission, de « servir l'intérêt général » :
— en assurant l'honnêteté, l'indépendance et le pluralisme de l'information ;
— en répondant aux besoins contemporains en matière d'éducation, de distraction et de culture des différentes composantes de la population en vue d'accroître les connaissances et de développer les responsabilités des citoyens.

On en est évidemment loin et il faudrait plutôt en rester à la devise dont ont été ironiquement qualifiées les télévisions allemandes, publiques et privées : « *Untenhalten durch unterhalten* », « Maintenir en bas par le divertissement ». Mais, contrairement à leurs collègues allemands, les journalistes français ne savent pas, ou plutôt n'osent pas, interroger réellement les puissants, en relançant telle question laissée sans réponse ou en relevant des erreurs, volontaires ou non, de la personnalité interrogée. Les conférences de presse des présidents américains sont de véritables interrogatoires agressifs. Chez nous, les entretiens du président de la République, le 14 juillet, provoquaient, chez les correspondants étrangers à Paris, une sorte d'amusement consterné. Nicolas Sarkozy a aboli ce rite, mais quand il se trouve face à trois journalistes devant les caméras, ceux-ci rivalisent de timidité et de complaisance, qu'ils appartiennent à une chaîne privée ou à une chaîne publique. Partout règne une autocensure qu'un expert a définie par une formule simple : « C'est un sujet vachement piégé. Il faut faire drôlement gaffe ! » Il vaut mieux alors consacrer la première moitié du 20 heures aux faits divers.

Pourtant, malgré le droit de nommer les dirigeants des chaînes publiques que s'est attribué Nicolas Sarkozy, celles-ci devraient proclamer leur force, alors qu'elles acceptent que les statistiques attribuent la première place à TF1 d'une part, à RTL de l'autre. En 2009, TF1 a eu un taux d'audience de 24,5 %, France Télévisions 26,8 % rien qu'en ajoutant France 3 à France 2, sans même compter France 4 et France 5 (1,6 + 3,2 %). En novembre-décembre 2010, RTL était à 13,2 %, Radio France au moins à 18,5 %

(France Inter + France Info, sans compter France Culture, France Musiques et autres). Que France Télévisions et Radio France acceptent d'être mal classés parce que présentés par morceaux m'a toujours étonné.

Malgré nombre d'interventions dans les émissions télévisées ou dans les radios, je me suis senti très tôt plutôt journaliste de presse écrite. Non pas que j'aie jamais été détenteur d'une carte de presse : il fallait pour cela tirer des médias 50 % de ses revenus et mes piges ne m'ont nullement rapporté l'équivalent de mon traitement d'enseignant. Mais, déjà, quand on me demande ce qu'a représenté pour moi la Libération, je réponds que c'est l'arrivée du *Canard enchaîné* dans mon kiosque à Marseille. Hélas ! à cause de la pénurie de papier, il n'était disponible qu'en un seul exemplaire que nous étions cinq ou six à louer chacun pour une heure. Depuis lors, *Le Canard* m'a toujours accompagné. Il fut un temps où il était obligé parfois de rectifier des erreurs. Depuis quelques années, ses révélations sont rarement contredites. Comme tant de gens, je me suis fait parfois l'informateur de l'« hebdomadaire du mercredi » après avoir eu vent d'une injustice ou d'un scandale. Sa liberté vient de l'absence de publicité et de la fidélité de ses lecteurs. Et aussi de sa façon de critiquer les gouvernements les plus opposés. Sauf dans un cas : il a soutenu Pierre Mendès France et, à un lecteur qui s'en étonnait, il a répondu qu'il ne s'agissait pas d'un vrai gouvernement puisque *Le Figaro* l'attaquait. Comment ne pas sourire devant tant de trouvailles dans les titres ? Un seul exemple : lors de la crise tunisienne, en janvier 2011, et de la faiblesse des réactions françaises : « Touche pas à mon despote ! » Mais comment aussi, à la révélation, à l'étalage de tant de faits scandaleux, ne pas ressentir, en lisant *Le Canard*, un fort réel écœurement ?

Mes premiers articles ont paru, à Marseille, dans *Vérité*, organe du Mouvement de libération nationale. Au premier semestre de 1945, j'ai découvert la réalité du marbre en étant censeur militaire de presse de 10 heures du soir à 4 heures du matin, lisant les morasses de l'un des cinq quotidiens nés à la Libération et tenant la permanence la sixième nuit. Puis, pour financer, à Paris, ma préparation à l'agrégation, j'ai tenu une rubrique radio à *Tour à Tour, l'hebdomadaire de la famille*, et collaboré au *Wochenkurier*, hebdomadaire publié par le ministère de la Guerre à destination des prisonniers allemands en France. C'est ce journal qui m'a permis, en août-septembre 1947, de faire, comme journaliste, un long voyage en Allemagne occidentale (muni aussi de laissez-passer de presse anglais et américain). Il en est résulté ma série d'articles « Jeunesse d'Allemagne » dans *Combat*.

Fin janvier 1953, j'ai dédicacé mon premier livre chez Gallimard. En face de moi, une femme charmante et manifestement très intelligente signait le sien. Françoise Giroud a ensuite parlé de moi à Jean-Jacques Servan-Schreiber au moment où, avec Pierre Viansson-Ponté, ils créaient *L'Express*. JJSS m'a téléphoné pour me demander, avec son impétuosité habituelle, si je ne voulais pas quitter mon poste d'assistant à la Sorbonne pour entrer dans l'équipe de l'hebdomadaire. J'ai refusé, mais j'acceptai d'écrire régulièrement sur l'Allemagne. Avec une grande malhonnêteté : à l'imitation des *news* américains, les articles n'étaient pas signés. J'étais « correspondant à Bonn », alors que je passais presque tout mon temps à Paris. Jean-Jacques, lui, était le « correspondant à Washington ». J'avoue n'avoir plus connu par la suite une aventure aussi passionnante que celle du premier *Express*, avec plateaux-repas sur la table de rédaction et visites de François Mauriac ou d'Albert Camus. Si je me souviens bien, un seul visiteur restait silencieux : François Mitterrand. Il était passionnant de voir « fonctionner » Françoise Giroud. Elle écoutait la discussion de la rédaction sur un sujet qu'elle connaissait à peine. Puis elle intervenait : « Il faut une double page, avec telle photo à tel endroit, tel insert à tel autre… » Elle était exigeante à juste titre. Un jeune aspirant journaliste frais émoulu de Sciences Po voulait prendre ses vacances habituelles avant de commencer à travailler. Il a été éliminé aussitôt. Françoise avait cependant un gros défaut. Comme elle avait vécu dans la pauvreté et comme elle s'en était magnifiquement sortie, elle croyait qu'il suffisait de la volonté pour s'en sortir. D'où un certain mépris pour ceux qui échouaient, une admiration excessive pour ceux qui réussissaient.

Lorsqu'un film fut tourné sur l'histoire de *L'Express*, à l'occasion d'un anniversaire, mon intervention fut coupée au montage. J'avais souligné le rôle décisif de mon ami Pierre Viansson-Ponté dans le fonctionnement de l'hebdomadaire, indiqué que le numéro zéro avait été consacré non à Pierre Mendès France, mais à Edgar Faure. Et aussi que *L'Express* s'était ensuite trop voulu porte-parole de ce même Mendès France, Jean-Jacques prenant des positions qui n'étaient pas celles du chef de gouvernement, mais passaient pour telles. Ma (petite) collaboration s'est terminée lorsque, devenu quotidien, *L'Express* s'est réduit à l'état d'organe de combat électoral du Front républicain. J'ai continué cependant à y écrire par intermittence… C'est ainsi que j'ai eu la pleine responsabilité du numéro « Spécial Allemagne » du 17 mars 1979. La couverture montrait une très jolie blonde fort souriante, portant comme inscription sur son T-shirt : « Je ne suis pas celle que vous croyez. »

En 1983, quelques journalistes de *L'Express* redevenu hebdomadaire ont cru, sur la base de mes chroniques dans *Le Monde*, que j'étais qualifié pour prendre la succession de Raymond Aron, au lendemain de la mort de celui-ci. À l'époque, le propriétaire et maître fort exigeant du journal était Jimmy, pardon, sir James Goldsmith. Je devrais être agréé par lui. Un déjeuner eut lieu chez Laurent, le noble restaurant que le milliardaire franco-britannique possédait à Paris. Nous nous sommes trouvé l'un l'autre si immédiatement antipathiques qu'il ne fut question de rien. En revanche, en 1998, on me fit l'honneur de m'appeler au conseil de surveillance de *L'Express*. Je crois y avoir joué le rôle de louangeur critique de l'équipe Denis Jeambar-Marc Feuillée, la critique portant essentiellement sur des questions déontologiques. En 2005, le journal publia un compte rendu très favorable que j'avais écrit sur un livre critiquant la politique israélienne. J'eus la surprise de découvrir dans le numéro suivant un ensemble de lettres de lecteurs, toutes sur le modèle de celle de maître Goldnagel, féroce défenseur de tous les faits et gestes israéliens. J'étais accusé d'antisémitisme et d'autres péchés. Comme ces lettres ne m'avaient pas été montrées, et comme, de toute façon, je trouvais le journal trop insensible aux souffrances palestiniennes, j'ai démissionné du conseil.

À ce moment, j'étais de nouveau chroniqueur régulier à *La Croix*… J'étais entré, malgré mon incroyance, dans ce grand journal catholique en septembre 1955. Dans le gros volume *La Croix : 50 ans d'histoire au quotidien* (2010), j'ai raconté mes dix premières années de chroniqueur bimensuel heureux. En 1965, j'ai pourtant trahi. Mais comment résister à l'invitation d'Hubert Beuve-Méry et de Jacques Fauvet à écrire des chroniques du même type pour *Le Monde*, avec garantie de publication à la une ? Le « quotidien de la rue des Italiens » demandait cependant en échange l'exclusivité parmi les quotidiens de Paris. (Je pouvais écrire dans les hebdomadaires ou à *Ouest-France*.) Une équipe ultérieure du *Monde* ne me garantissait plus rien, ce qui me permit de revenir à *La Croix* en 1984 (tout en écrivant de façon intermittente pour *Le Monde* jusqu'en 1994). En 2011, la collaboration bimensuelle à *La Croix* est toujours sans nuages.

J'avais été d'autant plus flatté d'être « recruté » par *Le Monde* que je savais le journal assez allergique à la critique. Or, dans *La IVᵉ République et sa politique extérieure*, j'avais présenté un tableau de la presse où, tout en montrant la place éminente du *Monde*, j'avais aussi écrit que « champion de l'honnêteté intellectuelle, il n'est pas sans composer, lui aussi, avec la rigueur intellectuelle ». Une fois collaborateur régulier, j'ai parfois transgressé l'obligation de solidarité pour reprendre mes critiques. En 1974, Jacques Fauvet m'en fit reproche. Je me suis alors proposé d'observer le journal de près pendant un mois, puis de rédiger un rapport sur mes constatations. Remise fin décembre, ma note, d'une trentaine de pages, ne fut, contrairement à mon attente, jamais discutée par la direction ni par la rédaction en chef. Elle portait par exemple sur la façon dont avait été traité *L'Archipel du goulag* et celle dont n'avaient pas été traités du tout les livres de Simon Leys sur la Chine de Mao ou encore sur le traitement biaisé des États-Unis et de l'Allemagne occidentale. J'évoquais plus longuement des faits mineurs. Le titre « Jules Moch quitte le parti socialiste » (pour protester contre le programme commun avec le PC) était suivi d'une note rappelant qu'en tant que ministre de l'Intérieur, il avait réprimé les grèves de 1947. Je suggérais que, s'il avait approuvé l'alliance, le journal aurait rappelé qu'il avait été secrétaire général du gouvernement de Front populaire en 1936. À l'époque, *Le Monde* soutenait sans restriction le Syndicat de la magistrature. L'ordre des avocats avait organisé une manifestation contre une prise de position de ce syndicat. Le chapeau du compte rendu disait : « Au cours d'une manifestation "silencieuse", cinq cents avocats environ – il y a quatre mille trois cents avocats au barreau de Paris… » Ma note demandait la raison des guillemets et surtout un exemple d'indication de la population de référence après une manifestation étudiante ou ouvrière.

Mon introduction rappelait un bel article que Fauvet venait de publier pour les trente ans du journal. « Je crois fermement que notre journal s'écarte trop souvent de la règle de la probité. » Or, il exerçait « une grande influence sur les autres journaux ». De plus, « le succès du *Monde* lui a donné un grand pouvoir et il est en train de payer la rançon de tout pouvoir quelque peu solitaire… Il y a de moins en moins de critique ouverte parce que "pouvoir" veut dire "possibilité de sanction". Or la peur (justifiée ou non) de la sanction est le commencement du silence complaisant. Peur de ne plus être publié dans les colonnes du journal, peur de ne plus obtenir de compte rendu, peur d'être banni de l'information »...

Personnellement, je n'ai jamais eu à me plaindre de rien, une fois comprises et admises les subtilités de la mise en page. Quand mes articles paraissaient au bas de la une, je savais que j'étais quand même collaborateur régulier, puisque mon nom ne renvoyait à aucune qualification. Tel collègue a attendu vainement qu'il ne soit plus présenté comme « professeur à... ». En revanche, quand ma contribution figurait en haut de la une, c'est que le journal la prenait à son compte et que j'exprimais largement sa position. Or, j'ai eu droit à ce traitement de faveur lorsque j'ai pris une position contraire à celle des autres articles pendant la crise de médias la plus intense que j'aie connue ou du moins, celle où je me suis senti le plus utile.

Ce fut déjà le cas le 1ᵉʳ juin 1976. Sous le titre « La démocratie des autres », je critiquai vivement François Mitterrand pour avoir créé un comité de défense des droits civiques et professionnels à propos de la situation en République fédérale d'Allemagne, sans dire un mot de l'Allemagne communiste. De plus, comme premier secrétaire du PS, il était parti le lendemain pour Budapest et y avait signé une déclaration commune avec le parti communiste hongrois. (Dès le 4 juin, dans *L'Unité*, hebdomadaire du PS, il a consacré toute sa page « Ma part de vérité » à mon article... Plus tard, devenu président de la République, une très brève et fine allusion m'a montré qu'il n'avait pas oublié.)

La vraie crise a eu lieu en 1977, à propos du terrorisme en République fédérale. La presse française prit feu et flamme. Les Allemands avaient gardé le goût de la violence : voyez le terrorisme ! Les Allemands avaient gardé le goût du régime policier : voyez la répression du terrorisme ! J'eus l'occasion d'intervenir à de multiples reprises à la radiotélévision et dans la presse des deux pays, par exemple en obtenant la satisfaction de faire paraître dans *Le Point* un article assez véhément qui critiquait l'attitude de l'hebdomadaire. Pour *Le Monde*, ce fut plus compliqué. Une fois encore, je n'eus personnellement à me plaindre de rien. Le 9 octobre, mon article « Les phantasmes français » parut en haut de page. Il en fut de même le 18 pour « Contre le terrorisme », où je dénonçais la façon dont nombre de journalistes et d'intellectuels français ne donnaient pas vraiment tort aux assassins. Et je concluais en disant : « Demander qu'on combatte le terrorisme sans renoncer aux droits et libertés qui sont le privilège de nos sociétés pluralistes, cela suppose qu'on ait clairement proclamé que, pour le moment, elles sont libérales, elles sont humaines, donc que le langage des terroristes n'est pas recevable. »

Mais c'est à l'intérieur du journal que les choses furent difficiles. Le 2 septembre, il avait publié à la une un long article de Jean Genet où l'écrivain, controversé en France, inconnu en Allemagne, faisait l'éloge de la Fraction armée rouge. Je protestai par téléphone, puis par télégramme auprès d'André Fontaine et de Jacques Fauvet. Les réactions allemandes contre l'article furent très vives. La *Frankfurter Allgemeine* dérailla à son tour à propos du *Monde*. J'envoyai un long télégramme de protestation et de mise au point que le journal publia intégralement le lendemain. J'avais fait passer la traduction de mon texte à Fauvet en l'accompagnant de remarques critiques sur les silences et les déformations relevées dans *Le Monde.* Le 21 octobre, je suis revenu sur le sujet dans une nouvelle lettre à Jacques Fauvet. Je lui demandais de comprendre que, puisque j'avais l'honneur d'être un collaborateur du journal, je ne pouvais le défendre au-dehors que si j'agissais au-dedans chaque fois que, dans un domaine de ma compétence, il me paraissait s'éloigner de l'éthique professionnelle dont il se réclamait en principe. Il me semble aujourd'hui que les questions que je posais dans mon rapport et dans la crise n'ont, depuis lors, jamais perdu de leur pertinence et qu'elles doivent se poser avec plus d'acuité, maintenant que, en 2011, le changement de statut menace bien davantage encore les règles déontologiques mises en œuvre par Hubert Beuve-Méry.

De toute façon, la presse française n'a jamais vraiment eu le goût de l'autocritique. Il n'était que de voir quelles ont été les réactions des journalistes à la critique nullement injustifiée que le directeur très transitoire Éric Fottorino avait faite de comportements antérieurs du journal. En Allemagne, il en va souvent différemment. Pour les 70 ans de son fondateur et directeur Rudolf Augstein, le *Spiegel* préparait un hors-série. Je reçus un coup de téléphone : « Voulez-vous écrire une contribution ? – Volontiers, mais vous savez que je serai très critique à son égard. – Mais c'est bien pour cela que nous vous appelons ! » Mes pages assez agressives furent intégralement publiées. À plusieurs reprises aussi, j'ai été invité à critiquer un journal devant la rédaction réunie à cette occasion. Pour le *Stern,* je pus parler pendant une heure à propos de six mois de l'hebdomadaire, avec une discussion de même durée.

J'ai aussi connu, de 1979 à 1989, dix années pleinement satisfaisantes comme chroniqueur à *L'Expansion.* Jean Boissonnat avait eu l'idée de rompre un peu l'unité économique du mensuel en confiant à quelques non-économistes, dont Jean-Marie Domenach et moi, le soin d'ouvrir un peu plus les lecteurs sur la politique et la culture. Le choix des sujets nous était laissé, si bien que j'ai pu parler aussi bien des sondages que de Jean-Louis Barrault. Plus longue s'est révélée la collaboration avec le plus grand quotidien français, *Ouest-France.* François-Régis Hutin a fait appel, en 1973, à quelques chroniqueurs parisiens dont les brefs articles paraissaient à la une. Un sondage m'a ultérieurement rappelé à la modestie : oui, il était satisfaisant d'être ainsi superbement présenté en tête d'un million d'exemplaires, mais la une n'était lue que par 15 % des abonnés et acheteurs, tandis que la « locale », avec le renouvellement du bureau de l'association cycliste ou le départ du lieutenant de gendarmerie, l'était pratiquement par tous. Au cours des dernières années, mes articles se sont espacés, mais je continue à admirer la façon dont le journal fait progresser l'idée européenne et contribue à la faible audience bretonne du Breton Jean-Marie Le Pen.

« Donnez-moi le journal et *Le Figaro* », dira-t-on chez le kiosquier. J'ai longtemps estimé que la situation régionale de monopole (malgré *Le Télégramme de Brest*) limitait la démocratie, alors que de vraies frontières séparaient *L'Est républicain* du *Républicain lorrain, Le Progrès de Lyon* du *Dauphiné libéré, Le*

Provençal de *Nice-Matin*. Aujourd'hui, une carte de la presse régionale montre l'extension du pouvoir du Crédit mutuel (de l'Alsace et de la Lorraine au Dauphiné en passant par Dijon et par Lyon), de l'empire Hersant diminué (*La Provence* et *Nice-Matin*), des familles Lemoine et Baylet. Je me réjouis alors de voir la solidité de la structure juridique qui permet à *Ouest-France* de garder son indépendance, même si elle permet un certain autoritarisme au sein du journal.

Mes sources, ce sont en bonne partie d'autres quotidiens, hebdomadaires ou mensuels. Parfois la source se tarit parce qu'une publication disparaît. Il vient d'en être ainsi, à la fin de 2010, pour un mensuel quasiment confidentiel qui présentait pour moi une double utilité à cause de deux rubriques originales. En effet, *Plan B* donnait dans chaque numéro un tableau parfois appelé « L'information sociale broyée sous un compacteur », parfois « L'information sociale à bord du train fantôme ». Analysant *Libération*, *Le Monde*, *Le Figaro*, *Aujourd'hui*, *Sud-Ouest*, le journal comptabilisait pour chacun le nombre d'articles et de mots consacrés à des faits sociaux et à des faits divers. Ainsi la mise en examen d'un entrepreneur en liquidation judiciaire, pour abus de biens sociaux et banqueroute (cent trente licenciements), fait l'objet de deux brèves avec 124 mots (rien dans *Libération*), tandis qu'au même moment le procès de Michel Fourniret donne lieu à 203 articles et 50 brèves totalisant 110 401 mots (29 articles, 4 brèves, 17 651 mots dans *Libération*).

L'autre rubrique présentait les copinages, les échanges de bons procédés dans le monde parisien de la politique, du journalisme, de la culture. On appartient au même empire de l'édition, on a une émission qui rend un hommage à quelqu'un qui tient une rubrique qui renvoie à son tour l'hommage, etc. Quelques échanges séné-rhubarbe m'étaient connus. J'en ai encore appris d'autres qui m'expliquaient encore mieux la spécificité française déjà décrite et dénoncée en 1912 par Romain Rolland dans la partie « La Foire sur la place » de son grand roman *Jean-Christophe*.

4

Ma culture et la leur

Vive le bon sport !

L'effort sportif fait partie des joies de la vie, si tant est que l'on n'aille pas jusqu'au masochisme. En marge du scoutisme, j'ai commencé à 12 ans par le football. Comme j'étais grand et lourd pour mon âge, on m'a mis arrière, un poste où l'on ne marque pas de buts et l'on se fait injurier quand l'équipe s'en fait marquer. Je suis donc passé assez vite au basket, où chacun défend et peut marquer des paniers. Je ne suis resté amateur de football qu'en allant, avant guerre, au stade de Colombes, puis en lisant *L'Auto* devenu après guerre *L'Équipe* (à vrai dire de plus en plus irrité par la place écrasante qui y est donnée à un médiocre football français).

À la fin des années 1950, Jean Touchard, secrétaire général de la Fondation nationale de sciences politiques, et grand spécialiste des idées politiques, s'étonnait de mon manque de souvenirs sur le Front populaire. Je lui expliquai qu'à 11 ans, mon admiration était allée au Racing qui avait remporté à la fois le championnat et la coupe de France. Et si j'avais porté aux nues son gardien, Rudi Hiden, ce n'était pas parce qu'il était autrichien, mais parce qu'il effectuait des sauts formidables. Et ma passion pour Raoul Diagne ne venait pas de sa qualité de fils de député sénégalais, mais de la façon élégante dont, arrière, il enlevait le ballon des pieds des attaquants. En allant à Colombes, je ne me suis pourtant jamais senti englouti dans une masse, alors qu'Albert Camus non seulement avait été un excellent goal, mais affirmait, à l'âge adulte, que les tribunes d'un stade étaient le seul endroit où il devenait foule. Après la guerre, mon admiration est allée à de grands joueurs comme le Hollandais Cruijff, l'Espagnol di Stefano, le Français Kopa, l'Allemand Beckenbauer. (La preuve que les relations franco-allemandes ont changé : quand, en France, on disait, dans les années 1980, « le Kaiser », on ne parlait pas de Guillaume II, mais de Franz Beckenbauer !). Plus encore, dans les années 1950, j'ai admiré les Hongrois, notamment Puskás, même s'ils ont été battus en finale, à Berne, en 1954, par l'équipe allemande. (On sait aujourd'hui que celle-ci était dopée, mais dans la mémoire de la République fédérale, le « miracle de Berne » demeure la première page de gloire de l'après-guerre). En 1956, les meilleurs Hongrois ont fui Budapest soumis aux chars soviétiques. Ils n'ont pas pu rester en France, puisque le parti communiste avait rappelé que le préambule de 1946 accordait le droit d'asile uniquement à ceux qui avaient défendu la liberté. Or, cette dernière avait été apportée à la Hongrie par l'Armée rouge ! Puskás et Kocsis sont alors devenus la gloire du Real Madrid.

Plus tard, j'ai pu assister à une vraie joie allemande pendant la coupe du monde de 2010, une joie qui s'est maintenue après la défaite de l'équipe nationale, jeune, désireuse d'attaquer sans cesse. Son match pour la troisième place contre l'Uruguay a été, du moins à la télévision, un véritable régal pour les yeux, contrairement à la triste finale Espagne-Pays-Bas.

Mon autre sport (oui, c'est un vrai sport !) a été le tennis de table. Sur la Côte d'Azur, avant l'arrivée des Allemands en novembre 1942, il y avait une compétition entre Nice, Cannes, Sainte-Maxime et Saint-Raphaël. Je défendais mal notre lieu de résidence et, quand le champion de France Amouretti ratait quelques balles, je parvenais à faire jusqu'à six points contre lui. Mais en 1945, j'ai réussi à devenir vice-champion de l'Académie Aix-Marseille, ce qui me paya mon premier voyage à Paris depuis juin 1940. Mon élimination au championnat de France universitaire s'est faite dès le premier tour. J'ai toujours été mauvais au vrai tennis. Une seule fois, il a joué un rôle dans ma vie. *Visiting professor of modern European history* en 1964-1965, à la Stanford University en Californie, je me proposai, en marge de mes enseignements, de travailler à un livre à la célèbre Hoover Library. Mais entre notre maison à Palo Alto et la bibliothèque, il y avait les terrains de tennis, ce qui a fortement contribué à limiter ma recherche.

Avant, pendant, après la guerre, j'étais assis aussi souvent que possible sur ma bicyclette. Évidemment sans joie pendant notre fuite de juin 40, mais avec plaisir ensuite entre Saint-Raphaël et Toulon, Cannes et Nice, ou encore, une fois, avec mon professeur de mathématiques et de physique Anatole Abragham, jusqu'à Saint-Vallier où nous nous sommes un peu perdus dans la neige. À Saint-Raphaël comme à Saint-Germain, des gens se sont rappelé plus tard m'avoir vu à côté de mon vélo, arrêté au bord d'un trottoir, tenant un journal d'une main et mangeant un fruit de l'autre. À l'époque – et avant de rencontrer ma future femme –, je disais qu'il me fallait trois choses pour être heureux : des fruits, de la musique et des enfants (ceux des autres alors). La bicyclette ne m'a pas rendu plus souple et, dans la sympathique salle de gymnastique que j'ai longtemps fréquentée boulevard Saint-Germain, on pouvait entendre de temps en temps le moniteur demander : « Comment sont les ischio-jambiers de monsieur Grosser ? » Et la salle répondait en chœur : « Pas tendus ! »

Plus tard, la joie transpirante de faire tourner les pédales s'est évanouie et je suis passé à la course modérée appelée *jogging*, puis, avec l'âge, à la marche, déjà appelée *walking* par les marchands de chaussures de sport. Dans les forêts autour de Paris, en Bretagne, pendant une semaine en Suisse, seul ou avec ma femme, ce sont de longues marches. Pourquoi en Suisse ? Parce que, contrairement aux stations françaises, les Suisses font aussi tout pour les marcheurs. En hiver, les pancartes roses indiquent les larges chemins balisés, leurs destinations, leur difficulté, l'état de leur enneigement. Sur mon vélo, dans l'effort, je ne pensais à rien, sauf à mes possibilités d'arriver jusqu'au sommet d'une côte. Quand je marche, au contraire, ma tête fonctionne bien. Presque tous les plans de mes livres sont nés pendant que je marchais.

Mes quatre fils ont eu de meilleures pratiques sportives. L'aîné, spécialiste de la mesure des couleurs et de l'action commerciale, a fait de l'athlétisme (800 et 1 500 mètres) ; le quatrième, aujourd'hui professeur de droit, a couru le 400 mètres, seul ou au sein d'un relais. Le second, professeur d'histoire à Sciences Po, a causé quelques soucis à ses parents en passant, pendant de longues années, douze heures par semaine à la piscine, malheureusement comme brasseur : il n'était pas au courant – et nous non plus – des conséquences négatives de cette nage sur les vertèbres cervicales et sur les genoux. Le troisième, aujourd'hui directeur de la politique sociale chez Danone, en raison d'une musculature un peu faible, a bénéficié des soins d'un kinésithérapeute excellent pédagogue. Pendant de nombreuses années, celui-ci l'a fait travailler dans la joie. Marc a ainsi acquis des muscles, la possibilité et l'envie de faire du sport, notamment du handball.

Le sport a continué à m'intéresser, ne serait-ce que par la lecture de *L'Équipe*, plusieurs fois par semaine, qui demeure le meilleur quotidien sportif d'Europe, par comparaison peu nationaliste et donnant une place honorable à des sports peu pratiqués. À l'époque de Gaston Meyer et de Marcel Hansenne, où *L'Équipe* s'ouvrait à la réflexion, j'avais des contacts avec la rédaction – sans jamais parvenir à convaincre le journal qu'il devrait consacrer, le vendredi, puis le jeudi, une large place aux résultats du sport scolaire et universitaire de la veille, ne serait-ce que pour attirer de futurs lecteurs, au lieu de chercher des sujets de football pour emplir l'espace disponible. Lorsque Radio Luxembourg m'a invité à jouer le rédacteur en chef pendant une journée et à inviter deux journalistes pour discuter avec moi, j'ai choisi avec succès l'excellent critique musical Alain Duault et le rédacteur en chef adjoint de *L'Équipe*. Mais aujourd'hui, je déplore l'absence de sincérité dans le traitement du dopage dans son cher (pour les villes étapes !) Tour de France.

Personnellement, j'ai connu le problème d'un dopage bien plus grave à l'issue d'un discours sur l'éthique du sport que j'ai eu à prononcer devant le conseil d'administration du Comité olympique allemand. Une participante, ancienne championne de natation, me prit à part et me raconta comment sa fédération l'avait envoyée en Allemagne de l'Est pour y étudier l'entraînement des championnes. On ne l'avait laissée accéder qu'à une faible partie de la réalité consternante pour l'avenir physique des nageuses, mais elle en avait tout de même assez vu pour dire au retour aux dirigeants ouest-allemands : « Proclamez donc que vous n'acceptez plus d'entrer en compétition avec des concurrentes formées de façon aussi justement interdite ! » La réponse fut : « Expliquez-nous donc les méthodes découvertes pour que nous puissions les appliquer à notre tour et rendre nos nageuses plus compétitives. »

La culture du corps fait sans aucun doute partie de la culture, mais pas nécessairement de l'aspiration à la beauté. À l'adolescence, l'un de nos fils a été fasciné par le *body-building*, mais il y a heureusement vite renoncé. Au cours d'une promenade autour du Wannsee, le grand lac de Berlin, je suis tombé sur un groupe d'hommes d'âge moyen faisant effectuer quelques mouvements à leur corps nus. Leur laideur m'a paru irrémédiable. Sur la Côte d'Azur, un prédicateur a raillé en chaire la quasi-nudité sur les plages. Selon lui, il ne s'agissait pas d'un péché contre la pudeur, mais d'un péché d'orgueil, puisque les gens croyaient que leurs corps valaient d'être montrés tout entiers !

La culture et son milieu parisien

Qu'est-ce donc que la culture, à part celle du corps ? En 1984, le *Stern* (un peu l'équivalent de *Paris Match*, la crédulité à l'égard du faux journal de Hitler comprise !) a publié un sondage intéressant. « À votre avis, que faut-il absolument inclure dans la culture ? » Réponses : Goethe 84,5 %, Mozart 80,2 %, [...] la télévision 10,6 %. « Que préférez-vous faire dans votre temps libre ? » Réponse : la télévision 67 %. Plus de Mozart ni de Goethe. J'en avais déduit que la culture est quelque chose dont on laisse la pratique à autrui. Allons tout de même plus loin. En 1968 a paru en France le remarquable livre italien *Lettre à une maîtresse d'école par les enfants de Barbiana*. Les enfants disent notamment à leur maîtresse qu'elle leur reproche de ne pas être cultivés parce qu'ils ne savent pas si Minerve était la mère ou la fille de Jupiter. Mais elle, de son côté, ne sait rien du contrat de travail qui lie les pères des écoliers à l'usine proche. Donc elle aussi est sans culture.

Or, c'est exactement ce genre de constat que nous avons fait et mis en pratique dans le travail franco-allemand de l'après-guerre. Connaître un pays veut dire disposer d'un savoir non seulement sur sa littérature ou sa musique, mais sur sa société, son économie, sa politique. Cela pour deux raisons. La musique, même pratiquée en commun, n'a jamais empêché un affrontement sanglant ultérieur. Au tournant du XIXᵉ et du XXᵉ siècle, les wagnériens français étaient encore plus fervents que les wagnériens allemands. En 1897, Albert Lavignac, professeur au Conservatoire de Paris, dans son livre *Voyage artistique à Bayreuth*, commençait son livre (qui contient d'ailleurs des tableaux de tous les *leitmotive*) par la phrase : « On va à Bayreuth comme on veut, à pied, à cheval, en voiture, à bicyclette, en chemin de fer, et le vrai pèlerin devrait y aller à genoux. » Or, des deux côtés, les idolâtres se sont, en 1914, convertis au chauvinisme ambiant. L'important, c'est de diffuser la connaissance réfléchie sur l'autre pays dans les milieux sociaux les plus différents, avec l'aide des médiateurs que sont les syndicats ou les mouvements de jeunesse. La même conception devait être introduite dans les universités. Nous avons réussi à transformer quelque peu la germanistique française, pas la romanistique allemande.

Plus globalement, il existe à mes yeux trois cultures. La première, c'est celle que l'on définit en général comme telle – la littérature et les arts, plus les connaissances dont il vient d'être question... La deuxième, c'est celle des ethnologues et des sociologues, c'est-à-dire les valeurs que se transmettent les générations successives d'un groupe humain. La troisième, c'est la prise de distance par rapport à la seconde, au bénéfice d'une ouverture sur les autres. J'y reviendrai.

Ici, ce sont les différences d'accès à la première qu'il convient de relever et il ne sera question que de l'accession à la première. Dans *La Lettre des écoliers de Barbiana*, on parle d'une étude qui montre que l'excellence des élèves est fonction de la profession des parents : « Quand les professeurs ont vu le tableau (chiffré), ils ont dit que c'était une injure à leur honorabilité de juges impartiaux. La plus acharnée des protestatrices disait qu'elle n'avait jamais cherché à obtenir de renseignements sur les familles de ses élèves. "Si un devoir mérite un quatre, je lui mets un quatre." Elle ne comprenait pas, la pauvre, que rien n'est plus injuste que de traiter également les inégaux. » Lorsque j'ai été président de l'association des parents d'élèves du groupe scolaire de notre quartier parisien, j'ai fait venir un psychologue scolaire. Une mère fort élégante lui a demandé de préciser ses techniques d'évaluation. Il a répondu qu'elle aurait du mal à le comprendre. En effet, si son fils et le fils de sa bonne portugaise (elle avait vraiment l'air d'en avoir une) avaient les mêmes notes, c'est que son fils était plutôt médiocre et l'autre garçon plein d'avenir. Mais les « cultivés », fiers de leur culture, peuvent eux aussi se trouver dans l'embarras. Dans un taxi qui nous menait, un ami belge – dont la culture artistique était immense – et moi, vers la place de la Concorde, je racontais que, dans un petit questionnaire sur leur culture, j'avais demandé à mes étudiants les noms des deux musées qui surplombaient cette place. Rares avaient été les bonnes réponses. Le chauffeur du taxi s'est à moitié retourné et nous a dit : « Si vous le permettez, je vais vous poser quelques questions sur Paris et son histoire. » Nous n'avons su que répondre à son interrogatoire fort précis et fort savant. Mon ami dit alors : « Mais je suis Belge ! – Eh bien, parlons un peu de Bruxelles ! » Même culture chez lui, même embarras chez mon ami. « Honteux et confus », comme le corbeau de la fable, nous nous sommes rendus au musée de l'Orangerie et celui des Tuileries, à l'époque celui des Impressionnistes.

La référence culturelle diffère selon les pays. Dans le joli livre *How to be an Alien ?* (1946), George Mikes, Britannique d'origine hongroise, dit qu'un Français admirant un beau paysage dira à sa compagne qu'il lui rappelle soit un tableau de Vermeer, soit un autre paysage vu dans un pays lointain, ou évoquera encore d'autres références comparatives. L'Anglais restera un quart d'heure en contemplation et dira simplement : *How nice, isn't it ?* Face à la plupart des Allemands, même cultivés, le Français cultivé aura un vrai respect, un vrai amour pour sa langue. En Allemagne, je n'ai cessé de vanter les dictées de Bernard Pivot. Parmi les centaines de milliers de ses victimes volontaires, que de politiques ou d'intellectuels nullement troublés par l'idée qu'ils feraient sans doute des fautes et ne déjoueraient sûrement pas tous les pièges ! Le merveilleux petit conte d'Erik Orsenna, *La Grammaire est une chanson douce* (2001), s'est vendu à plus de trois cent mille exemplaires, avant même de reparaître en poche. En Allemagne, un tel sourire plein de sens serait sans doute resté ignoré, tant a été vive pendant de longues années la seule querelle qui vaille : celle de la réforme de l'orthographe sans cesse remise en cause !

Mais, pour le moment, l'Allemagne a la chance de ne pas connaître l'équivalent de l'incestueuse culture parisienne. Que d'étrangers pour s'étonner d'entendre que, de Marseille ou de Lille, de Strasbourg ou de Lille, on « monte à Paris » ! Mais aujourd'hui, Berlin risque de se mettre à ressembler à Paris. Depuis toujours, éditeurs, écrivains, artistes, résidaient et créaient aussi bien à Hambourg, Stuttgart, Cologne, Francfort ou Munich qu'à Berlin. Lentement, tel grand éditeur a transféré son siège dans la capitale et bien des artistes croient nécessaire de s'y installer pour soigner leur notoriété. On demeure cependant encore assez loin de l'application parisienne du principe énoncé par Molière dans *Les Femmes savantes* : « Nul n'aura de l'esprit, hors nous et nos amis. » Encore Molière ne connaissait-il que de rares gazettes. Bernard-Henri

Lévy, du temps où il était l'un des « nouveaux philosophes », a fait une constatation fort exacte : « Nous savons nous servir des médias. » Le plan de lancement d'un nouveau livre peut être préparé comme une offensive d'artillerie frappant en même temps hebdomadaires et quotidiens, émissions de radio et de télévision. Ce ne serait pas trop grave si Paris ne permettait pas l'émergence et le maintien au premier plan de personnages qui, ailleurs, seraient vite disqualifiés. Prenons deux cas précis : Jacques Attali et Alain Minc.

> — Quelle est votre réaction quand vous entendez le mot « Europe » ?
> — Une réaction très négative. C'est une chose qui, pour moi, n'a jamais existé, sauf dans l'ambition de quelques dictateurs : Napoléon, Hitler, Charlemagne, Charles Quint... L'Europe, ça n'a jamais existé, ça n'existe pas. Le mot lui-même est un terme dont je ne sais ni l'origine, ni l'histoire... Ma probabilité la plus grande, c'est que l'unité de l'Europe se fera sous parapluie soviétique. C'est l'hypothèse la plus probable, sauf l'Angleterre qui sera une sorte de gigantesque Hong Kong dont l'Union soviétique n'aura pas besoin.

Ainsi s'exprimait Jacques Attali à l'été 1981 dans la revue *Cadmos* (cahiers trimestriels de l'Institut universitaire d'études européennes de Genève). En 1977, le très sérieux *Times Literary Supplement* avait consacré un article à *Bruits. Essai sur l'économie politique de la musique*. La première partie du compte rendu de ce livre d'Attali relevait des erreurs factuelles grossières, la seconde s'interrogeait sur le parisianisme : comment un tel ouvrage pouvait-il recevoir un accueil si favorable ? En 1992, seul ou à peu près, *L'Express* osa opposer au concert de louanges un article assez bref intitulé « Attali l'étourdi ». Le chapeau disait « record des ventes, mais aussi des erreurs historiques ».

La tenue des registres paroissiaux, l'arrivée en Europe du chocolat, du tabac, du maïs, de la pomme de terre ont, dans ce livre écrit au galop, plusieurs siècles d'avance... Les lecteurs du premier tirage – l'éditeur a, depuis lors, corrigé quelques bourdes – apprendront que Gutenberg, enfant de Mayence, est né à Nuremberg, que Burgos est port de mer et Milan piémontaise... Faut-il allonger la liste de ces péchés contre la vérité historique et, parfois, le bon sens ? Ce serait manquer à la charité chrétienne du grand Las Casas, curieusement présenté dans l'ouvrage comme un truqueur courtisan, mais qui, du moins, n'était pas un haut dignitaire étourdi.

J'ai rencontré un célèbre historien, professeur au Collège de France : « Emmanuel, vous avez vu ? Enfin un compte rendu honnête. – Il est de moi. – Mais pourquoi ne l'avez-vous pas signé ? » Et Emmanuel Le Roy Ladurie de répliquer : « Je ne pouvais pas aller jusque-là ! »

En 2004, un article sur « l'homme nomade » s'est tout de même intitulé « Attali, l'Attila de l'histoire ». Dans le milieu, il faut pratiquer la charité réciproque. Et quand, par exemple, un roman d'un éditeur ami ne vous plaît pas, vous direz, comme l'académicien Luc Pontdebois, dans le joyeux *Travelingue* de Marcel Aymé, à propos de l'autobiographie d'un petit boxeur raté : « C'est plat, vulgaire et ennuyeux au possible. Mais littérairement, c'est une chose très curieuse, très forte, très belle. »

En 1996, dans le tome III de la *Décennie Mitterrand*, Pierre Favier et Michel Martin-Roland signalaient que François Mitterrand avait demandé à Jean-Louis Bianco, secrétaire général de l'Élysée, de rendre compte chaque semaine à l'historienne Georgette Elgey des propos et des activités du président.

Les auteurs ont pu consulter tous les comptes rendus de Bianco recueillis par Mme Elgey. Ces documents, reproduits à la virgule près, constituent largement plus de la moitié des pages de *Verbatim III*, bien que Jacques Attali assure dans sa préface qu'il a utilisé « exclusivement » ses « notes personnelles ».

Depuis des décennies pourtant, Jacques Attali demeure une personnalité de premier plan, tranchant de tout, remplissant de prédictions sa chronique de *L'Express*. Pourquoi en est-il ainsi ? Parce que, pour les vedettes de la « Foire sur la place », on a recours à un mot qui n'a d'équivalent ni en allemand ni en anglais. Peu importe que les données soient fausses, les affirmations loin de la réalité, les prévisions démenties par les faits, puisque leurs propos sont *stimulants* !

Le cas d'Alain Minc est encore plus mystérieux. Certes, peu de membres de l'élite ont été classés premiers à l'Ena et se sont fait connaître, comme jeune inspecteur des Finances, en tant que coauteur d'un rapport établi par l'un des plus grands hauts fonctionnaires que j'aie connus, Simon Nora. Mais il n'a jamais réussi au sein d'une entreprise, sauf depuis qu'il a créé sa propre société de conseil à laquelle ont recours les patrons des entreprises les plus puissantes. Il a aussi l'oreille du président de la République, même quand il échoue dans sa tentative d'offrir en quelque sorte *Le Monde* à Nicolas Sarkozy. Il a écrit de nombreux livres. Après celui qu'il avait consacré à l'Allemagne, j'ai participé avec lui à une émission sur RTL. J'ai énuméré un certain nombre d'erreurs grossières. Sa seule réponse – qui mit fin à la non-discussion – fut : « Vous me faites un procès en sorcellerie. » Dans son *Spinoza, un roman juif*, paru en 1999, il avait plagié *Spinoza, le masque de la sagesse*, livre d'un professeur de philosophie. Il fut condamné pour contrefaçon. Il osa écrire alors à celui qu'il avait pillé : « Vous me permettrez de penser qu'un militant spinozien comme vous aurait dû se réjouir de voir l'amateur éclairé que je suis contribuer à davantage remettre Spinoza au cœur de l'actualité que n'y parviennent malheureusement les spécialistes les plus respectables. »

Sans doute n'avait-il pas bien lu la documentation qu'un « nègre » lui avait fournie. Je ne sais pas si, dans d'autres pays, le recours à des nègres est aussi courant qu'en France, qu'il s'agisse d'hommes politiques écrivant sur un personnage historique, de journalistes-vedettes ou de gloires du show-business auxquelles l'éditeur demande simplement de donner leur nom pour que le lancement d'un livre soit efficace. Une sorte de record de naïveté a été établi par Mgr Jacques Gaillot comparaissant en justice pour plagiat et demandant ce qu'on lui voulait puisqu'il n'avait pas lu le livre – qui portait pourtant son nom ! Beaucoup plus honorable m'a paru Alain Peyrefitte, même si *Le Canard* a écrit, lors de sa réception à l'Académie française, qu'il se fit un silence tel qu'on aurait entendu un nègre voler. Alain Peyrefitte avait lui-même un style élégant. Il demandait à de jeunes agrégés de lui fournir de la matière sur le sujet du livre à venir, puis, à des gens de mon espèce, un commentaire et des renseignements complémentaires. Ensuite, il rédigeait selon son idée. Malgré des divergences politiques fondamentales, notre amitié a été constante. J'ai admiré en particulier l'honnêteté avec laquelle il a reproduit les notes prises à l'issue des conseils des ministres présidés par le général de Gaulle et aussi sa grande dignité lors d'un chagrin familial qui concernait aussi Sciences Po.

La plupart des auteurs qui parlent de sujets contemporains sont considérés comme intellectuels. Mais pas seulement eux. Chaque fois qu'est relancé le débat sur la définition de l'intellectuel, elle me semble plus obscure. Ce fut le cas en 1996, lors de la publication du *Dictionnaire des intellectuels* dirigé par Jacques Julliard et Michel Winock. Ils avaient d'excellentes raisons pour définir et classer comme ils le faisaient, mais je me suis trouvé embarrassé pour classer des hommes que j'avais connus et estimés pour leur action sur les esprits et sur la société. Je pensais à deux frères. Laurent Schwartz, grand mathématicien, a mis son prestige scientifique au service de causes politiques ou humanitaires. Il s'est aussi engagé, hors de sa spécialité, pour que l'université et la recherche gardent et intensifient leurs qualités. Nul doute : il était un intellectuel. Mais Bertrand, son cadet, ingénieur des Mines, a dirigé l'école de la métallurgie et des mines de Nancy. Il a consacré la plus grande partie de sa vie à la formation des adultes, à l'éducation permanente, puis à la formation professionnelle des jeunes. Il s'est occupé d'audiovisuel. Il ne figurait pas parmi les intellectuels recensés. Pas plus que Paul Delouvrier, qui avait pourtant changé la vie de milliers de gens allant peupler « ses » villes nouvelles autour de Paris, puis présidant efficacement des associations volontaires agissant pour des causes de grande valeur culturelle et humaine. Devais-je le ranger simplement au rang des « grands serviteurs de l'État » ? Aussi m'a-t-il semblé légitime (et flatteur pour moi) qu'en 1971, ils aient, comme moi, fait partie du Conseil du développement culturel créé par Jacques Duhamel, ministre de la Culture, ou plus exactement par son directeur de cabinet, Jacques Rigaud, lui-même alors et depuis lors porteur remarquable d'un tel développement.

Comment devais-je, comment dois-je me classer moi-même, puisqu'il est entendu qu'en France, on ne saurait être un intellectuel tout court : on est un « intellectuel de droite » (désignation de l'extérieur) ou un « intellectuel de gauche », formule qui tient du pléonasme aux yeux d'un grand nombre de gens. J'ai eu l'occasion de m'en expliquer en 1982 lorsque *Le Monde* a lancé une assez vaste enquête à propos d'une affirmation de Max Gallo – à l'époque fort à gauche et fort engagé dans le soutien de François Mitterrand. L'enquête portait sur la réalité du « silence des intellectuels de gauche ». Le journal m'a permis de faire de ma réponse un article fort long qui commençait par une autodéfinition un peu ironique :

> Je ne me suis jamais enfermé dans le silence et je ne me considère pas comme un intellectuel de gauche, puisque je donnais raison à Aron contre Sartre dès les années 1950, puisque je n'ai jamais considéré la société libérale comme radicalement mauvaise parce que capitaliste, puisque je me suis toujours réjoui de toute mesure positive mise en œuvre par un gouvernement contre lequel j'avais voté. Cependant, professeur et journaliste, je suis un intellectuel ; par mon désir de voir s'établir plus de liberté et plus de justice, par mon vote, depuis que je suis en âge de voter, je me situe à gauche.

Suivait une longue analyse de tout ce qui me déplaisait depuis que la gauche était au pouvoir. « Il y a sans doute moins de coquins, mais il y a au moins autant de copains. » J'évoquais le recours à une histoire mythique et mystifiante, la dérive vers l'État monarchique, la présentation, par Jack Lang, de 1981 comme un passage de la nuit à la lumière en matière culturelle, nuit qui avait été évidemment la sienne comme directeur du Théâtre succédant au TNP sur la colline de Chaillot et aussi le recours à l'incantation en guise de projets concrets : le silence qui m'était reproché était simplement mon refus de me mêler au troupeau des thuriféraires. Je me suis senti aussi intellectuel français humilié, en 1997, non par l'excellent livre critique d'Alan Sokal et Jean Bricmont, *Impostures intellectuelles*, mais par les réponses lamentables qui leur étaient apportées et que j'ai alors raillées dans *La Croix*. L'horrible Amérique venait attaquer l'honneur des intellectuels français. Et « l'honneur des intellectuels français, c'est de prendre en permanence le beau risque de penser ». La formule venait en conclusion de l'article antiaméricain d'un intellectuel français. Les intellectuels américains, eux, ne pensent évidemment pas. Peu importait d'ailleurs que l'un des deux auteurs fût belge. Le niveau intellectuel belge, on savait ce qu'il était ! En fait, les auteurs s'en prenaient, preuves accablantes à l'appui, à la façon qu'avaient des philosophes et sociologues français de recourir au vocabulaire de domaines comme les mathématiques « où les concepts ont un sens précis et les énoncés sont rigoureusement vérifiables… Nous voyons mal quelle est l'utilité qu'il peut y avoir à invoquer, même métaphoriquement, des notions scientifiques qu'on maîtrise mal à l'intention d'un public non spécialisé. Ne s'agit-il pas plutôt de faire passer pour profonde une affirmation philosophique ou sociologique banale en l'habillant d'une terminologie savante ? ». Une telle question, parce que parfaitement justifiée et démontrée, appelait évidemment une réplique collective offensée et pleinement diffamatoire, ce que le livre, lui, n'était pas.

Faut-il aussi revenir sur les admirations successives de tant d'« intellectuels de gauche » pour des régimes que leur morale aurait dû énergiquement condamner ? Le meilleur exemple en a été la passion pour le Cuba de Fidel Castro. L'aveuglement n'a pas encore cessé chez nombre de « fans » parce que, pendant des décennies, le dictateur est parvenu à tromper, en les flattant, ses nombreux visiteurs. Mais aussi parce que le voyage à Cuba était devenu un phénomène de mode. Or, les modes successives sont une des caractéristiques du milieu parisien. Au point que, déjà en novembre 1984, dans un long éditorial, « Trajectoires », publié pour les vingt ans du *Nouvel Observateur*, Jean Daniel, directeur de l'hebdomadaire, écrivait : « Nous avons fait écho à toutes les écoles, les chapelles [...] sans toujours avoir l'obsession du tri [...]. De la sémiologie à l'antipsychiatrie, nous n'avons rien laissé de côté. » Or, qui mieux que Jean Daniel incarne encore aujourd'hui la continuité de la morale ? L'amicale admiration que je lui porte depuis l'époque du premier *Express*, en passant par l'amitié commune pour le « pied-noir » Jean Pélégri, me rend particulièrement sensible à la contradiction, à mes yeux, entre les variations de la mode, avec ses périodes de négation des valeurs, et le ferme maintien d'une éthique que je partage.

L'une de ces modes est en léger déclin : celle des explications sexuelles de toute œuvre littéraire. Lorsque, en 1978, René Pommier a publié son livre allègrement agressif *Assez décodé !*, il n'a rencontré aucun écho. À le relire aujourd'hui, on peut encore à la fois rire et s'indigner de tant d'insanités dénoncées. Dans le joli poème de Victor Hugo *Aux Feuillantines*, les vers tout simples : « Notre mère disait : "Jouez, mais je défends / Qu'on marche dans les fleurs et qu'on monte aux échelles" » signifient que la mère « profère l'interdit de l'inceste », et le dernier tercet : « Tels des enfants, s'ils ont pris un oiseau des cieux, / S'appellent en riant et s'étonnent, joyeux, / De sentir dans leurs mains la douceur de ses plumes » montre à l'évidence que les enfants sont en train de caresser un phallus. Dans une autre thèse, acceptée elle aussi par l'université, l'auteur s'en prend aux *Femmes savantes*. Lorsque Philaminte dit à Trissotin, pour louer ses vers : « Ce sont charmes pour moi que ce qui part de vous », la formulation a non moins évidemment « une connotation éjaculatoire ». Ce genre obsessionnel ne semble plus animer la critique littéraire, mais est encore présent au cinéma, au théâtre, à l'opéra.

La mode à laquelle se soumet une partie de la critique cinématographique ne privilégie cependant pas seulement le sexe. Il s'agit d'admirer toute descente d'un héros vers l'abjection comme une ascension vers la pureté et d'écrire, à propos d'une œuvre de David Cronenberg, en imitant involontairement ma citation de *Travelingue* : « *Crash* est insupportable, irregardable et donne envie de dégueuler. *Crash* est métaphysique, nocturne, envahissant, violent et ouvre sur le silence. » Le pire adjectif qu'on utilisera pour descendre un film est « humaniste ». Et l'on accablera avec grand sérieux les films joyeux qui rencontrent, *horribile dictu*, une large audience populaire. Dans la presse parisienne, c'est *Télérama* qui se distingue par une partialité telle que, sauf exception, un article enthousiaste de cet hebdomadaire par ailleurs fort riche nous dissuade en général d'aller voir le film tant vanté. Mes lettres de protestation n'ont jamais été publiées. Toutefois, l'un des directeurs successifs m'a écrit pour dire qu'il était d'accord avec moi, mais que la section cinéma était intouchable.

La partialité est particulièrement développée dans l'ouvrage de référence qu'est le *Dictionnaire du cinéma*[1] dirigé par Jean Tulard, historien, spécialiste de Napoléon, membre de l'Institut et grand amateur de cinéma. Le moindre western américain y trouve sa place, mais les films français les plus plaisants sont traités par le mépris. Surtout s'ils ont été condamnés par le dieu tutélaire de l'œuvre, François Truffaut. Pour moi, l'un des films les plus significatifs de l'après-guerre, à comparer pour sa portée à *La Grande Illusion*, avec un Charles Aznavour à la hauteur de Fresnay et de Gabin, a été, en 1960, *Le Passage du Rhin* d'André Cayatte. Celui-ci est fort maltraité dans un volume ; le film, pourtant couronné au Festival de Venise, est absent dans l'autre. Les comédies cultes dans notre famille sont ou dévalorisées, ou absentes. Philippe de Broca « revient à ces films qui plaisaient », comme *Le Diable par la queue*. Auparavant, il avait aussi créé *L'Homme de Rio* : « C'est du cinéma fran-

---

1. En trois volumes : *Les réalisateurs*, *Les acteurs*, *les films*, coll. « Bouquins », Robert Laffont.

çais bien fait, ni bas ni vulgaire, destiné à un grand public qui l'apprécie en effet. » *Le Viager* de Pierre Tchernia ne figure pas dans le volume *Films* et l'auteur est traité brièvement et avec condescendance. En 2010, *Les Tontons flingueurs* et *Les Barbouzes* font toujours un tabac à la télévision, mais, si Georges Lautner est présent, ses films ne sont pas présentés dans le volume des œuvres. Là où pourrait être présenté le second, on trouve *Barbe noire* de Raoul Walsh, pourtant qualifié d'« œuvre tout à fait mineure – scénario compliqué et bâclé, budget insuffisant ». Je reconnais que Marcel Carné est réhabilité et non plus seulement présenté comme une sorte d'assistant de Jacques Prévert, que les commentaires de mes créateurs admirés (Dreyer, Bergman) sont abondants et enrichissants, que *Chantons sous la pluie* est loué comme il se doit, mais certains préjugés aboutissent à de véritables mensonges par omission.

Le cas de Jean Gabin est caractéristique. « Pendant la guerre, il se réfugia à Hollywood. Les deux films qu'il y tourne sont médiocres. Le retour en France est difficile. » Silence est fait sur la raison pour laquelle il s'est trouvé déconnecté du monde du cinéma. On la trouve dans une citation à l'ordre de l'armée :

> Né en 1904, s'est engagé en 1943 aux États-Unis pour prendre part à la libération de la France.
>
> Embarqué à bord de l'escorteur de pétroliers l'*Elorn* comme capitaine d'armes, a contribué à repousser de violentes attaques d'avions ennemis au large du cap Ténès. Volontaire au RBGM, a pris sur sa demande les fonctions de chef de char du char *Souffleur II*, devenant le plus vieux chef de char du régiment.

A participé à toute la fin de la campagne de la division Leclerc, de Royan à Berchtesgaden, faisant preuve des plus belles qualités d'allant, de courage et de valeur militaire.

Si, le 19 novembre 1976, ses cendres furent jetées dans la mer d'Iroise du bord d'une unité de la flotte, c'est que la Marine avait toujours considéré qu'il était l'un des siens. Sans l'avoir jamais rencontré, j'ai admiré l'homme, en particulier parce que, parrain de l'enfant handicapé de Lino Ventura, il avait participé au lancement, en 1965, de la belle œuvre *Perce-neige* et aussi à cause d'une anecdote racontée par André Brunelin dans son gros livre *Gabin* (1987). L'acteur avait donc, sur son char, participé à la libération de Royan. Dans les années 1950, il vient à La Rochelle présenter un film à un ciné-club. « Êtes-vous déjà venu ici ? – J'étais dans le coin en 1945. – Vous y avez tourné un film ? – Oui, c'est ça. Je faisais du cinéma ! » Plus tard, à table, on lui fait dire la vérité. « Pourquoi vous n'en avez pas parlé sur la scène. Vous auriez fait un tabac. – J'aurais peut-être fait un tabac, mais ça aurait surtout été putain de ma part. »

Corriger Musset, Molière, Mozart ?

Est-ce une preuve de mon identité française que la passion du cinéma ? En tout cas, à la question d'une journaliste allemande : « Pourquoi tenez-vous tant à habiter Paris ? », j'avais répondu : « Parce qu'on peut y avoir des films de tous les pays – et en version originale ! » En Allemagne, malgré une renaissance de la production (en France, on a à juste raison réservé un excellent accueil à *Good Bye Lenine, La Vie des autres, Sophie Scholl)*, le cinéma ne fait toujours pas partie de la vie culturelle. La discussion animant un dîner élitaire ne tournera pas, comme en France, autour des derniers films, surtout s'ils sont japonais ou iraniens. Wim Wenders a été fait docteur *honoris causa* d'une université parisienne, pas d'une université allemande (ce qui ne m'a pas empêché de m'ennuyer mortellement à *Paris, Texas*). Mais mes réactions au snobisme cinématographique, au dictionnaire biaisé, aux comptes rendus excessifs ou carrément ridicules demeurent modérées comparées à mes indignations face aux massacres commis par tant de metteurs en scène.

En janvier 1986, Daniel Mesguich avait droit à un long entretien dans *Le Nouvel Observateur* à l'occasion de sa mise en scène de *Lorenzaccio*. Il y disait :

> Ce sera *Une saison en enfer* de *Lorenzaccio*. Du texte de Musset, je n'ai gardé que les moments les plus sublimes. Le reste est bâclé. Il faut savoir que nous jouons une pièce du XIXe siècle sur le XVIe après avoir connu Einstein, Freud et Marx [...]. Je respecte la tradition, mais je ne veux pas être son ventriloque. Un texte est, par définition, ouvert et pluriel. Quand on le met en scène, c'est comme un nouveau-né qui remplit ses poumons d'air [...]. Un spectacle est toujours signé par quelqu'un. Quand on ne voit pas le metteur en scène, c'est l'idéologie dominante qui est par-derrière...

L'idéologie dominante qui écrasait Jouvet, Dullin, Copeau, Jean-Louis Barrault, Jean Vilar (ah ! le merveilleux *Lorenzazzio* au TNP !), c'était la volonté de s'imprégner du texte pour mieux respecter les intentions de l'auteur, sans que cela interdise un éclairage nouveau. Ne faudrait-il pas que l'affiche annonçant l'œuvre maltraitée, au lieu d'indiquer « d'Alfred de Musset » (d'ailleurs en petits caractères), mentionne « pièce de [nom du metteur en scène], d'après l'œuvre de Musset » ?

Le phénomène n'est certes pas typiquement français. En Allemagne, on parle de *Regie-Theater*, de *Regie-Oper*. En avril 2005, le président de la République, Horst Köhler, à l'occasion d'une commémoration de Friedrich Schiller, prononça un discours qui aurait dû être retentissant, mais qui ne fut guère cité dans les médias. Il dit :

> Il y a sûrement eu un moment où il fallait dépoussiérer les classiques. Mais continuer cela aujourd'hui me semble être la preuve d'un nouvel esprit petit-bourgeois fort arrogant. Je m'imagine qu'au Musée national de Berlin, on recouvre de carton noir les tableaux de Caspar David Friedrich, en ne laissant visibles que des carrés de vingt ou trente centimètres de côté. Qui l'accepterait ? Mais nos tragédies classiques n'ont pas pu se défendre contre ceux qui les décomposaient en morceaux et les recomposaient à leur guise. Je doute que de cette façon on transmette la culture aux générations suivantes… [Et qui accepterait] que, lors d'une exécution de la *6ᵉ Symphonie* de Beethoven, on joue le premier mouvement selon la partition, le second comme concerto pour flûte baroque, et qu'on supprime le reste ou qu'on le joue d'arrière en avant ?

En septembre 2006, la *Bach Gesellschaft* de Stuttgart m'avait invité à faire le discours d'ouverture de sa Semaine Mozart. Mon intervention n'eut que peu d'écho. Je repris ce que j'avais déjà dit et écrit bien avant le discours présidentiel. Imaginons que, pendant un récital de piano, le pianiste, au milieu d'une sonate de Schubert, se mette à remplacer les notes prévues par du jazz. Les cris du public l'obligeraient à s'en aller. Mêler du jazz au classique ? Ravel l'a fait dans ses deux magnifiques concertos pour piano, mais il était le compositeur, pas l'interprète.

Je ne dirai pas seulement, comme Philippe Beaussant dans son excellent pamphlet *La Malscène* (2005) : « On me dépouille de ce que j'aime. » Lui aussi était choqué des caricatures présentées dans l'irrespect total du compositeur et du librettiste. N'ajoute-t-il pas qu'il souhaite « un Golaud qui ne soit pas exclusivement une brute imbécile... Sénèque un SDF en train de faire les poubelles, Siegfried en train d'éplucher des patates pour faire sa soupe... » ? Encore ne semble-t-il pas avoir vu le *Don Giovanni* de Peter Sellars, caïd des bas-fonds, chantant l'air du champagne sur un trottoir misérable avec une cannette de Coca-Cola... Parfois, les mises en scène tiennent de la simple provocation (qui n'en est pas nécessairement une, puisque l'« avant-garde » a recours aux mêmes ingrédients et procédés depuis longtemps). Ainsi Gérard Mortier, pour ses adieux à Salzbourg, a-t-il affublé la joyeuse *Chauve-Souris* des inévitables SS, de viols sur scène, d'interprètes hurlant au lieu de chanter. Je me suis agité de colère devant mon écran de télévision (sur notre chaîne préférée *Mezzo*). Devenu malheureusement successeur de Hugues Gall à l'Opéra de Paris, il a, pour bien marquer que du passé il faisait table rase, fait brûler le décor de la légendaire mise en scène des *Noces de Figaro* par Giorgio Strehler.

Vous pensez, elle datait de 1973 ! Pour la reprise de 2010, il a fallu le reconstruire.

Le champion transnational de l'innovation, depuis longtemps à la mode, est cependant le Suisse Christoph Marthaler. Le *Wozzeck* qu'il a mis en scène faisait du héros non un soldat, mais un garçon de café qui essuyait interminablement les tables, tout en chantant : « Andrès, je ne peux pas dormir. » À quoi l'ami, attablé en train de boire une bière, répondait : « Laisse-moi dormir. » La fameuse longue note de transition entre le meurtre de Marie et la scène très animée au cabaret débouchait sur une pièce vide. Le cadavre de Marie, sur le plancher du café, était jeté dehors par un vasistas.

Il est vrai que j'ai vu pire. Sur *Mezzo*, une représentation au Bolchoï de Moscou. Marie est étranglée sur une table. La mort de Wozzeck se fait dans un noir complet, puisque, jusqu'alors, il n'y a eu ni couteau ni eau à proximité. Et capitaine et médecin sont chacun dans son appartement pour dire ensemble qu'on entend un drôle de bruit et que sans doute quelqu'un est en train de se noyer.

Le comble de l'arrogance du metteur en scène, pour moi, a été présenté dans un long article laudateur dans la *Süddeutsche Zeitung* en 2010. Titre : « Du Paradis sur terre. Le chef d'orchestre Kent Nagano et le metteur en scène Dmitri Tcherniakov libèrent à Munich les *Carmélites* de Francis Poulenc des bandelettes de la confession. » L'opéra de Georges Bernanos et de Poulenc est né de la pièce de Gertrud von Le Fort, *La Dernière à l'échafaud* (1931). À leur surprise, le succès a été mondial. La mort terrorisée de la supérieure jusqu'alors si sûre d'elle, l'arrivée de l'héroïne jusqu'alors si lâche pour être décapitée avec ses sœurs ont ému bien des publics en France, en Italie, aux États-Unis, en Angleterre. La représentation à Strasbourg, mise en scène par Marthe Keller, a été particulièrement émouvante dans la fidélité. Et voici qu'on lisait : « Le *régisseur* Dimitri Tcherniakov écoute à chaque instant cette musique, sans se laisser distraire par le texte assez bavard et réactionnairement catholique de Georges Bernanos. Pendant toute la soirée, il n'y a pas de religieuses, pas d'ambiance révolutionnaire. Car Tcherniakov ne prend pas seulement la pièce constamment au sérieux, il traite les thèmes soulevés de façon beaucoup plus vaste que l'équipe d'auteurs Poulenc & Bernanos... » Poulenc & Bernanos, les bons catholiques, ont été heureusement réhaussés par le régisseur. « Sa société des déviantes est prisonnière dans une cabane. Des bouteilles à gaz ne laissent présager rien de bon. »

À Berlin, une *Flûte enchantée* où Pamina se trouve dans une sorte de bordel, avec une baignoire et une douche, un *Cosi* où l'un des deux hommes, après être passé derrière un rideau avec la fiancée de l'autre, revient en remontant son pantalon... Heureusement, il y a des révoltes. Dans *Le Nouvel Observateur*, pourtant désireux d'avant-garde, Jérôme Garcin a résumé une autre démolition de *Wozzeck* en écrivant que, chez Büchner, Wozzeck rase la barbe du capitaine, chez Thomas Ostermeier, il lui rase les poils du cul. Marthaler, pour sa mise en scène de *Tristan*, est présenté dans la même *Süddeutsche* comme cherchant frénétiquement la provocation.

Les contre-exemples abondent heureusement. Je fais volontiers de la publicité pour quatre merveilleux DVD. Transposer Shakespeare au cinéma sans être infidèle ? Kenneth Branagh l'a fait pour *Much Ado*

About Nothing (*Beaucoup de bruit pour rien*). Le texte
est intégralement celui de Shakespeare, les images
sont d'une beauté éclatante, joie et suspense drama-
tique saisissent le spectateur, le ping-pong verbal
entre Béatrice et Benedict est splendidement assumé
par Emma Thompson et Branagh lui-même. (Que
celui-ci ne méprise pas le sang versé, il l'avait montré
dans la tragédie *Henry V*, toujours aussi fidèle au
texte du même Shakespeare, alors que Laurence Olivier avait, juste après la guerre, montré la même fidélité à la même pièce d'une façon fort différente, en
faisant de celle-ci une suite d'enluminures médié-
vales).

Jamais je n'avais vu un public aussi enthousiaste
qu'à l'issue de la représentation de *La Belle Hélène*
dirigée par Marc Minkowski et mise en scène par
Laurent Pelly. Le joyeux irrespect était pleinement
dans l'esprit de l'œuvre, dont le texte et la musique
ne connaissaient aucune coupure, aucune altération.
Combien de fois n'avons-nous pas regardé le DVD
du *Xerxes* de Händel, joué au festival de Glynde-
bourne sous la direction de Charles Mackerras ! Là
encore, humour et émotion allaient pleinement dans
le sens voulu par le compositeur. Enfin, que d'émotion et aussi de joies esthétiques, pour *La Traviata*
jouée et chantée par Anna Netrebko et Rolando Vil-
lazon, tous deux jeunes, beaux, « sexy » même, sans
que pour autant ils aient eu à se déshabiller et à faire
l'amour sur la scène, sans que celle-ci ne soit souillée
de sang ou de sperme.

Or, il semble que ces deux ingrédients soient devenus indispensables pour que la conception d'avant-
garde (tardive !) puisse s'exprimer. D'autres liquides
corporels peuvent être ajoutés, comme lorsque le fes-

tival d'Avignon fut confié à un metteur en scène particulièrement moderne. La mode d'une sorte de « pansexualisation » est telle que je mets souvent en avant un joli dessin de Wolinski. Une jolie fille nue est accroupie sur un lit. Un beau garçon la pénètre par-derrière et dit : « J'aimerais me promener en forêt avec toi, la main dans la main. » Tête retournée vers lui, elle répond : « Je ne t'aime pas assez pour cela ! »

J'ai du mal à comprendre une contradiction pourtant évidente. D'une part, il est permis, il est même recommandé de déformer, avec un total irrespect, pièces de théâtre et opéras. De l'autre, avec quel bel acharnement les « baroqueux » ne recherchent-ils pas l'authenticité par le recours aux instruments anciens, de reconstitutions respectueuses de vieilles partitions ! Alors que de malheureux chanteurs sont obligés de se plier aux caprices de metteurs en scène ignorants, d'autres chanteurs, par goût de la découverte et par passion pour la pureté de leur chant, se font musicologues et présentent au public, avec un succès d'autant plus grand qu'on les admire de toute façon pour leur voix et leur allure, des œuvres qu'ils ont redécouvertes. Il en est ainsi pour Cecilia Bartoli, René Jacobs, Philippe Jaroussky.

Il est vrai que le grand maître du monde musical français, Pierre Boulez, n'a cessé de condamner la musique baroque et ceux qui l'aiment. Or, il a autant de pouvoir que Lully à la cour de Louis XIV, à deux différences près : Lully a énormément produit et le souverain aimait vraiment sa musique. Boulez est assurément un grand chef, mais, lorsque Hugues Gall a quitté la direction de l'Opéra de Paris, il a pu dire, dans un entretien avec un journal allemand, combien il avait été gêné par les interventions intolérantes de l'entourage de Boulez. Le principal adversaire de celui-ci, Marcel Landowski, s'est plaint, dans *La Musique n'adoucit pas les mœurs* (1990), de « cet homme qui a le génie du pouvoir, direct ou indirect, souvent comme conseiller incontournable et toujours aux points stratégiques des institutions dominantes ». Il ajoutait qu'il y avait eu aussi accaparement de subventions publiques, en particulier au bénéfice de l'Ircam. Et de citer des exemples d'incompétence de musiciens subventionnés. Il a ajouté : « Tout, heureusement, n'est pas aussi farfelu ! Témoin le *Répons* du maître de l'Ircam. Je me garderai de donner sur cette œuvre un autre commentaire que celui-ci : ce *Répons* est probablement l'œuvre dont la conception fut la plus coûteuse de l'histoire musicale. »

Si j'estimais tellement Landowski, ce n'était pas tant pour son abondante production de compositeur que pour son rôle éminent, en tant que directeur de la musique au ministère de la Culture, dans la décentralisation musicale. Ce rôle a été assez semblable à celui que, au lendemain de la guerre, la célèbre Jeanne Laurent avait joué pour la décentralisation théâtrale. Que ce soit grâce à lui ou à d'autres initiatives, la diffusion de la passion musicale a progressé en France, y compris par les tentatives de mettre la musique classique à la portée d'un public jusqu'alors peu concerné. L'action peu à peu en déclin des Jeunesses musicales de France a été considérable. Yehudi Menuhin et sa sœur avaient créé près de Londres, dans un quartier pauvre, une école pour les adolescents à la découverte de la musique. L'initiative de Jean-Claude Casadesus à Lille valait bien celle-là. Les musiciens de l'orchestre qu'il dirige avec une fidélité exemplaire se sont laissé convaincre d'avoir auprès de chaque instrumentiste, pendant les répétitions, un garçon et une fille venant de milieu défavorisés et désireux de comprendre les instruments qu'ils n'avaient jamais entendus auparavant. Plusieurs d'entre eux sont devenus instrumentistes à leur tour.

Mais, s'il me fallait donner un seul nom parmi les bienfaiteurs de la musique en France, je nommerais René Martin. Après avoir créé le festival annuel de La Roque-d'Anthéron, devenu l'événement international de la musique de piano, il a eu une idée en assistant à un concert du groupe rock The Who. Pourquoi ne pas attirer une masse de gens à des concerts de musique classique ? *La Folle Journée* a commencé à Nantes en 1995. Trente-quatre concerts Mozart pour 18 000 billets vendus. L'année suivante, pour Beethoven, on était déjà passé à quarante-neuf concerts et 30 100 billets... En 2011, on en était à trois cents concerts et 134 000 billets vendus sur 140 000. L'atmosphère est amicale. Les auditeurs se parlent, en particulier quand ils attendent patiemment qu'un concert se termine, alors qu'ils ont réservé pour le suivant. On peut discuter avec les artistes. Au début, il fallait convaincre ceux-ci de venir jouer pour un maigre cachet. Quel artiste ne serait pas honoré depuis quelques années d'être invité à une *Folle Journée* ? Malgré la décentralisation régionale (en 2010, en région Pays de Loire, cent quarante-cinq concerts pour 60 000 auditeurs, avec salles remplies à 98 %, sans compter tel concert dans une prison pour les détenus), il est de plus en plus difficile d'obtenir des places, la première journée de location étant réservée aux Nantais. Ni le public ni les prix ne sont ceux de Salzbourg, de Bayreuth ou de l'Opéra de Paris. René Martin a pu aussi lancer son modèle à Lisbonne, au

Japon et en Amérique latine. Ses publics se sont habitués à des programmes exigeants. Qui aurait pu prédire que les *partitas* pour violoncelle de Bach feraient l'objet de conversations animées entre interprètes et auditeurs ?

Mes joies « culturelles »

On me demande souvent en Allemagne si je suis de culture française ou de culture allemande. La question ne me semble pas très pertinente. La culture allemande est celle d'un apprentissage de germaniste, la française celle d'une immersion. Déjà intéressé fort jeune par les questions de morale et de religion, j'ai accepté en 1944 la proposition de mon professeur de littérature allemande à Aix de faire mon mémoire pour le diplôme d'études supérieures sur le roman *Le Fou en Christ Emmanuel Quint* qui, entre autres, avait valu à Gerhart Hauptmann le prix Nobel. C'était une œuvre assez ambiguë. Le pauvre jeune homme de Silésie qui se prenait pour Jésus réincarné était-il fou ? Prenait-il seulement les Évangiles au sérieux ? Ne représentait-il pas simplement la morale de Tolstoï ? Le mémoire devint ultérieurement un article de revue. Lors de la mort de Hauptmann, en 1946, un article sur ses attitudes face au nazisme fut ma première contribution à un journal de Paris. Comme le héros du roman était plongé dans un environnement piétiste, mon patron de thèse, Edmond Vermeil, me donna comme sujet « Philipp Jakob Spener (1635-1705) et les débuts du piétisme ». J'ai lu presque toutes les œuvres du fondateur du piétisme, mais n'en ai guère retenu que deux anecdotes et j'ai reporté mon admiration sur son disciple August

197

Hermann Francke (1663-1727), dont les créations culturelles et sociales fleurissent encore à Halle. D'où mes visites régulières aux *Franckische Stiftungen*. Dans les milliers de lettres de Spener, je n'ai trouvé qu'une allusion à sa femme. Elle lui avait, comme on dit encore malheureusement parfois aujourd'hui, donné onze enfants. Il écrit à un ami : « Elle ne m'a jamais gêné. » Et ce pasteur a toujours demandé modestement à Dieu s'il devait accepter une promotion. Dieu a toujours répondu positivement. Ma thèse a été abandonnée lorsque j'ai bifurqué vers la science politique.

Pour l'agrégation, l'un des auteurs était Rainer Maria Rilke. Je me suis attelé à l'analyse de sa traduction du *Cimetière marin*, le grand poème de Paul Valéry que Georges Perret, mon professeur de philosophe, m'avait appris à aimer. J'ai pu ainsi découvrir (avant de publier ma découverte) que les erreurs de traduction n'étaient pas celles relevées par une germaniste dominatrice que je n'aimais pas (elle avait manqué l'édition préoriginale de Valéry sur laquelle Rilke avait travaillé), mais d'autres, plus graves, commises à chaque fois que la philosophie de Valéry (« un exercice de la pensée sur elle-même ») ne coïncidait pas avec une sorte de panthéisme rilkéen. Comme Goethe était naturellement au programme lui aussi, j'ai publié une sorte de synthèse de ce qu'aurait dû être ma thèse complémentaire : « Le jeune Goethe et le piétisme. » Puis on me demanda, également pour la revue *Études germaniques*, dans la perspective du deuxième centenaire du grand homme, en 1949, d'établir une bibliographie de Goethe en France depuis 1932 (une autre avait déjà paru pour le centenaire de sa mort). J'ai pu constater et écrire que Goethe avait été peu traduit en français, sauf lorsque son œuvre correspondait à un opéra français (Gounod, Massenet, Ambroise Thomas).

Si je regarde les décennies suivantes, je constate que mes admirations « germaniques » littéraires ont été surtout d'ordre moral. Goethe pour la leçon de sérénité que donnait son *Iphigénie en Aulide* au roi barbare Thoas, Schiller pour le merveilleux personnage du marquis Posa dans *Don Carlos* (devenu Rodrigue chez Verdi avec, hélas, la ridicule sortie de Charles Quint de son tombeau pour sauver Carlos, alors que, chez Schiller, celui-ci est simplement livré par le roi son père au Grand Inquisiteur), Lessing aussi, pour mon personnage modèle *Nathan le Sage.* J'ai aimé cette pièce depuis l'adolescence. Je ne l'avais jamais vue à la scène. En 1987, elle est annoncée au théâtre de Gennevilliers. J'y vais avec crainte et tremblements. J'en sors comblé... Non seulement la traduction coulait de source, mais le metteur en scène Bernard Sobel avait tout compris, tout rendu sensible, le sourire et le drame, l'anecdote et la profondeur. En banlieue (avec, par exemple, *Maison de poupée* à Boulogne-Billancourt) et en province (par exemple à Lyon), j'ai pu vérifier la vérité de l'avertissement lancé de la capitale par Ludwig Börne, grand écrivain politique en exil, enterré en 1837 au Père-Lachaise, à ses lecteurs allemands : « Paris n'est pas la tête de la France, mais seulement le chapeau. » (Dans ses *Lettres de Paris*, Börne raconte en particulier la première de *L'Auberge des Adrets*. Frédérick Lemaître s'y est vraiment comporté comme Pierre Brasseur le joue dans *Les Enfants du Paradis*.)

Il est cependant un livre allemand qui m'accompagne depuis l'âge de 8 ans (comme j'étais donc précoce !). Il s'agissait, il s'agit encore d'un « roman de guerre pour la jeune génération », *Der Schädel des Negerhäuptlings Makaua* (*Le Crâne du chef nègre Makaua*). Ce crâne a été l'objet de l'article 246 du traité de Versailles : « Le crâne du sultan Makaoua ayant été enlevé du protectorat allemand de l'Afrique orientale et transporté en Allemagne sera, dans un délai de six mois, remis par l'Allemagne au gouvernement de Sa Majesté britannique. » La relique, qui a réellement existé et pour la restitution de laquelle des dizaines de milliers d'Africains sont venus mourir au sein des armées alliées, est, pour l'auteur, le triste symbole de tous les mythes au nom desquels les Européens se sont entretués de 1914 à 1918. L'histoire est celle d'un jeune Polonais de 14 ans, adopté par une unité allemande, héros de quelques exploits dus à sa liberté et qui déserte finalement au moment d'être décoré par l'Empereur pour servir de produit d'appel pour les emprunts gouvernementaux. La réédition allemande que j'ai préfacée portait, pour éviter le mot « nègre », le titre ridicule *Le garçon qui a oublié son anniversaire*. Le titre américain, en 1986, était très parlant : *No Hero for the Kaiser*. Le livre, paru en 1931, est à tous égards remarquable, notamment par l'annonce d'un vieux juif polonais qu'une fois la guerre perdue, l'Allemagne ferait une guerre sans risque et très fructueuse contre les juifs. En 2007, ma contribution au recueil *Ein Buch, das mein Leben verändert hat* (*Un livre qui a changé ma vie*), recueil offert comme *liber amicorum* au vieil et grand éditeur Wolfgang Beck, avait pour objet *Der Schädel des Negerhäuptlings Makaua*, avec reproduction de la page de garde de l'édition originale sur laquelle j'avais écrit mon nom et « Mendelssohnstrasse 92 », notre adresse à Francfort. Enfin, en septembre 2010, j'ai fait un aller-retour à Francfort pour faire le discours inaugural, consacré toujours au même livre, d'une exposition présentant la vie et l'œuvre de l'auteur, Rudolf Frank. Mon admiration a donc été constante pour ce livre qui, à mon avis, est supérieur au *Feu* de Barbusse et au *À l'Ouest rien de nouveau* de Remarque. Il a cependant, dans son pacifisme, un défaut rétrospectif : j'ai toujours dit à mes publics allemands, surtout aux pacifistes engagés, que le pacifisme maintenu face à Hitler aurait abouti à sa domination sur toute l'Europe.

Ce pacifisme a été celui de Jacques Thibault. Même si je relis souvent *Le Rouge et le Noir*, plus encore les nouvelles de Maupassant et *Les Misérables* (surtout à cause de Mgr Myriel), mais aussi *Le Comte de Monte-Cristo*, *Le Vicomte de Bragelonne* et tout Pagnol, Roger Martin du Gard m'a accompagné depuis mes 13 ans. Par *Jean Barois* d'abord (surtout à cause du personnage de Luce, dont il sera question en conclusion), par *Les Thibault* ensuite, avec plus de proximité avec Antoine (ridiculisé dans la mauvaise série télévisée qui a été tirée du roman) que de Jacques. René Rémond m'a demandé, après avoir lu celui de mes livres auquel je tiens le plus, *Au nom de quoi ?* : « Sais-tu d'où te viens ce titre ? – C'est une question que je me suis toujours posée. – Mais tu l'as trouvée dans l'interrogation d'Antoine Thibault sur le droit du médecin de laisser mourir ou de faire mourir » (un enfant agonisant dans la souffrance, son père cancéreux). Rémond avait sans doute raison.

J'ai eu la joie de connaître un peu Roger Martin du Gard. D'abord au téléphone, lorsqu'il a été le seul à refuser de faire partie de notre Comité français d'échanges avec l'Allemagne nouvelle. « Vous avez raison d'agir ainsi, mais je les ai trop haïs ! » Plus tard, chez mon paternel ami Jean Schlumberger. Le déjeuner à trois a failli fort mal se passer. J'avais dit que les œuvres de Roger Martin du Gard m'avaient beaucoup plus marqué que celles d'André Gide. Les deux autres me sont tombés dessus. Martin du Gard en colère me disait : « Comment osez-vous me comparer, simple artisan des lettres, avec un génie comme Gide ? » Les deux hommes étaient intellectuellement à genoux devant Gide et celui-ci exploitait sans vergogne la disponibilité de Schlumberger. À la NRF, qu'ils avaient créée avec Gaston Gallimard, les deux avaient accueilli le manuscrit de *Jean Barois*. Mais humainement, Roger Martin du Gard était tel que je l'avais imaginé et espéré. J'en eus confirmation plus tard en lui rendant visite à Nice-Cimiez. J'étais parti sur mon vélo de Saint-Raphaël où je passais mes vacances… Il m'écrivit de ne pas tenter un effort physique aussi intense. Notre entretien fut à tous égards réconfortant.

Je dois avouer que je lis peu de « littérature ». Les livres « professionnels » sur la société, l'économie, la politique, et les journaux laissent peu de place aux romans, puisque je consacre l'essentiel de mon temps libre à l'écoute musicale. Parfois, les exceptions ont un rapport avec la politique. Ainsi, j'ai été fort irrité de voir le président Giscard d'Estaing traiter Maupassant de misogyne. Certes, il était un chasseur de femmes. Il en est même mort. Mais quel écrivain a mieux décrit les souffrances des femmes ? La servante engrossée par le neveu de la maison, chassée et traduite en justice parce qu'elle a étouffé les jumeaux inattendus (*Rosalie Prudent*), l'épouse en principe « réhabilitée » qui se suicide au rappel du viol subi autrefois (*Madame Parisse*), les rejetées aimantes, mais pauvres (*La Rempailleuse, Mademoiselle Perle*), l'épouse du gentilhomme campagnard qui se suicide en attrapant délibérément une pneumonie dans la neige parce que son mari, grand amateur de chasse et de froid, lui refuse un calorifère (*Première neige*) : la liste de femmes méprisées ou/et maltraitées pourrait facilement être allongée.

Parfois, il s'agit de mon goût pour le rire ou simplement pour le sourire. J'ai souvent dit aux étudiants que les deux meilleurs sociologues français étaient Pierre Daninos et Jean-Jacques Sempé. Le premier pour sa critique de la société française dans ses tics langagiers souvent chauvins et pour sa satire de la hiérarchie dans les entreprises (*Un certain monsieur Blot*, sans doute son meilleur livre). Le second pour son pouvoir d'inclure une dérive sociale dans un dessin. Un écrivain se brosse le dos dans sa baignoire. Des câbles permettent à un journaliste de lui demander comment il fait pour avoir toujours su préserver son intimité. Une ménagère commence sa journée avec le sourire. Elle rentre ensuite du marché toujours souriante. Elle ouvre le journal et s'effondre : un divorce est annoncé à la cour d'Angleterre. Un couple d'âge mûr, assis côte à côte, lit un roman d'aventures. Elle voit le héros affublé des traits de son mari, lui se voit à cheval en train d'enlever une jolie jeune fille. J'ai été heureux et flatté de rédiger la préface du catalogue d'une exposition Sempé organisée à l'Hôtel de Ville de Paris.

L'attrait pour le théâtre me fait relire, plus souvent que des romans, des textes que j'aime. Mon père avait rapporté d'Allemagne une édition des œuvres complètes de Henrik Ibsen. Je relis donc en allemand celles qui m'ont le plus impressionné (et vais voir *Hedda Gabler* ou *Maison de poupée* quand c'est possible.) Je déplore qu'au lycée on lise aussi peu Racine, Corneille et même Molière, pourtant si accessible... Les soirs de fatigue, je reprends même les passages que je sais par cœur. J'ai défendu par voie de presse Corneille, trop délaissé, alors que *Nicomède* ou *Sertorius* (tout de même repris à la Comédie-Française) décrivent en alexandrins des situations contemporaines : le protectorat de Rome (France) grâce à la soumission du monarque (marocain) ; le double jeu de Juan Carlos avant de succéder à Franco :

> Je lui prête mon bras sans engager mon âme,
> Je m'abandonne au cours de sa félicité,
> Tandis que tous mes vœux sont pour la liberté.

Pas seulement les classiques : ma passion pour le théâtre de Giraudoux n'est pas morte (et *La guerre de Troie n'aura pas lieu* aura nourri bien des cours), malgré ses discours et ses attitudes de 1939. Malgré le mauvais caractère de Jean Anouilh, je relis avec délectation une pièce comme *Ornifle*, que Pierre Brasseur a magnifiquement jouée. Peut-être est-ce mon goût pour le théâtre qui me fait aimer les acteurs et les livres qu'ils ont écrits eux-mêmes ou signés après avoir enregistré des entretiens. Ici, l'un des plus attachants a été pour moi Philippe Noiret. Mais je ne méprise pas pour autant – et reprends pour sourire – *Un homme de joie* d'Yves Robert et même *Ma Vie de Branquignol* de Robert Dhéry.

Peut-être est-ce aussi mon regret de ne pas avoir pu être acteur, alors que, bien entendu, le professeur, l'orateur, est lui aussi une sorte d'acteur qui vit au et du contact avec son public. Il sent de l'épuisement, un peu comme après un orgasme, quand la communication a été parfaite. Mais la différence est insurmontable : l'acteur devient autre dans son rôle, alors que je n'ai jamais interprété que moi-même. Je ne suis vraiment monté sur une scène qu'une fois. On jouait *Le Vicaire* de Rolf Hochhuth. J'avais obtenu pour les étudiants de Sciences Po qu'une représentation de cette pièce sur Pie XII et les juifs leur soit réservée. Des groupements catholiques d'extrême droite avaient menacé d'attaquer le théâtre ce soir comme ils l'avaient déjà fait. Je demandai à la préfecture de police qu'elle soit prête à intervenir, mais seulement à ma demande. Le commissaire vit avec étonnement ce que firent les étudiants. Comme des jets d'objets s'étaient produits antérieurement à partir des loges – en fait orchestrés par *Paris Match* à la recherche de belles photos –, ils ont confisqué les cartes d'identité des spectateurs assis dans ces loges en disant qu'elles leur seraient rendues à la fin du spectacle. Le commissaire me glissa : « Moi, je n'aurais jamais osé ! » En fait, il n'y eut aucun incident et la discussion prévue entre acteurs et étudiants, qui eut lieu sur la scène sous ma direction, fut particulièrement dense et riche.

Les trois hommes de théâtre auxquels j'ai voué une admiration sans bornes sont Jean-Louis Barrault, Jean Vilar et Gérard Philipe.

Le premier, acteur inégal, metteur en scène exceptionnel, chef de troupe exemplaire – et époux amoureux jusqu'à la mort de l'actrice prodigieuse qu'a été Madeleine Renaud (depuis les jeunes filles de Marivaux jusqu'aux vieilles femmes de *Oh ! les beaux jours*, de *Savannah Bay* ou de *Harold et Maude*). Barrault a su arracher à Paul Claudel la permission de mettre en scène *Partage de midi*, de donner des versions raccourcies successives, aussi belles les unes que les autres, du *Soulier de satin*. Il a aussi fait chanter joyeusement sa troupe fidèle, de Pierre Bertin à Simone Valère, dans *La Vie parisienne*. Il a surtout eu le courage de recommencer dans des théâtres successifs, sans regret apparent et surtout sans amertume, même s'il n'a jamais compris la conduite ou plutôt l'inconduite d'André Malraux à son égard, le chassant sans explication du théâtre de l'Odéon, sans oser le recevoir, après la tornade de 1968. Son centenaire a été mollement célébré en 2010, sans qu'on ait suffisamment donné en exemple cet homme jamais découragé à tous ceux qui, aujourd'hui, vivent dans le découragement et le « rien ne sert à rien ».

Barrault a aussi fait acclamer le théâtre français dans d'innombrables tournées. Comme Jean Vilar avec le TNP. Autre ressemblance : Barrault et Vilar ont vécu dans la pauvreté, sans chercher autre chose que la perfection dans la présentation d'œuvres parfois difficiles. Le manque de moyens peut d'ailleurs être une grande chance. Vilar à Avignon, à Suresnes ou au Palais de Chaillot s'est contenté d'effets de lumière, en l'absence de décors qui, aujourd'hui, écrasent trop souvent les œuvres et détournent l'attention du texte par l'étalage d'une bimbeloterie inutile. Au même moment, Wieland Wagner, dans le Bayreuth pauvre de l'après-guerre, a lui aussi connu de belles réussites grâce à des jeux de lumière éclairant des plateaux vides. Vilar a, comme Barrault, été un grand chef de troupe. Qui, à commencer par Philippe Noiret, ne s'est vanté ultérieurement avec nostalgie d'en avoir fait partie ? L'une des causes de la mort précoce de Vilar a été l'ignoble traitement qui lui fut infligé à Avignon en 1968, en particulier par la troupe invitée du Living Theater dirigée par Julian Beck. Le cri stupide « Vilar, Béjart, Salazar », absurdement injuste, l'avait pourtant beaucoup affecté.

Le seul vrai crime de Vilar a été d'interdire qu'on filme à Chaillot ou à Avignon (alors que les cassettes de la Comédie-Française permettent de revoir ou de voir tel *Tartuffe* ou telle *Andromaque* particulièrement réussis). Cet interdit a rendu assez sinistre une commémoration de Gérard Philipe à Chaillot. Quelques plans fixes, quelques enregistrements sans images – ceux qui ne l'avaient ni vu ni entendu sur scène ne pouvaient pas imaginer ce qu'avaient été au début *Le Cid*, à la fin *On ne badine pas avec l'amour*. On peut cependant savoir ce que « Gérard » a été pour ses contemporains en lisant un autre des livres que je reprends souvent en main : *Gérard Philipe. Souvenirs et témoignages recueillis par Anne Philipe et présentés par Claude Roy* (1960). Sa mort, le 25 novembre 1959, à quelques jours de ses 37 ans, a causé une sorte de choc national, plus pour ses rôles au cinéma (dont évidemment *Fanfan la Tulipe*) que pour son exceptionnelle stature théâtrale. Peut-on dire qu'il a été modèle en tout, comme acteur, comme mari et père, comme très actif président du Syndicat des acteurs ? Deux syndicats d'acteurs étaient en conflit. Gérard Philipe, en 1958, négocia leur fusion et fut élu à l'unanimité à la présidence de l'organisme unifié. Après sa mort, le bulletin syndical écrivit : « Ce qu'il nous a apporté, ce ne fut pas seulement l'appui de son autorité, le travail de toutes les heures qu'il arrachait de force à sa vie, à son efficacité syndicale qui s'avéra surprenante, ce fut par-dessus tout sa tendresse, que rien ne rebutait, sa confiance dans les hommes, cette joie profondément jeune qui nous bouleversait. »

Pendant la guerre, à Cannes, j'ai vu sa première apparition dans *Une grande fille toute simple* d'André Roussin. Et surtout, après la guerre, je l'ai vu dans le *Caligula* de Camus, l'une des rares représentations dont je pourrais, aujourd'hui encore, raconter scène par scène le déroulement et le jeu des acteurs (dont le jeune Michel Bouquet dans le rôle du jeune Scipion). Il y eut aussi *Les Épiphanies* de son poète-ami Henri Pichette, Maria Casarès, Roger Blin, et lui disant un texte parfaitement obscur de façon à le rendre directement tragique. Après sa mort, nous avons eu la chance de rencontrer Anne Philipe qui venait de publier le triste et digne rappel de leur amour dans *Le Temps d'un soupir*. C'est que ses enfants et trois de nos quatre fils avaient en quelque sorte le même père, le Dr Pierre Vellay, l'un des créateurs de l'ASD (accouchement sans douleur), méthode approuvée à la fois par le parti communiste et par Pie XII, Vellay étant plus proche du premier que du second ! (À sa mort, bien qu'il eût été un résistant courageux et bien qu'il fût mondialement connu, la presse française ne lui consacra aucun article nécrologique.)

Mes goûts artistiques passent plus par les oreilles que par les yeux. Mais j'ai fait des progrès en sculpture et en peinture. Le musée Rodin a toujours été un endroit privilégié. Pour une série du ZDF (la télévision fédéralisée allemande), « Quelle est votre œuvre préférée ? », j'ai eu droit à un long moment filmé autour des *Bourgeois de Calais*. Mon admiration pour l'œuvre est demeurée, malgré la révélation ultérieure que la réalité historique était qu'ils ne risquaient nullement d'être pendus et que le maire, Eustache de

Saint-Pierre, à la figure si poignante, s'est mis au service des Anglais. Pour Camille Claudel, je ne puis regarder ses belles sculptures sans penser à l'ignominie de son frère Paul qui l'a abandonnée et laissée mourir de faim dans l'asile de Montevert, alors qu'elle était pleinement lucide, comme le montrent ses lettres, publiées par Jacques Cassar dans *Dossier Camille Claudel* (1987). C'est seulement plus tard que j'ai compris la vraie raison de l'abandon. L'ambassadeur-poète écrit à une amie qu'une personne très proche a été justement punie pour s'être fait avorter (sans doute enceinte de Rodin).

Il peut y avoir des chocs culturels. Je ne savais rien d'Egon Schiele avant qu'un jour, à Munich, disposant d'un peu de temps, je n'entre dans une exposition à ce nom. J'y ai conçu une amorce de passion pour le peintre qui s'est transmise ensuite à toute l'école de Vienne. Mais Claude Monet m'a toujours séduit... Comme l'Orangerie est facilement accessible de Sciences Po par la passerelle au-dessus de la Seine, j'ai souvent été m'asseoir, entre deux cours ou séminaires, devant les *Nymphéas*. La grande exposition de 2010 a battu les records d'affluence et méritait son succès, mais la précédente, au Grand Palais, contenait peu d'œuvres et une visite au musée Marmottan vide confirmait que bien des gens sont prêts à une longue attente pour une exposition, mais ne songent pas à fréquenter un musée permanent. En 2010 aussi, le musée Marmottan, restauré pour Monet par des donateurs japonais, ne connaissait pas la foule pour une transformation provisoire qui montrait ses réserves d'œuvres du peintre. Il est des peintres dont la production ultime me gêne. Qu'il s'agisse de Renoir, de Picasso ou de Rubens, les chairs grasses étalées me déplaisent. Il est vrai que mon idéal féminin s'est trouvé incarné dans Audrey Hepburn ! Plus sérieusement, voici quelque temps que le peintre que je cite le plus souvent (plusieurs fois dans *Les Fruits de leur arbre*) est Le Caravage. À Rome, dans l'église Saint-Louis-des-Français, je suis passé sous les cordes qui devaient empêcher les visiteurs de voir quelques œuvres pourtant célèbres.

Sans doute les *Nymphéas* m'attirent tant parce que le flou, l'imprécis, l'incertain font équilibre à ma trop grande rationalité. Il en est de même pour Debussy. Avec *Wozzeck*, mais pour d'autres raisons, *Pelléas* est mon opéra préféré. Peut-être est-ce aussi le mélange des musiques, le désordre savamment entretenu de la *Messe pour le temps présent* qui m'ont attiré vers les ballets de Maurice Béjart. D'autres raisons encore. En 1969, mon adhésion à son interprétation dansée de la *Neuvième Symphonie* n'a pas seulement été d'ordre esthétique. *Le Monde* a accepté de passer, en première page plus une tourne, un long commentaire dans lequel je disais notamment :

> Dans l'adagio, la cantilène est visualisée par le geste de pitié de la femme pour la souffrance de l'homme. Puis leur couple naît de la souffrance surmontée, du souci pour l'autre ; et ce couple ne prend de sens que dans l'ouverture à autrui, dans la communication de la joie à d'autres couples.

Contrairement à mon ami le père Varillon, contrairement à un ancien étudiant, Georges Liébert, devenu grand personnage de la vie musicale française, je n'ai pas été et ne suis pas « wagnérien ». En général, on ne comprend heureusement pas ce que chantent les

personnages. Le style est affecté, les allitérations for-
cées. J'aime le premier acte et la dernière scène de *la
Walkyrie*, des passages de *Parsifal* et de *Tristan*, mais
je suis plus souvent sceptique à l'égard des histoires
racontées. L'inceste dont naîtra Siegfried ne me gêne
guère, le fait qu'il soit ensuite l'amant de sa tante,
restée jeune même comme mortelle, me gêne davantage. Je me demande pourquoi il faut une erreur de
breuvage pour que Tristan et Yseut s'aiment et un
breuvage délétère pour que Siegfried oublie Brunhilde.
Le pire, c'est l'histoire de Lohengrin. Si Elsa avait
résisté à la tentation de lui demander son nom, le
vaillant chevalier du Graal, supposé pourchasser
l'injustice à travers le monde, serait resté père de
famille fixé au Brabant et le pauvre petit prince serait
resté cygne pour l'éternité ! Plutôt que wagnérien, je
me sens « brittenien ». Quelle soirée impressionnante
que la représentation, par Covent Garden, dans une
banlieue de Paris, de *The Turn of the Screw* (*Le Tour
d'écrou*) ! Dans une mise en scène très moderne, mais
belle et respectueuse, à l'Opéra Bastille, il y eut une
soirée magnifique avec *Billy Budd*. Et comment ne pas
être ému, hors opéra, par l'œuvre profonde qu'est le
War Requiem ?

Lohengrin a été le premier opéra auquel m'a
emmené ma mère avant la guerre. On chantait en
français, ce qui fait que le héros se frappait la poitrine
à la fin de son grand air :

> Mon père, Parcival, ceint la couronne,
> Et Lohengrin, son chevalier, c'est moi !

Je me souviens de Georges Thill en Lohengrin, de
José Beckmans en Rigoletto, d'André Pernet en

Méphisto dans *Faust*. Ces dernières années, le chanteur d'opéra préféré a, comme pour beaucoup, été et demeure Placido Domingo, même s'il cache son âge. Il était normal de fêter ses soixante-dix ans le 21 janvier 2011, puisque, selon le *Dictionnaire des interprètes* d'Alain Pâris, publié en 2004, il est né ce jour-là en 1941. Cependant, dans le *Guide de l'opéra*, même dans la réédition de 1995, il est bien né un 21 janvier, mais en 1934 ! Il n'en est que plus admirable de chanter encore aussi bien et de demeurer aussi rayonnant à 77 ans.

C'est cependant un tout autre chanteur qui a en quelque sorte marqué ma vie depuis les années 1950. En 1985, pour ses 60 ans (nous sommes nés la même année), un éditeur allemand publia, hélas à seulement cinq cents exemplaires, un volume en allemand, mais au titre français, *Hommage à Dietrich Fischer-Dieskau*. Ma lettre manuscrite (pour une fois lisible) qui y figurait commençait ainsi : « Vous ne me connaissez pas et je ne sais vraiment pas si un politologue français, qui ne sait même pas lire les notes, a le droit de vous fêter ici. Mais je voudrais vous dire combien vous avez accompagné ma vie en l'embellissant, en la transfigurant... » Pour moi, il a été unique, même si Thomas Hampson ou Thomas Quasthoff me semblent dignes d'être ses successeurs. Il n'a pas seulement été un merveilleux chanteur de *Lieder*, attaché à la lettre comme à l'esprit du texte, ne serait-ce qu'en faisant entendre les consonnes. Il a été un grand chanteur d'opéra, y compris pour des œuvres contemporaines, parfois écrites à son intention. Comme Domingo, il s'est fait chef d'orchestre. Et il a aussi donné des master-class, avec une ouverture d'esprit et un don de sympathie dont n'ont pas fait preuve, dans la même fonction, ni Elisabeth Schwarzkopf ni l'insupportable Sergiu Celibidache... Je pense cependant que Daniel Barenboim fait encore mieux que lui. Il n'interrompt pas le pianiste, puis reprend en disant simplement pourquoi, à son avis, telle mesure, telle note auraient pu être interprétées autrement, avec telle ou telle visée musicale. Il est vrai que si j'ai, à plusieurs reprises, proposé que le prix de la Paix soit attribué à Barenboim, ce n'était pas en tant que pianiste, mais comme chef d'un orchestre de jeunes Palestiniens et Israéliens. Et c'est le catalogue d'une exposition de photos de cet orchestre que j'ai eu la joie de préfacer. Si cependant on veut mieux comprendre lcs idées, les buts, les exigences de Fischer-Dieskau, on devrait regarder le documentaire télévisé que lui a consacré Bruno Monsaingeon. Personne d'autre ne sait si bien devenir ami d'un musicien avant de le filmer avec sensibilité et intelligence, sans jamais se mettre en image lui-même.

Peut-être est-ce parce qu'il est lui-même violoniste que Monsaingeon est devenu vraiment l'ami de Yehudi Menuhin, mon idole à la fois musicale et humaine. Les films qu'il a réalisés sur lui et avec lui sont passionnants et émouvants. Après la mort de Menuhin, Arte a publié un livre impressionnant de Monsaingcon, *Passion Menuhin : l'album d'une vie*. Même par rapport aux mémoires du violoniste et à celles de son père, l'ouvrage apporte des révélations. Ainsi, c'est un voyage avant guerre en Afrique du Sud et la découverte de l'apartheid qui lui a ouvert les yeux sur les souffrances des hommes. Il jouera dans les camps de réfugiés apatrides, pour les juifs survivants et aussi dans l'Allemagne en ruines... Il s'est un peu fâché avec son ami Casals qui, pour ne pas choquer ses admirateurs de gauche, refusait de le soutenir dans sa défense justifiée de Furtwängler. Il existe un beau film, *Le Voyage d'Isaac Stern en Chine*. Mais Stern se contente d'apporter la musique européenne aux jeunes Chinois. Menuhin, lui, rapporte d'Asie, surtout de l'Inde, de la musique orientale.

Mes relations avec lui ont été vraiment limitées, mais importantes pour moi. Comme pour Schiele, j'avais eu un coup de cœur immédiat pour la *Sonate pour violon seul* de Béla Bartók. Menuhin (il avait commandé l'œuvre à Bartók, qui était dans le besoin peu avant sa mort à New York) a joué la sonate à Paris. J'ai aussitôt cherché un enregistrement. Il n'y en avait pas de Menuhin. Je pris celui du Belge André Gertler, qui me parut assez semblable à ce que j'avais entendu. Quelques années plus tard, Menuhin revint et joua de nouveau la sonate. Je fus surpris parce que je ne la reconnaissais pas. J'ai alors écrit, en parfait inconnu, à Menuhin pour lui dire mon embarras. J'ai eu la fierté de recevoir une réponse me remerciant d'avoir remarqué, contrairement aux critiques, qu'il avait fortement changé sa conception de l'œuvre. Dans la suite, ma femme et moi avons eu la joie d'un dîner à trois avec Menuhin à Gstaad. Comme pour Martin du Gard, j'ai été heureux de pouvoir constater qu'il était conforme à l'image que j'avais de lui.

Comment en suis-je venu à la passion de la musique, sans avoir reçu, par la faute du système scolaire français, la moindre éducation musicale ? Mon père n'avait pas seulement emporté de Francfort les œuvres complètes d'Ibsen, de Goethe, de Schiller et de Heine. Il avait chargé le camion de déménagement de lourds albums de disques de 78 tours. Après sa mort prématurée, je me suis souvent isolé dans une petite pièce. J'ai passé les disques, plusieurs pour une symphonie de Beethoven. Beaucoup de Caruso, ce qui ne m'impressionnait pas trop. Le déclic vint du concerto pour violon dudit Beethoven, puis de l'*allegretto* de sa *Septième Symphonie*. Il y avait aussi le *Trio n° 1* de Schubert, auquel je suis resté fidèle, alors que les symphonies beethoveniennes ont fait place à ses derniers quatuors.

Je suis allé de plus en plus vers la musique de chambre. Je n'ai pas eu besoin du film *Barry Lindon* pour aimer le second mouvement du deuxième *Trio* de Schubert. Mais je reconnais que, comme tant d'autres spectateurs, je suis venu aux symphonies de Mahler (auparavant j'écoutais déjà régulièrement les *Kindertotenliedern*) par le *Mort à Venise* de Visconti. Contrairement à d'autres, je n'en ai pas seulement retenu le lent troisième mouvement de la *Cinquième*, mais je me suis trouvé incité à écouter la très longue *Troisième*, dont un chant est présent dans le film. Ma « trinité » n'en demeure pas moins Bach-Mozart-Schubert, avec pleine compréhension pour l'allégorie de Karl Barth : quand Dieu demande aux anges de lui jouer de la musique, ils jouent du Bach ; quand les anges sont entre eux, ils jouent du Mozart et Dieu vient écouter à la porte.

En fait, j'ai découvert la vraie grandeur de Bach tardivement, en partie grâce à notre quatrième fils. Paul a fait partie d'une manécanterie dès 8 ans. Il n'a jamais cessé de chanter comme baryton dans nombre de chœurs se consacrant à la musique baroque. Professeur de droit, il continue à aller aux répétitions et à participer aux concerts. Il nous a fait découvrir nombre de musiciens et de musiques du XVe au

XVIIIᵉ siècle. Händel et Monteverdi sont ainsi entrés dans notre paradis musical.

Ma femme profite aussi, depuis quelques années, d'un remarquable enseignement théologico-musical donné au Centre Sèvres par deux jésuites à la fois théologiens et musicologues – qui ont publié ensemble des livres savants sur Bach. Dix-neuf heures pour la Passion selon saint Jean, une autre année sur la saint Matthieu, puis sur la messe en *si*, puis sur des cantates ; plus récemment sur *Don Giovanni*.

Que m'apporte la musique ? D'abord la pure joie, par exemple les concertos de Mozart pour violon et pour piano (mais le vingt-quatrième appartient déjà à une autre catégorie). Ensuite la tendresse, très négligée et même méprisée dans notre société. Les sommets de la tendresse sont atteints, pour moi, dans l'*Incarnatus est* de la Messe en ut de Mozart et dans la berceuse *Schlafe, mein Liebster, geniesse die Ruh'* dans l'Oratorio de Noël de Bach. Et la *Heiterkeit*, déjà nommée, ce mot allemand qui signifie à la fois la gaieté et la sérénité. Parmi les œuvres que j'emporterais dans la célèbre île déserte, il y aurait assurément le quintette avec clarinette de Brahms et aussi celui de Mozart. Que voudrais-je ajouter ? De plus en plus de musique de chambre, malgré mon écoute admirative de grands chefs comme Claudio Abbado, Bernard Haitink et surtout John Eliot Gardiner. (Mais sûrement pas Karajan avec ses yeux théâtralement fermés et ses allures de star.) Sans doute aussi les derniers quintettes de Mozart, la *Sonate pour piano D 960* de Schubert jouée par Sviatoslav Richter et son quintette avec deux violoncelles. Pourquoi ce choix ? C'est qu'il s'agit alors non plus de simple jouissance musicale, mais de ma vie intérieure...

Le dernier alinéa de ma lettre à Dietrich Fischer-Dieskau disait :

> Vous n'êtes assurément pas à la fin de votre vie. Mais ce n'est pas la seule raison qui fait que vous devez faire effort pour entrer dans le lied de Schubert *Der Kreuzzug* [*La Croisade*] [...] [Pour le moine qui, de sa cellule, regarde les croisés monter dans leur vaisseau], « le voyage de la vie à travers les vagues trompeuses et le sable brûlant, c'est aussi une croisade vers le pays béni ». Dans votre vie, vous avez toujours pu éprouver la joie de procurer aux autres une pure joie, ce qui vous permet d'échapper au désert extérieur et intérieur, c'est-à-dire à la fois sortir de soi et atteindre la profondeur intérieure. Seule la musique nous donne cette double possibilité, grâce aux grands médiateurs que sont les interprètes.

5

Avec qui ? Mère, femme, chrétiens...

La mère et la femme

Au cours de ma vie, deux personnes seulement m'ont vraiment accompagné : ma mère et ma femme.

Mes parents et leurs deux enfants sont arrivés à Saint-Germain-en-Laye le 19 décembre 1933. Le 5 janvier 1934, je suis devenu élève de dixième du collège municipal. Le 1er février, j'ai eu 9 ans. Le 4, mon père en a eu 54. Dans la nuit du 6 au 7, il est mort d'une crise cardiaque. Le sanatorium pour enfants qu'il voulait créer est devenu un home d'enfants dirigé par ma mère. J'ai donc grandi sans père. Je savais peu de lui, mais, comme l'Ancien Cimetière n'était situé qu'à quelques mètres de l'école, je me suis rendu souvent sur sa tombe et la pensée de la mort m'a été très tôt familière. Elle n'a pas cessé de m'accompagner, non comme deuil ou comme crainte, mais avec la conscience qu'il me fallait bien utiliser le temps bref ou long qui me restait avant de disparaître.

De 1934 à 1959, j'ai vécu avec ma mère. Il n'y a eu que deux interruptions. Le 12 juin 1940, ma sœur et moi sommes partis sur nos vélos lourdement chargés pour fuir la Wehrmacht, et ma mère est restée pour veiller sa mère à elle qui, de Francfort, nous avait rejoints en 1938 et qui se mourait à l'hôpital de Saint-Germain. Elle a pu ensuite suivre l'exode avec des voisins et a fini par nous rejoindre à Saint-Raphaël, où ma sœur est décédée le 29 avril 1941. En août 1943, quelques jours avant la descente de la Gestapo (un Allemand accompagné de deux Français), je suis parti, en principe pour rejoindre le Vercors, mais sans trouver celui avec lequel j'avais rendez-vous, ce qui m'a sauvé la vie ! Pendant ce temps, ma mère se réfugiait à Cannes, comme adjointe d'une directrice de maison d'enfants. La directrice la faisait horriblement chanter. « Je sais que vos papiers sont faux. Si vous ne voulez pas que je vous dénonce, travaillez encore davantage et ne mangez pas plus ! » Nous nous sommes retrouvés après la Libération pour nous installer à Marseille, elle comme adjointe de la directrice d'un hôpital militaire, moi, après la fin de l'année scolaire à l'école Saint-Joseph, comme employé dans une entreprise de manutention sur le port, puis comme censeur miliaire des journaux régionaux. J'avais voulu m'engager dans la 1re Armée, mais un accident m'en empêcha : alors que j'étais à vélo, je fus renversé par un car. La poignée du frein me rentra dans le genou, ce qui me contraignit à marcher avec une canne et mit fin à ma carrière militaire.

Comme lieutenant assimilé, j'avais accès au mess des officiers. Il n'y avait pas grand-chose à manger dans le Midi au début de 1945. De plus, nous n'avions comme ressources que nos deux très faibles salaires. Ma mère est rentrée à Saint-Germain quelques mois avant moi, pour que je puisse achever mon DES à

Aix. En octobre, nous nous sommes retrouvés non pas dans la grande maison, mais dans une petite tourelle annexe qui avait servi de logement aux gardiens. La mort d'un oncle à Londres permit à ma mère de vivre et de me faire vivre pendant mon année de khâgne au lycée Condorcet (près de la gare Saint-Lazare où arrivaient les trains de Saint-Germain). À partir de 1948, alors que j'étais pensionnaire de la Fondation Thiers, elle devenait secrétaire (pour un mi-temps largement dépassé) du Comité français d'échanges avec l'Allemagne nouvelle dont j'étais le secrétaire général bénévole.

Dans sa *laudatio* pour mon prix de la Paix en 1975, Paul Frank, secrétaire général de la présidence de la République fédérale, dit : « Si elle vivait encore [elle était décédée en 1968], elle se tiendrait aujourd'hui auprès de son fils qu'elle n'a non seulement pas détourné de ses efforts, mais dont sa bonté lui avait donné la conviction inébranlable que sa voie était la bonne. »

Quelle a été la vie de cette femme durant les quarante-quatre ans qui séparent deux documents ? Le premier, signé le 24 août 1918, dit : « Sur ordre supérieur de Sa Majesté l'Empereur, la Commission générale des affaires relatives aux Ordres prussiens certifie que Sa Majesté a daigné accorder l'Ordre du mérite pour aide de guerre à mademoiselle Lily Rosenthal de Francfort. » L'autre porte la date du 23 janvier 1962 : « En reconnaissance des mérites rendus à la République fédérale d'Allemagne, le président de la République accorde à Madame Lily Grosser, France, le ruban de la Croix de l'Ordre du mérite [l'équivalent de chevalier de la Légion d'honneur] de la République fédérale. »

Jusqu'au début de la guerre de 1914 – elle avait alors 20 ans –, sa vie avait été celle d'une fille de banquier. Jusqu'à 18 ans, elle n'avait pas eu le droit de sortir sans sa gouvernante. Elle allait beaucoup à l'opéra et au théâtre. Elle notait les dates et les programmes sur un carnet à couverture de cuir. Il a été publié en partie par la *Frankfurter Allgemeine* pour montrer que la guerre n'avait pas interrompu la vie culturelle de l'arrière, avec le maintien des opéras français, *Carmen* et *Faust* (en allemand *Margarete*) en tête. Le carnet avait repris en 1919, après une interruption en 1918. Le fiancé de ma mère, Max Koch, était tombé au front. À ma naissance, mes parents ont décidé de me donner les prénoms de mes deux grands-pères (morts depuis longtemps quand je suis né), Alfred et Eugen, et d'y ajouter Max. Lorsqu'ils se sont mariés, en 1921, la famille de banquiers était ruinée. Ma tante Alice, beaucoup plus âgée que ma mère, avait reçu sa dot en marks-or. Ma mère eut une dot fort réduite en marks-papier. Comme mon père ne s'était installé comme pédiatre à Francfort qu'en 1919, l'argent était rare. Combien de fois ma mère et moi n'avons-nous pas ri d'une phrase qu'elle avait, à cette époque, adressée à son mari : « Quand on n'a pas d'argent, on va à la banque pour en chercher ! » À propos du temps de la grande inflation de 1923, elle me racontait : « Après chaque patient, ton père sortait de la consultation, me donnait l'argent et me disait : "Va vite acheter n'importe quoi. Cela aura perdu au moins la moitié de sa valeur demain." »

Puis ce furent l'émigration, la mort du mari, la nécessité, à moins de 40 ans, de se consacrer uniquement à son travail et à ses enfants (je n'ai compris que beaucoup plus tard quel renoncement à sa vie

de femme cela avait représenté), la fermeture du
home, la fuite devant les Allemands, la mort de sa
fille à Saint-Raphaël – et pourtant je n'ai jamais
entendu ma mère prononcer un seul mot de haine.
Comme Paul Frank l'a dit, elle m'a toujours incité à
m'engager encore davantage… Elle a aussi essayé, pas
toujours avec succès, de me préserver de la vanité.
Elle dactylographiait mes manuscrits et s'occupait du
Comité. Elle touchait un maigre demi-salaire, plus une
rente miniature d'indemnisation : un scribe allemand
avait décidé qu'elle n'avait pas pu prouver que la crise
cardiaque dont mon père était mort avait eu un rapport quelconque avec son émigration. Mais comme
nous habitions ensemble, les frais étaient limités.
Après sa mort, en septembre 1968, le prestigieux hebdomadaire *Die Zeit* a publié une longue nécrologie,
avec une photo prise à l'hôpital de Saint-Germain.
Paul Frank y disait que madame Paul Grosser était
décédée à Paris et qu'elle était sans doute inconnue
du grand public des deux côtés du Rhin. « Mais beaucoup de jeunes gens qui ont souhaité trouver un
échange en France ou en Allemagne se souviendront
d'elle avec reconnaissance. » Il racontait l'aide qu'il
avait reçue d'elle comme jeune diplomate à Paris en
1950. Lors du prix de la Paix, il allait définir le sens
de son travail : « Pour que la jeunesse du pays qui
lui avait pris deux de ses êtres les plus chers s'entende
avec le pays qui l'avait accueillie en libre citoyenne. »
Est-il besoin d'expliquer alors pourquoi mon verset
préféré des Écritures se trouve dans l'Épître aux
Galates (5, 22-23) : « Le fruit de l'esprit, c'est amour,
joie, paix, patience, bonté, bienveillance, foi, douceur,
maîtrise de soi » ?

Je crois que c'est le respect pour ma mère et celui qu'il m'a inspiré pour les femmes en général (loin des stupides explications psychanalytiques) qui ont fait de moi un garçon, puis un jeune homme réservé et même pudique. De plus, je m'estimais physiquement peu attrayant. Les jeunes filles me trouvaient intelligent et digne de confiance. Quelques mères auraient bien voulu m'avoir pour gendre. D'où des coups de téléphone comme : « S'il te plaît, sois gentil. Si ma mère te téléphone, confirme que tu vas bien sortir ce soir (ou que tu es bien sorti hier soir) avec moi ! » J'ai cultivé des amitiés avec des femmes beaucoup plus âgées que moi et qui m'ont beaucoup apporté. Avec des jeunes filles aussi. À partir de la définition que l'Alcmène de Jean Giraudoux, dans son *Amphytrion 38*, a donné au mot « amitié », face à Jupiter : « Tous les sens, sauf un sens. » Une fois seulement, en 1952, j'ai cru aimer vraiment, il y eut même liaison et fiançailles, puis j'ai rompu, devenu certain que ce n'était pas « elle ». Elle aurait dû être sereine, courageuse, intelligente et attrayante comme mes héroïnes préférées chez Racine (Monime dans *Mithridate*, Aricie dans *Phèdre*) ou chez Corneille (Laodice dans *Nicomède*) – et en même temps disposée à la poésie, telle, chez Giraudoux, l'Isabelle d'*Intermezzo*. Je n'allais la rencontrer qu'en 1957, tout en mettant quelque temps pour découvrir que c'était ELLE.

Le troisième cycle de la Fondation nationale des Sciences politiques avait ouvert le 1er octobre 1956, avec René Rémond et moi comme directeurs d'études et de recherches permanents, Maurice Duverger, professeur à la faculté de droit, et Jean-Baptiste Duroselle, professeur d'histoire à la Sorbonne comme « cumulants ». Une forte sélection a fait admettre une douzaine d'étudiants diplômés de l'IEP ou d'ailleurs un an après. Je notai que la promotion ne semblait avoir rien d'exceptionnel. Dans la répartition des tutorats, je devins le tuteur d'Anne-Marie Jourcin. Elle venait de réussir sa sortie de l'IEP, après avoir dû interrompre sa scolarité pendant une année. Le contrôle médical lui avait révélé qu'elle était atteinte de tuberculose et qu'elle devait partir en sanatorium. La maladie s'est développée rapidement, mais a aussi été stoppée très vite à La Tronche, près de Grenoble. Un nouveau médicament, le Rimifon, était fort actif, mais on ne savait pas encore que, associé au PAS, il avait des effets digestifs négatifs et durables. Plus tard, le fait d'avoir côtoyé des jeunes qui mouraient encore de la tuberculose a contribué à cimenter notre couple. Née en 1934, elle n'avait vécu la guerre que comme enfant, à s'occuper des cochons et des dindes dans une ferme de la Nièvre où elle était mieux nourrie, en temps de pénurie, que chez ses parents.

Je n'avais jamais voulu entamer une liaison avec une étudiante, de peur de détruire l'esprit de groupe. Cela valait déjà du temps de mon assistanat à la Sorbonne, que j'avais entamé à 26 ans. J'y avais souvent emmené les étudiants et étudiantes dont je m'occupais le plus en forêt de Saint-Germain – et résisté pendant quatre ans à quelques tentations. Au troisième cycle, les sorties ont continué, y compris pour écouter du Bach dans la maisonnette de Saint-Germain… À l'Institut, j'avais toujours appelé les étudiantes par leur prénom, ce qui n'a pas plu au directeur. Je répondis à sa remarque critique : « Préféreriez-vous que j'en appelle une seule par son prénom ? » Il ne répliqua pas. Cette fois cependant, un rapprochement se fit peu à peu.

Pendant un temps, j'ai invité Annie au café avec une de ses camarades qui a pu se tromper sur mon choix. (Elle deviendra beaucoup plus tard députée européenne.) Il devenait évident que nous allions bien ensemble, lorsque soudain, en février 1959, je lui ai dit que c'était fini. En fait, j'avais besoin de savoir avec certitude si, à 34 ans, c'était bien elle que je voulais épouser ou le mariage… La réponse que je me fis vite était évidente. Une évidence qui s'est maintenue depuis plus d'un demi-siècle.

Et nous nous sommes fiancés une semaine plus tard…

Annie a cru que c'était ma mère qui m'avait incité à rompre, la rupture ayant eu lieu après sa première visite à Saint-Germain. Elle se trompait, car ma mère m'avait vivement reproché mon hésitation : « C'est la femme de ta vie ! » La relation entre les deux femmes a été particulièrement chaleureuse pour deux raisons. Ma mère s'est retirée après le mariage et ne venait chez nous à Paris que quand ma femme l'invitait. Et les rapports de sa belle-fille avec ses propres parents manquant de chaleur, ma mère devint en quelque sorte sa seconde mère.

À l'IEP, à l'époque fort bourgeois et assez snob, Annie avait eu à souffrir de ses origines. Son père était dessinateur et peintre animalier. L'absence de vrais succès l'avait rendu amer. Sa mère était employée des PTT au service des renseignements téléphoniques. Elle se sous-estimait au point de n'avoir jamais accepté de promotion ni appris à conduire. Comme son mari n'aimait pas les enfants, Annie est restée fille unique. Comme son père lui a toujours reproché de n'être ni jolie ni intelligente, mes efforts pour la sortir de sa dévalorisation n'ont jamais été pleinement couronnés de succès. Sa mère était « basalpine » et Annie est née à Digne, ville proche du village de Marcoux, où le domaine Saint-Martin abritait le frère de sa mère, son épouse et leurs neuf enfants. Avant notre mariage, Annie n'avait jamais été à l'est de Paris, donc pas en Allemagne. Ses langues scolaires avaient été l'anglais, le latin et l'espagnol. Courageusement – puisqu'elle n'avait à la maison personne qui lui apprît l'allemand ! –, elle s'est inscrite à l'Institut Goethe et, au bout de quatre années, a obtenu le diplôme de la Chambre de commerce franco-allemande.

Le mariage a eu lieu à la mairie, le 9 juillet 1959. J'aurais été prêt, selon la religion de mon éventuelle femme, à me marier à l'église, au temple, à la synagogue. Les parents d'Annie étaient catholiques. Sa mère était quelque peu croyante, son père d'un anticléricalisme tel qu'il n'était pas entré dans l'église pour la première communion de sa fille. L'ami qu'était le père François Varillon avait été prêt à nous marier, mais quand nous lui avons dit que la promise était certes catholique, mais non croyante, il a décidé à juste titre que deux incroyants, c'était trop ! Mais il a baptisé ensuite nos quatre fils. Comme, en notre temps, la probabilité que quelqu'un passe de l'incroyance à la croyance est beaucoup plus faible que le passage inverse, je tenais à ce qu'ils soient plus tard libres face à leur père.

Je dirigeais la thèse d'Annie, entamée à la fin de sa seconde année de troisième cycle. Elle avait un beau sujet, pour lequel je me sentis compétent grâce à mes enseignements au Centre de Bologne de la Johns Hopkins University : « La politisation des grèves en France après 1945 », englobant donc les mouvements quasi insurrectionnels de 1947-1948. J'avoue que par ma faute, à la suite de la naissance, le 2 avril 1960, de notre premier fils, Jean, la thèse s'est trouvée définitivement interrompue... Cette naissance, malgré la méthode de l'accouchement sans douleur, fut difficile. Elle comprenait aussi une préparation pour le père, avec sa présence dans la « salle de travail ». J'ai ainsi vécu les quatre accouchements dans une sorte d'émerveillement et avec une profonde admiration pour la mère. Si celle-ci était prise en charge par le Dr Vellay, le nouveau-né passait vite dans les mains du remarquable pédiatre qu'était le Dr Guy Vermeil, fils de mon ancien directeur de thèse.

Pierre est né le 21 février 1963, presque trois ans après Jean. Au moment du mariage, nous avions projeté d'avoir trois enfants. Comme, à près de 40 ans, je me trouvais un peu trop vieux (j'oubliais que mon père avait 45 ans à ma naissance, son père aussi, ainsi que le père de son père ; ce qui fait que mon arrière-grand-père est né, m'a-t-il été dit, en 1800 !), j'étais donc hésitant. Je m'en suis ouvert à Jean Schlumberger. Du haut de ses 90 ans, il me parla sévèrement : « Il est honteux de ne pas faire confiance à la vie ! » Plus tard, j'ai expliqué à Marc, né le 28 février 1968, que son vrai père était en quelque sorte Jean Schlumberger. Mes beaux-parents ont fait quelques remarques acides à l'arrivée de ce troisième. Mais nos enfants avaient deux grands-mères parfaitement affectueuses. Un jour où ma belle-mère était particulièrement tendre avec Marc, j'ai dit : « S'il n'avait tenu qu'à vous, Marc n'existerait pas. – Comment pouvez-vous dire une chose pareille ? – Ne pas avoir le troisième, c'était bien ne pas avoir Marc. » Paul, le quatrième, conçu hors « planification », est né treize mois après son frère, le 6 avril 1969. Nous avons annoncé sa venue à ses grands-parents maternels au chevet de ma mère déjà hospitalisée. Devant la joie éclatante de l'autre grand-mère, mes beaux-parents n'ont rien osé dire. Elle est morte avant la naissance de son quatrième petit-fils. Eh oui, de nouveau un garçon ! Deux expériences me seraient donc refusées : éprouver des sentiments incestueux pour ma fille et la sortir à mon bras en essayant de la faire passer pour ma petite amie !

Dans les années 1970, Annie a redécouvert la foi… (Elle refuse mon explication : « C'est à cause de tous les prêtres que je t'ai fait rencontrer ! ») Elle a approfondi cette foi par des cours de théologie, d'histoire de l'Église, de bioéthique. Le tout aux facultés jésuites du Centre-Sèvres. Elle a aussi passé à la Catho, avec un professeur pasteur protestant, le certificat de grec néo-testamentaire. Comme Marc s'est intéressé au grec et à Homère dès l'école primaire (il a épaté instutrice et copains par un long exposé sur « les chevaux dans l'*Iliade* »), sa mère et lui, lors d'un voyage à Delphes, ont gambadé entre les tombes pour tenter de déchiffrer les inscriptions, pendant que j'étais contraint de parler à une réunion ennuyeuse sur l'Europe. L'une des raisons de l'intérêt de Marc était que ma femme faisait tous les soirs la lecture aux deux plus jeunes frères, au fil des ans, depuis *Sans famille* et *Capitaine Fracasse* jusqu'à *Quatre-vingt-treize*, *Les Misérables*, *Guerre et Paix*. Elle a aussi lu pour des aveugles, soit directement, soit en enregistrant des lectures diffusées par l'Association Valentin-Haüy. Les lectures à haute voix les plus récentes sont faites pendant des messes à l'église Saint-Ignace.

J'admire son engagement à l'aumônerie de l'hôpital Necker. Il ne s'agit pas de « convertir », mais d'écouter, de comprendre, si possible d'apaiser et d'encourager, d'abord en néphrologie adulte, puis en cardiologie pédiatrique, enfin, depuis neuf ans, en neurochirurgie pédiatrique. Les parents sont souvent dans la détresse parce que les enfants, depuis peu après la naissance jusqu'à l'adolescence, souffrent d'avoir été accidentés ou battus ou, plus souvent, atteints d'une tumeur au cerveau, parfois prise trop tard parce que le pédiatre avait attribué aux maux de tête une cause psychologique. La chirurgie fait des miracles, avec des opérations qui peuvent durer dix ou onze heures. On enlève les tumeurs (si elles sont cancéreuses, la route de l'éventuelle guérison passe par l'Institut Gustave-Roussy), on remodèle les visages grâce à des interventions très lourdes.

Opérations et traitements ne coûtent rien aux familles. Aucune clinique privée n'accepterait ces petits malades, d'autant plus que ces familles sont pauvres et souvent, horreur, immigrées et même musulmanes ! Ma femme est présente trois (maintenant deux) après-midi par semaine et rentre parfois très éprouvée, surtout après le décès d'un enfant.

Notre couple n'a pas été entamé par son *Sonderweg*, son chemin particulier. Voilà une dizaine d'années, j'ai parlé pour des banquiers allemands. Après la discussion, au moment de passer à table, j'ai demandé au peu sympathique président : « Puis-je d'abord téléphoner ? – À qui ? – À ma femme. – Pourquoi ? – Cela fait quatre heures que nous ne nous sommes pas parlé. – Depuis quand êtes-vous mariés ? – Depuis quarante ans, mais la lune de miel n'est pas encore terminée. » Je dirais la même chose aujourd'hui. J'en reste à ce que je disais pendant des décennies aux étudiants plutôt sceptiques et réticents : « L'amour, c'est la joie que l'on éprouve à la perspective de vieillir ensemble. » Le couple a toujours été une évidence. Nos fils disent aujourd'hui le regret que, enfants ou adolescents, ils n'aient jamais pu avoir le soutien de l'un contre l'autre. Et aussi, ce qui est plus sérieux, que, face à eux, nous aurions été trop « fusionnels. » Il est vrai que souvent, après un concert ou une pièce, nous leur disions : « Nous avons trouvé... » Mais assurément pas toujours. Et au cinéma, nous sommes certes assis côte à côte, mais sans montrer à l'autre si nous sommes dans l'adhésion ou dans le rejet.

Il est certain que ma femme souffre de mon athéisme et moi assurément pas du tout de sa foi. Nous disons souvent avec le sourire que nous appliquons le verset 13 du chapitre 7 de l'Épître de Paul aux Corinthiens : « Si une femme a un mari non-croyant et qu'il consente à habiter avec elle, qu'elle ne quitte pas son mari ! »

Avec et contre les Églises

La vie commune du couple serait moins facile si je ne coopérais pas constamment avec des institutions, des associations, des publications chrétiennes. Je n'élève pas d'objection contre le fait que l'on me considère comme une sorte de *fellow traveller*, de compagnon de route athée des chrétiens engagés. Je le redis : il existe deux communautés humaines dont je ne fais pas partie, mais à la vie, aux espoirs, aux déceptions desquelles je me sens, je me veux participant, et au sein desquelles je suis accepté comme tel.

Comme Français en Allemagne, comme athée dans le catholicisme français.

Au début des années 1950, des amis jésuites farceurs m'ont écrit trois lettres que j'ai d'abord prises au sérieux : au R. P. Grosser à *La Croix*, au pasteur Grosser à *Réforme*, au rabbin Grosser à *Évidences*, un mensuel juif pour lequel j'écrivais à l'époque. On savait que je connaissais mieux les Écritures que beaucoup de croyants. C'est ainsi que j'ai été invité à participer à deux soirées sur la Bible, l'une en 1990 à Saint-Germain-en-Laye, l'autre à Plaisir, près de Versailles, celle-ci devant un millier d'auditeurs. L'évêque de Versailles, le président de la Fédération protestante, un grand rabbin et moi, nous débattions sur l'Écriture pour eux sainte. Au cours du cordial entretien préliminaire, l'évêque dit qu'il avait apporté un texte qu'il aurait voulu lire au public. Le grand rabbin objecta qu'il aurait voulu présenter le même passage – que j'avais apporté moi aussi. Il s'agissait du « jeûne agréable à Dieu » (Ésaïe 58) :

> Est-ce là le jeûne que je préconise, un jour où l'homme se prive ? S'agit-il de courber la tête comme un roseau, de se coucher sur le sac et la cendre ?
>
> Le jeûne que je préconise, n'est-ce plutôt ceci : détacher les chaînes de la méchanceté [...] renvoyer libres ceux qu'on écrase et rompre tout joug ? Ne s'agit-il pas de partager ton pain avec celui qui a faim et de ramener à la maison les pauvres sans abri ?

Nous avons décidé que la lecture devait être faite par le grand rabbin, puisque sa religion était la plus ritualiste. Il accepta en souriant. Pour présenter ce débat, la revue *La Voix protestante* me demanda un article, « La Bible pour tous », dans lequel je présentais l'Écriture judéo-chrétienne comme un élément en principe nécessaire à toute culture « occidentale ». Je disais aussi mon admiration pour le livre de Job et celui de la Sagesse.

En France, ma situation est assez claire. En revanche, en Allemagne, elle est parfois difficilement comprise. Trois fois, j'ai participé à Lesneven, en Bretagne, à un séminaire de formation continue pour prêtres. Je leur parlais de politique et d'éthique. Lors de la messe quotidienne, ils se groupaient autour de l'autel. Je me tenais parmi eux, mais faisais un pas en arrière, pour que les hosties et le calice puissent passer devant moi. L'organisateur n'a manifestement pas été désapprouvé par l'Église, puisqu'il a été fait évêque peu après. En 1996, à une assemblée générale de l'Acat (association de chrétiens contre la torture), le président a introduit mon exposé en disant : « Alfred Grosser va nous dire ce qu'il attend d'une organisation chrétienne comme la nôtre. C'est un homme libre et nous sommes aussi des hommes et des femmes libres. » De même, je me suis senti fraternellement différent et accepté dans cette différence lorsque, en 1991, j'ai parlé de « morale avec Dieu, morale sans Dieu » pour l'assemblée générale des Amis de Madeleine Delbrêl, cette athée convertie vivant jusqu'à sa mort, en 1964, une vie de contemplation et d'action dans le milieu athée d'une banlieue ouvrière. C'est au nom d'une morale commune que j'ai pu contribuer à un numéro de la revue protestante *Foi et vie* consacré à la « théologie de la Libération ». Dans mon article « Remarques d'un non-croyant », j'ai osé prendre position à propos de la condamnation par Rome du mouvement sud-américain, la critiquant, mais disant aussi mon étonnement à la lecture, dans les textes des condamnés, de maint passage platement pseudo-marxiste.

Ma connaissance de la Réforme et de ses Églises a commencé par mon expérience d'éclaireur unioniste assistant au culte pratiquement tous les dimanches à Saint-Germain. Aussi mes lectures bibliques ont eu principalement lieu dans la traduction de Louis Segond (la version revue de 2002 est particulièrement réussie). Puis, à partir de 1948, ce fut ma collaboration avec l'hebdomadaire *Réforme*, à la demande de son directeur, Albert Finet, pasteur joyeusement ouvert à la société et à toutes les spiritualités. Mais j'ai été plus présent dans le protestantisme international et surtout dans l'allemand. J'ai été impressionné de voir combien d'Églises étaient réunies près de Vienne en mai 1994 pour la quatrième réunion plénière de la Concorde de Leuenberg. Dans mon discours « Politique et éthique dans et pour l'Europe aujourd'hui », je me suis montré un peu ironique à l'égard des points de doctrine très pointus que l'assemblée discutait et j'ai émis des critiques à l'égard du passé et du présent des Églises protestantes dans la société. L'accueil fut pourtant bon et mes « thèses » furent publiées en l'état. Que ce fût aux Journées Luther-Cajetan à Augsbourg ou pour ouvrir l'année de l'Académie évangélique de Tutzing, en Bavière, mes critiques (bienveillantes !) n'ont jamais soulevé l'indignation ni même la réprobation. Et la participation au *Evangelische Kirchentag*, en juin 2011, où j'ai parlé du domaine religieux dans l'espace séculier, m'a fait constater une nouvelle fois l'esprit d'ouverture et la pratique quotidienne de la fraternité qui sont la marque de ce rassemblement institutionnalisé d'une centaine de milliers de chrétiens.

J'ai pu rencontrer le même esprit d'ouverture du côté catholique, par exemple en parlant à un congrès de théologiens à Paderborn ou en dialoguant sur mon livre *Les Fruits de leur arbre : regard athée sur les chrétiens* avec le cardinal Sterzinsky, l'excellent archevêque de Berlin (cela, par manque d'autre salle disponible, au théâtre Maxime-Gorki !). En France, Mgr Jacques Perrier, évêque de Chartres (puis de Lourdes), m'avait envoyé le manuscrit de son livre *L'Abbé Stock (1904-1948)*. Je lui dis mes réticences – qu'il publia en annexe de son texte. Je trouvais que Franz Stock avait certes été admirable dans tout ce qu'il avait fait pour les détenus français, mais que, d'une part, il avait été en fonction à l'ambassade de Paris sans réagir contre le fait qu'elle était celle de Hitler, d'autre part qu'il s'était montré trop porté à chercher la conversion de résistants condamnés qu'il accompagnait à leur exécution. Le cardinal Lustiger ne m'avait, lui, pas tenu rancune de notre premier contact indirect. Un de ses collaborateurs m'avait téléphoné : est-ce que j'accepterais de relire la traduction d'un discours qu'il devait faire devant les évêques allemands ? Le lendemain, je répondis que la traduction était excellente, mais pas le discours. Il allait parler seulement de spiritualité, alors que les prélats allemands avaient besoin, selon moi, qu'on leur rappelle les nécessités de l'engagement social. Nous nous sommes retrouvés par hasard dans l'avion pour Cologne et j'eus droit à un récit passionnant de son enfance juive et de son adolescence, y compris le voyage en Allemagne que son père lui avait fait effectuer en 1935 pour qu'il apprenne l'allemand – tout en dissimulant qu'il était juif. Ultérieurement, je n'ai pas aimé la façon autoritaire dont il gouvernait son diocèse, mais j'ai toujours demandé en Allemagne si ce pays aurait été prêt à accepter un cardinal-archevêque affirmant hautement qu'il demeurait juif.

Un jour, il m'a été rapporté qu'un jeune prêtre avait dit à un évêque de l'Ouest : « Pouvons-nous espérer que Grosser se convertira ? » L'évêque a ri et répondu : « Surtout pas ! Il nous est bien plus utile comme cela ! » Il est vrai que je puis dire en défense ou à la gloire de l'Église ce qui serait mal accepté venant de ses rangs. En novembre 1971, pendant un synode des évêques à Rome, le rédacteur du *Monde* chargé des affaires religieuses n'était pas à Paris. Henri Fesquet était un catholique constamment critique de l'Église à laquelle il appartenait. J'ai demandé à Jacques Fauvet si je pouvais écrire sur le sujet. Mon article « La fin du concile. Le temps des incertitudes » est passé glorieusement en haut de la une. J'analysais le double phénomène du déclin – en prêtres, en fidèles – et d'un admirable développement intellectuel, moral, philosophique, théologique, spirituel. Des lettres de lecteurs s'étonnèrent de lire un article enfin équilibré. (La double évolution se maintient, malheureusement et heureusement, encore quatre décennies plus tard.)

Rien de ce qui touche l'Église catholique n'est respecté, alors qu'il ferait beau voir qu'on s'en prenne au judaïsme ou à l'islam comme on s'en prend au catholicisme. Ce n'est pas seulement que le début du ramadan soit largement commenté, alors que l'entrée en carême est ignorée. Je cite souvent le texte d'une pancarte fixée près du portail d'une petite église de la Sarthe : « La communauté chrétienne de la paroisse de Malicorne est heureuse de vous accueillir ici aujourd'hui. Elle vous demande de vous souvenir que, comme les synagogues et les mosquées, nos églises sont des lieux sacrés. » Je n'ai pas attendu les déchaînements de 2010-2011 pour demander qu'on veuille bien protester contre les persécutions subies par des chrétiens d'aujourd'hui, notamment au Proche-Orient. Et pour demander que l'islam connaisse un jour son Pie XII dont l'encyclique *Divino afflante spiritu* (30 septembre 1943) a autorisé et encouragé toutes les méthodes d'analyse des Écritures, et dénoncé les méfaits de leur lecture intégriste. Combien de fois aussi ai-je eu à déplorer le déclin des simples connaissances chrétiennes en tant qu'éléments de culture ? Il fut un temps où je faisais sourire les étudiants en leur lisant la phrase de François Mitterrand au Congrès d'Épinay, en 1971, cherchant à conquérir le parti auquel il venait d'adhérer : « Celui qui n'accepte pas la rupture avec l'ordre établi [...], celui-là, je vous le dis, il ne peut pas être adhérent du parti socialiste. » À la génération suivante, il a fallu expliquer pourquoi prêtait à sourire une formulation aussi évangélique qui montrait où il avait été élevé. Quand, aussi, la critique – fondée – du dogmatisme de Rome se fait trop unilatérale, je cite tel beau passage du *Catéchisme de l'Église catholique* rédigé à la demande de Jean-Paul II : « La pastorale commune des mariages mixtes doit encourager l'épanouissement de ce qui leur [les époux] est commun dans la foi et le respect de ce qui les sépare. » La persécution des protestants apparaît bien lointaine, même si, dans son texte *Dominus Jesus*, le cardinal Ratzinger avait montré, en 2000, son incompréhension pour les Églises protestantes !

En 2002, la revue *Christ in der Gegenwart* (*Christ en notre temps*) a publié en brochure le résultat d'une enquête. Dix-huit personnalités répondaient à la question : « Qu'appréciez-vous dans le christianisme ? » Ma réponse tenait en quatre points et une remarque complémentaire.

1. Il n'est pas d'autre religion qui place au centre de sa foi un Dieu qui s'est fait homme souffrant.

2. S'il n'y avait pas eu Paul, je ne pourrais pas considérer le christianisme comme s'adressant à tous les hommes… toute l'humanité comme un peuple.

3. Le christianisme que j'apprécie unit le vertical et l'horizontal. On a une vie intérieure de spiritualité et on agit au cœur de la société.

4. J'apprécie qu'on mène une vie que, dans la perspective de la mort, on ne gâche pas avec de l'inutile.

Remarque. – Si la question avait été : « Que n'appréciez-vous pas dans le christianisme ? », j'aurais eu aussi bien des choses à dire.

Au cœur de ces questions-là, deux comparaisons. L'une entre le catholicisme français et l'allemand, l'autre entre deux aspects du catholicisme en France, dont j'essaie d'aider l'un à résister à l'autre. Il existe évidemment aussi des différences en Allemagne. Le cardinal Meisner est, à Cologne, à la tête du plus riche diocèse du monde (celui de Boston ne l'est plus depuis qu'il s'est ruiné en indemnisations des victimes d'actes pédophiles). Il a coupé les vivres à la Karl Rahner Akademie des jésuites qui ne pensent pas comme il faut. En Allemagne, il conviendrait aussi de comparer catholicisme et protestantisme, numériquement à peu près à égalité. Ma formule – que je reconnais excessive – est que l'Église catholique interdit trop et les Églises protestantes pas assez !

La différence franco-allemande la plus importante concerne précisément l'argent. Les Églises allemandes reçoivent l'impôt d'Église, soit environ un supplément de 8 % à l'impôt sur le revenu. Contrairement au souhait de Rome, le catholique qui va se faire rayer du rôle est excommunié. En fait, chaque année, des centaines de milliers de protestants et de catholiques quittent leur Église – pas seulement pour ne plus payer. Mais la richesse demeure, tandis que la pauvreté est le lot de l'Église française. L'appareil administratif des diocèses de la région parisienne est inférieur à celui du moindre diocèse allemand. Un curé allemand est rémunéré comme un haut fonctionnaire. Le Français (sauf en Alsace) reçoit de 800 à 1 000 euros par mois, car le « denier du culte », volontaire, ne rapporte que peu. Et pourtant, en 2009, les prêtres de Lyon ont renoncé à une de leurs si maigres mensualités au bénéfice de l'action sociale dans leur ville. Pour moi, ils prenaient vraiment au sérieux les mots « humbles et pauvres » qui sont prononcés à chaque messe. De plus, la pauvreté de l'Église lui permet aussi l'indépendance. Au début des années 1950, le cardinal Feltin a été invité par le cardinal Frings à parler dans la cathédrale de Cologne. « En 1905, la séparation de l'Église et de l'État nous a été imposée. » Compassion sur les visages allemands. « Que pouvait-il nous arriver de mieux ? » Stupéfaction et incompréhension sur les mêmes visages !

Face à Rome, le vécu a été différent selon les époques. L'Église allemande a été à peu près préservée des rigueurs que Pie XII, dans les années 1950, a imposées à l'Église de France. Jean XXIII allait faire du jésuite Henri de Lubac et du dominicain Yves Congar, sanctionnés par son prédécesseur, des experts au concile créés ensuite cardinaux. Au moins aussi lourde a été l'interdiction faite aux prêtres-ouvriers de poursuivre leur mission, alors qu'ils voulaient précisément montrer au monde ouvrier qu'ils s'étaient engagés définitivement en son sein, ne serait-ce que pour excuser l'Église d'en avoir été absente au XIXe siècle. Certains ont quitté le sacerdoce, d'autres se sont soumis. Je garde en mémoire le sermon qu'a fait André Depierre lors d'une messe anniversaire de la mort d'Emmanuel Mounier. Son sujet était l'obéissance. Sans doute la messe la plus émouvante à laquelle j'aie assisté a été dite par le père Depierre sur une table de cuisine pour le mariage de deux travailleurs sociaux amis. C'est à cause de la pression des évêques que l'ACJF, l'Association catholique de la jeunesse française, regroupant JAC, JEC, JOC, JIC (agricole, étudiante, ouvrière, indépendante), s'est dissoute en 1956. Ses dirigeants se voyaient bien en Église, mais ne voulaient pas être « d'Église », avec un « mandat » fixé par l'épiscopat. C'est ce que, à l'époque, le pasteur Finet m'a demandé d'expliquer aux lecteurs de *Réforme*.

J'ai assisté aussi, avec l'ACJF, à la manifestation d'une autre différence franco-allemande. Une réunion commune des deux regroupements d'associations de jeunesse s'est tenue pendant les discussions, dans les deux pays, sur la Communauté européenne de défense. Les Français sont arrivés avec leurs aumôniers jésuites, voyageant avec eux en 3e classe. Ces aumôniers sont restés silencieux sur le sujet débattu : ils n'avaient pas à intervenir dans le domaine politique laissé à la liberté des jeunes. L'aumônier allemand, un évêque, est arrivé en Mercedes avec chauffeur et a immédiatement lancé un appel véhément en faveur du traité soutenu par le parti chrétien-démocrate.

En revanche, l'Église allemande a été beaucoup plus surveillée, beaucoup plus sanctionnée quand il s'est agi de l'interruption volontaire de grossesse. Dans le débat parlementaire sur la loi Veil, des catholiques parlant en tant que tels ont pu annoncer leur vote positif sans être sanctionnés par l'Église. Ainsi Hélène Missoffe, femme d'un ancien ministre, a pu dire qu'elle ne se sentait pas en droit de condamner les femmes dans le besoin et dans l'abandon qui ne bénéficiaient pas du confort dans lequel elle avait pu vouloir et élever ses huit enfants. Et Eugène Claudius-Petit, grand homme de la Résistance, a déclaré que, catholique, il réprouvait l'avortement, mais votait la loi pour sauver les femmes réduites aux dangereux avortements clandestins. En Allemagne, même les entretiens avec les femmes enceintes ont été interdits, alors que les consultantes avaient l'obligation légale de déconseiller l'IVG. C'est qu'il existait des bureaux catholiques de consultation dont l'existence même admettait la notion d'avortement, alors que les conseillères catholiques françaises agissaient dans des instances publiques. J'ai utilisé la comparaison en Allemagne pour faire, une fois de plus, l'éloge de la laïcité !

Cet éloge m'a paru nécessaire dès 1951. J'ai parlé à Lamorlaye, au nord de Paris, pour de jeunes jésuites français et allemands. J'ai affirmé que toute croyance en une vérité absolue comportait un risque d'intolérance. Les Français ont trouvé cette constatation évidente. Un jeune Allemand l'a contestée. Je lui ai demandé : « En cette période de pénurie de papier, si vous étiez répartiteur officiel, en donneriez-vous pour imprimer les œuvres de Jean-Paul Sartre ? – Bien sûr que non ! – Alors vous êtes intolérant. – Une mère qui voit son enfant jouer sur le rebord de la fenêtre et qui le laisse continuer, est-elle tolérante ou imprudente ? Hélas, il était simplement en avance au moins sur le titre de l'encyclique de Jean XXIII, *Mater et magistra* ! Pour les Français, le répartiteur exerçait sa fonction au sein de l'État laïque et n'avait donc pas à faire intervenir ses convictions personnelles. La question est encore d'actualité en Allemagne. Les Églises y bénéficient en effet d'un droit social interne échappant à la législation générale. Deux dignitaires protestants sont venus à Paris pour m'inviter à une conférence. Un dîner les a réunis avec deux pasteurs français et moi. Ils ont soutenu la situation allemande qui permet de licencier sans préavis tout salarié d'une Église qui quitterait celle-ci ou qui divorcerait. « Imaginez un salarié de la CDU qui serait socialiste ! » Dans un même rire, les trois Français ont dit : « Et alors ? » En 2010, la Cour européenne des droits de l'homme nous a donné raison. Elle a ordonné au diocèse de Essen de réintégrer un organiste qui avait quitté sa femme. Le diocèse a refusé, disant que c'était une affaire entre la Cour et l'État fédéral. Mais, en 2011, un tribunal du travail a décidé que le droit de grève devait être introduit dans les organisations religieuses.

Mais voici que, en février 2011, un vent de révolte souffle en Allemagne. Dans un long mémorandum, cent quarante-quatre théologiens allemands et aussi des Suisses et des Autrichiens, la plupart professeurs dans des institutions ecclésiales, soutenus par des hommes politiques catholiques, dont le président du

Bundestag, demandent que des hommes mariés et des femmes puissent accéder au sacerdoce, que la participation des laïcs soit renforcée, que l'Église pratique mieux la collégialité. Sinon, craignent-ils, les églises se videront encore davantage et le manque de prêtres ébranlera les fondements de l'Église catholique en Allemagne. Le cardinal Walter Brandmüller, retraité de la curie, publia une déclaration furieuse, déniant en particulier aux politiques, au nom de la séparation de l'Église et de l'État, de se mêler de religion. Le fort populaire cardinal Karl Lehmann répliqua vivement que, quel que puisse être le désaccord sur le fond, un tel ton était inadmissible.

En Allemagne, l'enseignement de la religion est, dans la plupart des *Länder*, obligatoire. Un élève ne peut en être dispensé qu'à la demande expresse des parents. En France, la guerre scolaire a été pratiquement terminée par la loi Debré de 1959. Les écoles catholiques font partie du « service public d'enseignement ». Elles doivent être ouvertes à tous. De fait, elles n'imposent plus la foi, elles la proposent. Certes, lorsqu'il a été question de réformer le système, un immense rassemblement de protestation a eu lieu à Versailles le 4 mars 1984. Mais le cardinal Lustiger y a dit, dans son discours :

> Vous n'êtes pas toute la France, mais ce soir, toute la France peut se reconnaître en vous quand vous tenez le langage de la tolérance et du pluralisme […]. Je m'adresse aux enseignants. Ceux de l'enseignement public comme ceux de l'enseignement privé […]. Je pense à ceux d'entre vous qui assument la mission d'être les éducateurs des plus démunis. Souvent ces jeunes sont dans leur famille la première génération scolarisée dans

notre langue. Quelle reconnaissance notre pays ne doit-il pas à ces enseignants ! Parents, enseignants, vous demandez la liberté et ses moyens pour l'école catholique. Devenez vous-mêmes plus chrétiens [...]. Vous n'avez à chercher ni un meilleur succès ni un pouvoir culturel.

Malheureusement, François Mitterrand capitula et sacrifia le bon compromis préparé par Alain Savary, ministre de l'Éducation nationale, muni des conseils de René Rémond et des miens, et par Pierre Daniel, président de l'Unapel, l'Union nationale des parents d'élèves de l'enseignement libre, tous deux poignardés dans le dos par leurs camps respectifs. J'ai refusé d'employer l'expression « enseignement libre », puisque je n'ai pas été, pendant quarante-cinq ans, au service d'un enseignement public ! L'esprit d'ouverture, on le trouve aussi aujourd'hui dans le fait qu'une partie de la formation des nouveaux imams musulmans, capables de prêcher en français, s'effectue à l'Institut catholique de Paris.

Cela ne veut pas dire que les églises françaises soient moins vides que les allemandes, ni que le manque de prêtres n'y soit pas aussi criant. Et dans les deux pays, sous ce pape-ci comme sous Jean-Paul II, les nominations d'évêques portent très majoritairement des conservateurs à la tête des diocèses. Mais nous n'avons pas de cardinal qui, comme l'archevêque Meisner, ait déclaré que, si l'industrie chimique allemande produisait la pilule du lendemain, ce serait analogue au Zyklon B fabriqué pour Auschwitz. En revanche, malgré l'engagement social et les écrits très clairs de nombre d'évêques français, nous ne disposons pas d'un livre aussi engagé contre le système économique et social dans lequel nous vivons que *Das Kapital* de Reinhard Marx, archevêque de Munich et cardinal, osant jouer sur son nom de famille pour écrire un livre sous ce titre ! Fort conservateur vers l'intérieur de l'Église, il se situe nettement à gauche du parti social démocrate dans ses analyses, au point de présenter une vision biaisée du passé, ce que je lui ai amicalement reproché. Au XIXᵉ siècle, il n'y aurait eu que des catholiques sociaux, tel Mgr Ketteler. Pie IX ne figure même pas à l'index et le lecteur non averti ne saura rien du terrible *Syllabus* de 1864 qui dénonçait comme erreur finale et fondamentale ce passage : « Le pontife romain peut et doit se réconcilier et transiger avec le progrès, le libéralisme et la civilisation moderne. »

Réuni à Lourdes, l'épiscopat français apparaît comme bien timide et ne communique nullement sur ses débats internes touchant pourtant à des sujets importants. En juin 1980, *La Croix* avait consacré sa dernière page à un entretien avec moi. Le titre était : « Que les évêques français parlent davantage ! » Et parfois leurs confrères allemands sont plus courageux qu'eux face au Vatican. Ils ont beaucoup plus fermement condamné la Fraternité Pie X, tandis que le cardinal-archevêque de Bordeaux se laissait imposer une implantation vraiment pas souhaitée. En revanche, la supériorité, à mes yeux, du catholicisme français est qu'il ne cherche pas, comme les Églises allemandes, y compris protestantes, à revendiquer une sorte de monopole chrétien de la morale. Un professeur protestant réputé de droit ecclésiastique, mon ancien étudiant et toujours ami Axel von Campenhausen, a écrit, dans le volume consacré aux Églises du plus répandu des traités de droit, que l'État moderne séculier manque d'une base philosophico-éthique commune.

Je lui ai demandé, en privé et publiquement, ce qu'étaient donc les droits exposés dans la constitution allemande, les textes fondateurs de la Cour européenne des droits de l'homme, la déclaration de 1789 et plus encore les raisons morales au nom desquelles nous condamnons tous Hitler et Staline. Je ne lui demande même pas d'aller aussi loin que le dominicain français Jean-Pierre Lintanf écrivant :

> La foi en Dieu n'est pas non plus nécessaire pour fonder une morale et la morale n'appartient pas aux Églises. Affirmer, comme Dostoïevski, que « si Dieu n'existe pas, tout est permis », c'est se faire une piètre idée de l'homme, de la morale et de Dieu.

Il est certain que si Benoît XVI connaissait une telle formulation, il la récuserait. Encore qu'il soit difficile de comprendre sa relation à l'humanisme non chrétien, tant elle est contradictoire. En effet, dans son encyclique de 2009, *L'Amour dans la vérité*, il parle d'abord de « la collaboration fraternelle entre croyants et non-croyants », pour terminer par : « L'humanisme qui exclut Dieu est un humanisme inhumain. » En fait, sa vérité est la Vérité, également au sein de l'Église. Dans son livre d'entretiens de 2010, *Lumière du monde : le pape, l'Église et les signes du temps*, à une question sur l'infaillibilité, il affirme que le concile de Vatican I « a défini la capacité [du pape] de prendre une décision ultime pour que la foi garde son caractère contraignant ».

Ce qui m'avait profondément choqué, en septembre 2006, dans son discours de Ratisbonne – et j'ai présenté ma critique dans la même ville quelques jours plus tard –, c'est qu'il avait dénoncé le recours de l'islam à la violence pour diffuser sa foi, comme si l'Église avait été, à travers les siècles, un modèle de tolérance. Au nom du Christ, elle a massacré, torturé, brûlé, alors que pendant des siècles, c'est l'islam qui a été tolérant, notamment dans l'Espagne d'*Al-Andalus*. Le premier grand texte catholique qui interdit la contrainte en matière religieuse date du 7 décembre 1965, avec la proclamation du document conciliaire *Dignitatis humanae*.

Benoît XVI ne pourrait-il pas simplement répéter ce que Jean-Paul II a écrit à la fin de sa vie, dans *Mémoire et identité : conversations au passage entre deux millénaires* :

> Les Lumières européennes n'ont pas seulement produit les atrocités de la Révolution française : elles ont eu aussi des produits positifs comme les idées de liberté, d'égalité et de fraternité, qui sont aussi des valeurs enracinées dans l'Évangile. Constater que ces processus d'empreinte des Lumières ont souvent conduit à une redécouverte en profondeur de vérités contenues dans l'Évangile est source de réflexions. Les encycliques sociales elles-mêmes le mettent en évidence, de *Rerum novarum*... à *Centesimus annus*.

Un tel texte me convient évidemment et ne pose aucun problème aux chrétiens qui m'ont servi ou me servent de modèles ou (et) d'amis.

De vrais chrétiens

D'un côté, je voudrais parler de ceux que, réels ou fictifs, j'admire sans les avoir rencontrés. De l'autre, ceux qui, amis, ont contribué à éclairer ma vie. En tête des premiers, un personnage composite, puisque l'excellent journaliste Olivier Le Gendre a recueilli la *Confession d'un cardinal* (2007) ayant les traits et les pensées de plusieurs éminences, dont assurément le cardinal Roger Etchegaray. Ce grand et beau livre aboutit à la définition de deux Églises, la vaticane avec ses pompes, et l'Église humble et pauvre des hommes et des femmes qui se mettent à hauteur des déshérités pour les servir. Dans la réalité, je citerai ceux qui, sans renoncer à leur fonction hiérarchique, ont été assassinés en témoins de leur foi engagée. Ainsi Óscar Romero, archevêque de San Salvador, assassiné en 1980, et Pierre Claverie, évêque d'Oran, assassiné en 1996. (Faut-il s'étonner du fait que ni l'un ni l'autre n'ait été canonisé ni même béatifié, alors que, mort en 1975, Josemaría Escrivá de Balaguer, fondateur de l'Opus Dei, a été proclamé saint dès 2002 ?) Du côté de la fiction, Mgr Myriel, évêque de Digne, dont la personnalité illumine tout le début des *Misérables*. Victor Hugo lui a attribué sa propre horreur de la peine de mort et la passion de l'instruction, en y ajoutant la bonté simple et sereine. Il lui fait dire :

La société est coupable de ne pas donner l'instruction gratis ; elle répond de la nuit qu'elle produit. Cette âme [d'un condamné] est pleine d'ombre. Le péché s'y commet. Le coupable n'est pas celui qui y fit le péché, mais celui qui y a fait l'ombre.

Lorsque l'évêque répond à un notable égocentrique et jouisseur, Hugo note : « Comme on voit, il avait une manière étrange et à lui de juger les choses. Je soupçonne qu'il avait pris cela dans l'Évangile. » Plus près de la réalité que de la fiction sont les moines présentés dans le film *Des hommes et des dieux* de Xavier Beauvois, sorti à l'automne de 2010. Leurs personnages sont pris dans la réalité et leur assassinat a été tristement réel. Le succès totalement imprévu de l'œuvre ne doit pas oblitérer la signification de leur sacrifice. Ils n'ont pas vécu en bénédictins reclus dans leur couvent, vivant dans le travail, le silence et la prière, plus préoccupés du Dieu du Royaume que du royaume de Dieu sur la terre. Au contraire, les moines de Tibhirine, profondément chrétiens, ont voulu être présents avec simplicité à la vie quotidienne des musulmans de l'environnement du couvent, partageant leurs joies et leurs peines, et soignant leurs corps.

Très réelle a été, jusqu'à sa mort en novembre 2010, sœur Myriam, prieure de la communauté (protestante) des diaconesses de Reuilly de 1974 à 1996, rédactrice de la règle de cette communauté vivant à la fois dans la contemplation et l'engagement social. D'elle, je n'ai connu que ce qu'en ont dit les témoins de son action et aussi un texte admirable sur la joie.

Mon livre *Les Fruits de leur arbre* est dédié « à ma femme, à la mémoire du pasteur Finet, à tous mes amis prêtres ». Ceux-ci ont été et sont nombreux. J'ai fréquenté les dominicains et me souviens d'avoir été impressionné au Saulchoir de parler devant tous ces prêtres vêtus (à l'époque !) de blanc. Au cœur de la petite communauté qu'a été Le Val Martel, en Côtes-d'Armor, Jean-Pierre Lintanf, si souvent prédicateur dans les messes télévisées, est resté un proche. Mais j'ai surtout été et suis encore « enjésuité ». Comme déjà dit, les aumôniers des mouvements de jeunesse de l'ACJF étaient jésuites. L'aumônier général adjoint était François Varillon, dont les livres sont constamment réimprimés, alors que, de son vivant, les théologiens de profession le trouvaient insuffisamment théologien. Il est d'ailleurs vraisemblable que, dans un passé pas si lointain, des ouvrages intitulés *La Souffrance de Dieu*, *L'Humilité de Dieu* n'auraient pas pu paraître, le *nihil obstat* leur aurait été refusé. Il n'a pas seulement, comme je l'ai dit, baptisé nos quatre fils, il a été un ami. Quand il venait de Lyon à Paris pour un week-end, il dînait chez les Rémond le samedi, déjeunait chez nous le dimanche et dînait chez les Duquesne. J'allais le chercher après une conférence faite à des industriels et je lui reprochais régulièrement sa timidité. On le rémunérait d'une sorte de pourboire, alors qu'il se ruinait la santé en parcourant la France, assis en troisième classe dans des trains de nuit pour ramasser, par des conférences sur la foi et sur la littérature, l'argent nécessaire pour la réparation du toit du Chatelard, la maison près de Lyon devenue centre de rencontres. Il admirait Mendès France encore plus que moi. « Comment va Mendès ? » était souvent sa première question. Nous étions en désaccord sur Wagner et sur l'homme Claudel. (Il avait consacré le plus clair de dix années à préparer et rédiger les notes, dans l'édition de la Pléiade, du *Journal* de Claudel. Il n'y avait pas eu de contrat. La famille Claudel et les éditions Gallimard lui ont donné avaricieusement 3 000 francs, soit environ 460 euros.)

Au Chatelard, il avait pour compagnon le père Jacques de Maurois, devenu ami depuis qu'il a reçu au téléphone, voici quarante-deux ans, l'annonce de la naissance de notre fils Paul. Varillon m'avait fait parler à Lyon, au centre jésuite de Fourvière. Après la discussion, un apprenti jésuite (cet apprentissage dure bien des années !) m'a tenu la jambe jusqu'à tard dans la nuit. Bien avant sa nomination comme provincial, Henri Madelin est devenu un fraternel ami. Plus récemment, cela a été le cas de Christof Theobald, Allemand de la province de France, théologien de plus en plus reconnu, musicologue et homme de grandes modestie et simplicité.

Mais il n'y a pas eu, il n'y a pas seulement les jésuites ! Mort malheureusement trop jeune, Jean-Pierre Gault a été camarade d'étude de ma femme. Il a fait sa thèse de troisième cycle sur *Témoignage chrétien*. Pour sa soutenance à la Sorbonne, son jury n'était certes pas antireligieux, puisqu'il se composait de René Rémond, Henri-Irénée Marrou et Gabriel Le Bras. Celui-ci, sachant que Jean-Pierre allait se faire prêtre et oubliant sans doute que la Sorbonne était laïque, a terminé son intervention de président du jury par un encourageant : « Continuez, mon enfant, à cheminer dans la voie du Seigneur ! »

Le prêtre qui m'a paru, qui me paraît le plus proche, selon moi, de la sainteté a été longtemps aumônier de l'hôpital Necker-enfants malades, avant de l'être à l'hôpital psychiatrique Sainte-Anne ; il s'appelle Joseph Charles. Je n'ai connu personne qui ait un plus grand don de compréhension humaine, un tel amour des autres, notamment de ceux que l'on appelle les aliénés, un tel sens (que j'envie sans pouvoir l'imiter !) de l'effacement de soi pour mettre l'autre en valeur. Mais le plus proche, rencontré par hasard, en 1984 à l'aéroport d'Athènes, est Christophe Le Sourt, en quelque sorte notre fils fraternel, aujourd'hui curé de la cathédrale du Mans et grand voyageur, les yeux ouverts, au Proche-Orient – en Palestine, en Israël, au Liban, en Syrie. C'est lui qui, si ma femme désire que j'aie des obsèques religieuses, présidera la cérémonie et, dans son sermon, présentera à la fois ma proximité et mon irréductible athéisme.

Parmi les non-prêtres, je citerai d'abord deux femmes. Je me sers souvent de l'une d'elles en évoquant son souvenir en Allemagne. Nous avions connu Élisabeth Cornille parce qu'elle assistait le père Le Gastelois, prêtre normand quasiment aveugle que j'avais « harponné » à la sortie d'une messe au cours de laquelle il avait admirablement prêché. J'ai découvert ensuite qu'elle avait créé, déjà vieille dame célibataire, une œuvre contre l'avortement. Si une jeune femme ou une jeune fille ne voulait pas garder le fœtus simplement par manque de ressources, l'œuvre lui proposait une aide à domicile de plusieurs années et la soutenait éventuellement dans la recherche d'un emploi. Elle agissait, sans le savoir, dans le sens du vote minoritaire du seul juge féminin du tribunal constitutionnel allemand. Celle-ci avait contesté, en 1975, la condamnation de l'avortement et l'énonciation du « devoir de porter jusqu'au bout » en demandant qu'on préconise plutôt une action sociale en faveur de celles qui avaient besoin d'aide. Élisabeth était aussi visiteuse de prison. Sa porte restait ouverte aux détenus après leur libération. À minuit, elle répondait encore à tout coup de sonnette et offrait, comme Mgr Myriel à Jean Valjean, le dîner et le souper. « Et si on vous attaquait, vous volait, vous tuait ? – Ce serait une belle mort ! »

L'autre femme était la secrétaire, en fait l'âme, de notre troisième cycle, à la foi profonde, mais non affichée. Françoise Kempf m'avait interdit de révéler, de son vivant, quelle part de son salaire passait dans de petits « prêts », jamais remboursés, accordés à des étudiants, surtout étrangers, financièrement en panne. Elle savait aussi écouter et revigorer, sans jamais prétendre à la reconnaissance de son rôle.

J'ai connu René Rémond en 1949, en lui demandant un article pour mon bulletin *Allemagne* sur une rencontre de jeunes catholiques à laquelle il venait de prendre part comme vice-président de l'ACJF et ancien secrétaire général de la JEC. Pendant nos années communes au cycle supérieur de Sciences Po, notre coopération a été intense, avec une entente qui nous permettait de tomber rapidement d'accord sur les programmes, les projets et l'évaluation des étudiants. En 1951, au cours d'un voyage aux États-Unis où je représentais l'Unesco à la *World Assembly of Youth*, je me suis lié à un autre secrétaire général de la JEC, Jean Boissonnat, à l'époque un peu chien fou, depuis lors journaliste et économiste réputé. Jacques Duquesne, autre journaliste jéciste, mais aussi romancier et auteur de livres religieux pas toujours loués au sein de l'Église, est aussi, depuis des décennies, un « proche ». Mais le véritable ami a été Roger Lavialle. Nous nous sommes rencontrés lors d'une autre rencontre franco-allemande. J'y participais au nom de l'Unesco, lui comme président de l'ACJF. Nous avons constaté que chacun des deux aurait pu parler pour l'autre. Roger venait de la JOC à laquelle il devait presque tout. Fils d'un ouvrier de chez Michelin – mort jeune des émanations de caoutchouc –, il avait fréquenté à Clermont-Ferrand l'école primaire Michelin. Sa formation intellectuelle et culturelle, son aptitude à organiser et à commander, il les avait acquises par la JOC. Il est devenu plus tard un grand patron de presse, à Bayard-*La Croix* d'abord, à *Ouest-France* ensuite. C'est lui qui m'a ouvert les portes de

La Croix en 1955. Avant sa mort, en mars 2010, il aura malheureusement vécu pendant des années assez affaibli par la maladie, sans jamais pour autant renoncer à l'ensemble de ses activités…

Il me faut cependant revenir aux prêtres. D'abord en tant que Costarmoricain. À partir de Pleslin et de Dinan, nous avons vraiment lié amitié avec André Raffray, devenu curé de Pleudihen, sa première paroisse après l'ordination. À la fois simple et profond, ayant une compréhension particulière des enfants, il est devenu parrain d'une de nos petites-filles qui a demandé le baptême, alors que ses parents, fort incroyants, ne l'avaient pas fait baptiser. Implantés dans le diocèse de Saint-Brieuc, nous avons aussi fait la connaissance d'un évêque modèle, Lucien Fruchaud, ouvert, proche des gens, à la fois organisateur et animateur. Il était fort différent d'autres évêques de Bretagne et des Pays de la Loire. Un petit miracle s'est produit en 2010, puisque, ayant atteint la limite d'âge, il a eu pour successeur un évêque de même qualité.

Je dois enfin faire une place particulière à un archevêque. J'ai travaillé avec Hippolyte Simon quand il était vicaire général à Coutances. En décembre 1994, nous avons organisé ensemble les trois journées commémoratives du débarquement dont il sera encore question. Lorsqu'il est devenu archevêque de Clermont-Ferrand, notre contact s'est maintenu. C'est lui qui avait accepté de faire un compte rendu des *Fruits de leur arbre* dans *La Croix*. Pourquoi fut-ce un texte positif et quasiment fraternel ? En partie parce que je citais un de ses livres, *Vers la France païenne ?* (1999), dans lequel il disait, quasiment en connivence avec moi :

Ce serait une erreur funeste que de vouloir constituer une croisade des croyants contre les incroyants ou même une sainte alliance des religions contre les agnostiques et les athées. Le critère de discernement n'est pas ici la croyance proclamée. C'est l'attitude à l'égard de tout homme blessé qui, si l'on peut dire en l'occurrence, fait foi.

Aujourd'hui vice-président de la Conférence des évêques de France, il est notamment intervenu sur la question de la liberté religieuse dans un texte intitulé « Le dialogue interreligieux suppose et exige l'État de droit ». Pour lui, « la liberté religieuse n'est pas un problème religieux, mais bel et bien un problème politique ». Il reconnaît que « nous autres catholiques, nous n'avons reconnu officiellement la liberté religieuse qu'à l'occasion du concile de Vatican II. [Mais] les erreurs et les omissions des uns n'ont jamais justifié les erreurs et les omissions des autres »...

Après ces nombreux exemples et les noms de ceux qui, dans l'Église catholique, ont le plus compté pour moi, la formule que j'entends si souvent, mais que je rejette énergiquement, est-elle justifiée ? « Tu es [ou il est] un chrétien qui s'ignore. » Oui, je suis plein de respect et d'admiration pour des gens qui vivent vraiment dans leur foi et de leur foi et je partage avec eux une morale largement commune. Mais c'est précisément parce que je n'ai jamais eu la tentation d'être « séduit » que l'athéisme m'a toujours été naturel, que j'ai pu vivre aisément ces compagnonnages ; et constater que, sauf sur ce qui est essentiel pour eux, mais pas pour moi, ce sont les chrétiens engagés qui se sont plus rapprochés de moi que moi d'eux, tant certaines formulations de la foi chrétienne ont évolué.

6

Mon athéisme, la souffrance et la mort

Athée et non agnostique

Le Credo n'a pas changé. Mais que d'interprétations nouvelles qui, en d'autres temps, auraient valu le bûcher aux interprètes ! Ainsi pour la notion de salut. Quand je me veux amicalement ironique, je dis que le chrétien est peut-être sauvé plusieurs fois. Par l'alliance de Dieu avec Abraham, qui place sa descendance dans une situation particulière, par l'« alliance nouvelle et éternelle » scellée par la mort de Jésus, puis par le baptême – pour ne plus trop savoir ensuite si ce sont ses actions ou la seule grâce de Dieu qui le sauveront. Avec un jugement divin en suspens pendant sa vie ou porté de tout temps. On n'imagine plus un Fénelon écrivant : « Je sais que le nombre des non-prédestinés [au salut] est incomparablement plus grand que celui des prédestinés [...]. Il y aurait à parier cent contre un que je ne me trouverai point du petit nombre des prédestinés. L'incertitude doit suffire pour causer le plus intolérable tourment quand il s'agit d'une décision telle que celle du salut... »

Aujourd'hui, on lit, à l'item « SALUT » des *50 mots de la foi : l'essentiel du vocabulaire chrétien*, dans les cahiers « Croire », « Vivre, comprendre et transmettre la foi » : « Le salut, c'est la résurrection qui rend le goût de vivre et d'aimer, le bonheur de servir Dieu et les hommes. » Et l'un des grands doyens de la théologie, le jésuite Joseph Moingt, né en 1915, dans son récent livre *Croire quand même : libres entretiens sur le présent et le futur du catholicisme* (2010), écrit : « S'il nous est demandé de croire en Dieu, c'est qu'il n'est pas évident que Dieu soit. » Je puis comprendre son appel à un « humanisme évangélique », sa référence à Emmanuel Levinas résumant la Bible en « Tu te dois à autrui », et je trouve courageux de dire : « L'avenir de l'Église : à supposer que les chrétiens se détachent suffisamment des formalités traditionnelles de la religion, propres à toutes les religions, fondées sur le culte, pour orienter leur foi davantage vers le service d'autrui en particulier et de l'humanité en général. » La nouvelle formulation ne résout pas pour autant le problème de l'intervention de Dieu dans les destins individuels. « Que ta volonté soit faite et non la mienne » : tout ce qui advient relève-t-il de l'action d'un Dieu s'occupant de milliards d'individus ? Je trouve magnifique l'une des lettres que Helmuth von Moltke, résistant à Hitler, envoie de sa prison à sa femme, dans l'attente de son exécution : « Je suis prêt et résolu à me confier à la conduite de Dieu, non pas contraint, mais dans la joie, en sachant qu'il veut le meilleur pour moi et pour toi », mais je ne comprends guère cette attitude qui attribue à la volonté de ce Dieu tout ce qui advient.

L'attitude à l'égard de l'athéisme a évolué, sinon dans les Églises, du moins chez certains de leurs membres. En France, je ne vois pas qui pourrait encore écrire, comme l'a encore fait un évêque protestant allemand en 2003 : « Il nous faut considérer les athées avec bienveillance. Notre tâche est de gagner les athées invétérés (*eingefleischt*) à la foi chrétienne et à l'Église. » Dans les *50 mots de la foi*, en revanche, on lit à l'item « ATHÉISME » : « L'athée, par les questions qu'il pose au croyant, aide celui-ci à faire le patient travail de débroussaillage sur la voie de Dieu. » Il peut cependant être difficile pour le croyant d'être en dialogue sur un point essentiel. François Varillon, dans son livre le plus lu, *Beauté du monde et souffrance des hommes* (1980), se voit proposer par son interlocuteur, Charles Ehlinger, la formule :

> Rencontrer l'incroyance, surtout l'incroyance paisible, réfléchie, valorisée, donc une différence profonde avec ce que je sens, veux et pense, me met dans l'insécurité, introduit le doute dans ma propre certitude.
> [Il répond.]
> Je me dis : « Ils sont comme ça. » Et j'ai beaucoup de peine à croire qu'on puisse être comme ça. Leur position n'est pas celle d'un sens ultime de la vie, à l'existence ; ils croient qu'il n'y en a pas. Je ne suis pas comme eux, mais je ne peux guère leur dire autre chose, car s'ils ont cette position-là, c'est qu'ils sont allergiques à un discours qui les persuaderait que la question de l'homme est celle du sens ultime et englobant. Dans la mesure où ils le nient, que voulez-vous que j'y fasse ?

Effectivement, il n'y a pas pour moi de « sens ultime ». Je ne suis pas agnostique, c'est-à-dire dans l'incertitude (surtout quand on emploie le mot « agnostique » pour ne pas recourir à l'horrible mot

« athée », un peu comme on parlait d'« israélites »
pour ne pas dire « juifs »). Ma certitude que les dieux,
y compris le Dieu des « trois religions du Livre », sont
une invention des hommes n'a jamais été ébranlée. Je
ne suis pas non plus « incroyant », puisque, comme
tous les chapitres de ce livre l'ont montré, je crois à
beaucoup de choses. Et mon athéisme est plus réel,
plus ferme que celui d'un athée reconnu et autopro-
clamé comme Albert Camus. Dans *La Peste*, il fait
dire au docteur Rieux : « Je refuserai jusqu'à la mort
d'aimer cette création où des enfants sont torturés. »
Il dit lui-même, dans une conférence faite à des dominicains : « Je partage avec vous la même horreur du
mal. Mais je ne partage pas votre espérance et je conti-
nuerai à lutter contre un univers où des enfants souffrent et meurent. » Pour moi, la notion de création
et celle d'univers ne fait pas sens et la souffrance,
même celle des enfants, n'a aucune dimension métaphysique. Il s'agit simplement d'aider les souffrants
et de combattre ceux qui font souffrir.

Les hommes existent depuis quelques millions
d'années, l'univers depuis nombre de milliards. La
notion de création *ex nihilo* m'est aussi incompréhensible que celle d'une fin, d'un « dernier jour. » J'aimerais que les croyants aient une meilleure idée de
l'éternité, notamment quand ils disent « dans le siècle
des siècles ». L'histoire des hommes occupe un
moment infinitésimal dans l'écoulement du temps
dont parlent, par exemple, les géologues. J'aime un
petit apologue : « Imaginez un rocher un million de
fois plus grand que le soleil. Au bout de chaque million d'années, un petit oiseau vient frotter son bec à
ce rocher. Lorsque son frottement aura fait disparaître

le rocher, une fraction de seconde d'éternité se sera écoulée. »

Dieu est, selon moi, créé par les hommes qui le parent des pouvoirs ou des vertus qui correspondent à leur morale du moment. Tantôt il intervient dans l'histoire, tantôt non. Aujourd'hui, chez les chrétiens, il est tout amour. Dans l'item « ATHÉISME », les auteurs des *50 questions* décrivent le Dieu qu'ils rejettent ensemble avec les incroyants : « Un Dieu qui dicte l'histoire des hommes. Un Dieu aliénant qui prive le croyant de toute liberté, qui l'enferme dans la prison de dogmes et d'interdits. Ce père sans miséricorde qui surveille les hommes pour les punir n'est pas notre Dieu. Il en est la contrefaçon, l'image inversée, la perversion. » L'évolution de la morale la plus insérée dans les sociétés, on pouvait la percevoir dans le beau film *Joyeux Noël* de Christian Carion (2004). Pendant la nuit de Noël de 1914, des soldats allemands d'un côté, écossais et français de l'autre, sortent de leurs tranchées pour une commune messe de minuit. Le célébrant écossais vit le plus beau moment de sa vie et tous les spectateurs partagent son émotion. Survient son évêque qui le réprimande, le chasse et prononce un sermon de haine – comme tous les évêques français et allemands pendant la guerre, alors que seul le pape Benoît XV et des hommes comme Romain Rolland veulent arrêter le massacre de chrétiens par d'autres chrétiens. Quand j'accompagne ma femme à la veillée de Pâques, je sursaute à chaque fois que la bonté de Dieu est prouvée par la mort par noyade des cavaliers et des chevaux égyptiens, alors qu'il a été dit que Dieu avait endurci le cœur du pharaon et qu'il aurait donc pu l'adoucir. À travers les Psaumes comme dans tant de prières d'aujourd'hui, il est demandé assistance à Dieu contre l'ennemi, souvent des deux côtés du combat.

La prière, à mes yeux, fait problème dès lors qu'il s'agit d'une demande, même si l'Évangile dit : « Demandez et vous recevrez. » Prière pour la pluie chez l'agriculteur, pour le soleil chez le vacancier : heureusement, les prières ne sont pas de cet ordre chez les chrétiens vraiment chrétiens. La formule qui fait sens pour moi est celle que François Varillon avait empruntée au père Fontoynont : « Être exaucé, c'est être exhaussé », surtout quand on a, grâce à la prière, accédé à un état humain supérieur ou, selon moi, à un approfondissement. Et, si Dieu est vraiment bonté, je comprends mal toutes les prières d'intercession, adressées à la Vierge et aux saints, telles qu'elles figurent notamment dans l'ordinaire de la messe. Quant aux prières adressées directement à la Vierge, fût-ce pour une réussite à un examen, elles relèvent, à mes yeux, de la superstition ou de la tradition des cultes de la déesse-mère.

Ici, il me faut tenter de répondre à une critique qui m'est assez souvent faite du côté chrétien : je jugerais les croyants avec une certaine condescendance. Je réponds toujours – et je suis assez certain de ma réponse – que ce n'est pas le cas, que mon incompréhension n'exclut jamais l'égalité ni l'admiration. En effet, il s'agit bien d'incompréhension. En août 2010, *La Croix* a consacré une page entière au théologien jésuite Gustave Martelet. Né en 1916, il a, pendant des décennies, pensé, écrit, prêché avec intelligence et chaleur. Avec une participation critique à la vie et à l'évolution de l'Église. Avec une foi inébranlable en Dieu, en l'incarnation, en le Christ, en la résurrection. Monte alors en moi la question : comment un tel homme peut-il tenir tout cela pour vrai et édifier sa vie sur la base de cette foi ? Je m'interroge ainsi pour beaucoup de croyants avec sérieux et même gravité. Beaucoup accèdent à l'autre, au prochain, en se sentant aimés par Dieu (ou le Christ). Pour ma part, je n'ai jamais éprouvé le besoin d'un tiers entre l'autre et moi. Et si ce troisième est supposé non plus extérieur, mais intérieur à la relation, je ne vois pas en quoi cette sorte de panthéisme pourrait m'être utile.

Beaucoup d'enfants posent encore la question traditionnelle : « D'où vient le mal ? » La vieille réponse attribuait la responsabilité à Satan, sorte d'antagoniste de Dieu. Puis de nombreux confesseurs ont répondu : « Bonne question. Quelle est la suivante ? » Aujourd'hui, le croyant tente de répondre de façon satisfaisante. Pour moi, c'est un effort sans bonne issue possible, car je ne vois pas ce qui pourrait rendre fausse la formulation empruntée par Anatole France aux philosophes grecs :

> Ou Dieu veut empêcher le mal et ne le peut, ou il le peut et ne le veut, ou il ne le veut et ne le peut ou il le veut et le peut. S'il le veut et ne le peut, il est impuissant. S'il le peut et ne le veut, il est pervers. S'il ne le veut et ne le peut, il est impuissant et pervers. S'il le peut et le veut, que ne le fait-il ?

Le chrétien prie : « Délivre-nous du mal », et dit : « Toi qui enlèves le péché du monde. » Attribuer le mal au péché de l'homme, c'est d'abord méconnaître ce que Voltaire disait déjà à propos du terrible tremblement de terre de Lisbonne : quelle part de culpabilité humaine dans une telle catastrophe naturelle ? Beaucoup trop de gens croient encore que leur souffrance résulte d'une punition divine. Ma femme entend souvent à l'hôpital : « Qu'ai-je donc fait au bon Dieu pour qu'il me prenne mon enfant ? » Elle répond que Dieu ne veut jamais le mal. Mais alors d'où vient celui-ci ? Trop souvent, on en est à attribuer à Dieu ou à Marie des interventions salvatrices, à l'exclusion des malfaisantes. Au cours d'un voyage à Karlsbad, on montre une statue de la Vierge à Clemenceau : « En reconnaissance d'avoir arrêté la peste. » Il regarde autour de lui. « Que cherchez-vous ? – La statue pour commémorer qu'elle ait permis que la peste ravage votre ville. » La question du pouvoir et du non-pouvoir a été posée par Jean Cardonnel, un dominicain agressif dans les colonnes du *Monde*, en juin 2000, à propos de Jean-Paul II révélant le troisième secret de Fatima, à savoir que la balle de l'attentat ne l'avait pas tué :

> Un Dieu qui pense à révéler en 1917 que les chrétiens seront persécutés et qui ne parle pas de la Shoah et des six millions de Juifs n'est pas un Dieu crédible [...]. Il m'est intolérable d'entendre que la Sainte Mère de Dieu ait pu détourner les balles faites pour tuer le pape, alors qu'elle n'aurait pas levé le petit doigt pour arrêter l'extermination des Juifs et la traite des Noirs...

Les malheurs des hommes, faudrait-il les accepter comme Job répondant à sa femme lui demandant de maudire Dieu ? « Tu parles comme une folle. Si nous accueillons le bonheur comme un don de Dieu, comment ne pas accepter de même le malheur ? » Je comprends mieux – pas seulement parce que j'en suis conforté dans la conviction d'une certaine inutilité d'un Dieu, même quand on évoque la notion de transcendance – une formulation comme celle de Gustavo Gutiérrez, l'un des initiateurs de la théologie de la libération, dans son livre *Job : parler de Dieu à partir de la souffrance de l'innocent* (1987) : « Une théologie qui n'est pas troublée par la souffrance incompréhensible existant dans le monde devient contestable. » Le mot est celui qu'a employé Jacques Sommet, jésuite qui a survécu à Dachau, dans son beau livre *L'Honneur de la Liberté*, paru la même année. Après avoir évoqué les charniers, il écrit : « La seule voie possible […], c'est précisément la relation à Dieu, à un Dieu incompréhensible. L'abandon à l'incompréhensible de Dieu reste souverainement possible. »

Ce Dieu, juifs et chrétiens le connaissent-ils par l'Écriture ? J'avoue ne pas comprendre les contradictions chrétiennes. D'un côté, le texte *Dei verbum* de Vatican II dit : « Les livres de l'Écriture enseignent nettement, fidèlement et sans erreur, la vérité, telle que Dieu, en vue de notre salut, a voulu qu'elle fût consignée dans les saintes lettres. » De l'autre, *Divino afflante spiritu* a affirmé dès 1943 :

[La lecture fondamentaliste] tend à traiter le texte biblique comme s'il avait été dicté mot à mot par l'Esprit et n'arrive pas à reconnaître que la Parole de Dieu a été formulée dans un langage et une phraséologie conditionnée par telle ou telle époque […]. Souvent le fondamentalisme historise ce qui n'avait pas la prétention à l'historicité [et ne porte pas] la nécessaire attention à la possibilité d'un sens symbolique ou figuratif.

Le résultat de toutes les recherches fait écrire à Joseph Moingt :

Quand les historiens nous apprennent que les récits des cinq livres bibliques appelés le Pentateuque ont été composés très tardivement, après le retour d'exil du peuple de Juda, sur la base de légendes, de souvenirs et de traditions, dans le but de doter ce peuple d'une histoire qu'il n'avait pas, on n'a plus aucune preuve qu'Abraham et Moïse aient jamais existé.

Et évidemment Adam non plus, ce qui réduit fortement la notion de péché originel telle qu'elle est encore utilisée par Benoît XVI dans *Lumière du monde*, lorsqu'il dit : « La structure de l'homme est fondée sur le péché originel. » Pour moi, il existe chez les chrétiens une sorte de contradiction fondamentale. On accepte les Écritures comme vraies parce que la Vérité s'y exprime, et on sait que la Vérité s'y exprime puisqu'elles sont vraies. Dans les Évangiles, aucune phrase n'est assurée, mais à chaque messe, on entend « Parole du Seigneur ». Qui donc, par exemple, a entendu les paroles prononcées par Jésus pendant que ses disciples dormaient ?

Pour moi, juifs et chrétiens devraient se réjouir des résultats de l'examen critique. Si le Pentateuque décrivait la réalité historique, le peuple hébreu aurait commis la première « épuration ethnique », les premiers génocides en arrivant au pays de Canaan. Et quels massacres monstrueux perpétrés à Jéricho ou à la fin du Livre d'Esther ! Dans le Nouveau Testament, l'antijudaïsme de l'Évangile de Jean, référence de tant d'antisémitismes, s'explique par des rivalités entre groupes du Ier siècle plus heureusement que comme une accusation collective de déicide. Mais, en même temps, rien alors, selon moi, ne vient justifier l'idée d'un Dieu trinitaire, tel qu'il a fini par être proclamé tardivement en 451 par le concile de Chalcédoine.

Dans la perspective des libertés d'interprétation, la querelle autour de la Vérité se relativise, sauf si le pape confond sa vérité avec la Vérité, toujours incomplète, toujours à étendre précautionneusement. Dans le document *Dominus Jesus*, en vingt pages apparaissait cinq fois l'expression « il faut croire fermement... ». En avril 2004, pendant une visite aux États-Unis, Benoît XVI a dit : « Dans nos universités et dans nos écoles, la Vérité est présentée », en oubliant que, pour quelques milliards d'hommes, dont moi, sa vérité n'était pas la leur. En février 2007, dans un discours sur l'éthique à l'Université de Marburg, Helmut Schmidt a dit :

> Le cardinal Ratzinger (déjà avant d'être pape) a écrit : « Avec une certitude empiriquement fondée, nous pouvons dire que si la puissance morale de la croyance chrétienne était arrachée de l'humanité, la survie du genre humain serait en grand danger. » De telles certitudes religieuses ont causé, au cours de millénaires, d'immenses malheurs et souffrances.

Il venait d'expliquer que, lors de la crise du terrorisme, son équipe, composée de croyants et d'athées, s'était posé les mêmes questions morales et avait agi avec le même sens de la responsabilité.

Je suis toujours contrarié quand on prétend réduire l'athéisme à un matérialisme. En général, c'est parce que la plupart des chrétiens ne veulent pas admettre, ne veulent pas croire qu'il puisse exister une spiritualité sans Dieu. Quand j'échange un regard avec quelqu'un, je ne saurais le réduire à un contact matériel entre deux iris. Jean-Paul Sartre a expliqué dans *L'Être et le Néant* que le regard de l'autre vous réifie, vous chosifie. Et dans son œuvre de romancier, je n'ai trouvé qu'un endroit où un échange de regards a un effet vivifiant. C'est juste la brève apparition d'un couple qui se sépare sur le quai de la gare, au moment où le garçon part pour rejoindre, en 1938, son unité de l'armée. Mais je pense que Sartre, se sentant laid, risquait vraiment la réification par le regard de l'autre. Dans le livre de François Poirié *Emmanuel Levinas, qui êtes-vous ?* (1987), le philosophe affirme : « La relation au visage d'autrui est d'emblée éthique. » Il aurait pu employer aussi le mot « spirituel ». Ma vie spirituelle, comme je le dirai encore, consiste simplement à porter mon regard vers le dedans, là où le croyant pense regarder au-dehors, vers le haut, à la rencontre d'un autre regard, lui sans visage. Si, comme souvent, on me demande alors comment j'explique cette spiritualité humaine, je concède que je n'ai pas de réponse très précise, mais que je n'ai jamais cédé à la tentation (ni même éprouvé cette tentation-là) d'appeler « Dieu » tout ce que je ne comprenais pas, limité par ma condition humaine, ni imité les croyants, théologiens compris, qui se retranchaient derrière la notion de mystère.

Les souffrances et la mort

Ai-je le droit de parler de la souffrance, alors que j'ai si peu souffert ? Penserais-je autrement si j'avais été torturé ? Que j'aie alors parlé sous la torture ou non n'a pas grande importance. La pièce de Jean-Paul Sartre *Morts sans sépulture* reposait sur un postulat pour le moins contestable : la valeur d'un homme se mesurait à sa capacité de résister à la torture.

Comment aurais-je réagi si j'avais eu le destin de mon ami Wolfgang Schäuble, victime d'un attentat à 48 ans, en 1990, au milieu d'une carrière déjà impressionnante ? Depuis lors, il est paralysé dans son fauteuil roulant – et malgré cela il n'a en rien limité ses responsabilités comme président du groupe parlementaire chrétien-démocrate, puis ministre de l'Intérieur à deux reprises et, depuis 2009, ministre des Finances. Cela au prix d'un effort quotidien pour maîtriser son corps, pour être prêt au travail, aux longues séances parlementaires, aux grands voyages, chaque fois que sa présence est nécessaire aux réunions internationales.

Dans *La Passion de comprendre* (1977), j'avais écrit : « Je n'ai au fond le droit de me plaindre de rien quand je vois un ami, malade depuis son enfance, arrêté dans la croissance de son corps, mais pas de son intelligence, aveugle, paralysé, sauf des mains, et rayonnant de sérénité, de compréhension et d'appétit de vivre. » Lorsque je lui ai fait donner lecture de ce passage, Claude Wels m'a écrit :

Je n'ai réellement connu la souffrance physique qu'à deux époques de ma vie. Beaucoup et longtemps au cours des premières années de ma maladie, davantage encore, mais peu de temps, lors de mon infarctus. C'est ainsi qu'il m'a été donné de passer par deux expériences assez enrichissantes. La première, dès l'enfance, m'a appris à endurer assez bien la douleur physique par le moyen d'une sorte de détachement. La seconde m'a montré que je pouvais envisager avec un détachement de la même nature la possibilité de la mort imminente […].

Quant à la sérénité rayonnante dont vous parlez, je crois surtout qu'il y avait au départ, dans mon programme génétique, un matériau heureux de vivre. Ce n'est que vers l'âge de 17 ans, quand je me suis rendu compte que je serais « toujours comme cela », que mon mérite a eu l'occasion de s'exercer. Ayant songé bien sûr au suicide, j'ai *décidé* d'être aussi heureux que possible. Je m'y suis appliqué avec système. Je pense y avoir réussi. Ma volonté a certainement joué un grand rôle, mais je ne perds pas de vue cette somme d'ingéniosité, de patience, d'amour qu'a dû fournir ma famille pour m'aider à remporter la gageure. [...]. Croyez-vous que vous m'auriez trouvé plein d'appétit de vivre si vous m'aviez rencontré dans un hospice, au milieu de débiles mentaux ?

Il ne pouvait même pas s'asseoir. Il a sans cesse accru sa culture par la radio (et a gagné des concours de connaissances culturelles) et grâce à ses lectrices, dont ma femme. Il est mort peu d'années plus tard. Il était athée.

Du côté catholique, j'ai admiré Roger Lazard, polytechnicien, chef scout, vivant, survivant dans un poumon d'acier dont seule sa tête émergeait. Ses amis, dont l'aumônier scout, le dominicain André Liégé, ne venaient pas pour l'encourager, mais pour se faire remonter le moral grâce à sa chaleur communicative.

Par contraste avec ces exemples de souffrance assumée sinon surmontée, il faut évoquer la cruauté, les souffrances délibérément infligées. Je n'ai jamais compris l'admiration si souvent exprimée pour le « divin marquis ». J'ai toujours demandé aux glorificateurs de Sade au nom de quoi ils condamnaient la torture, la Gestapo ou bien les viols et autres humiliations infligées à des femmes. À lire, par exemple, *Justine* ou encore *La Philosophie dans le boudoir*, je ne vois de philosophique que la liberté de pratiquer toutes les violences imaginables.

Plus horrible évidemment est le plaisir de martyriser, de massacrer que peuvent éprouver les exécuteurs ou sans doute, dans leur imagination, les *Schreibtischtäter*, ceux qui ordonnent l'horreur à partir de leur bureau. À Béziers, en 1209, au cours de la croisade contre les albigeois, le légat du pape écrivit à celui-ci : « La vengeance de Dieu a fait merveille : on les a tous tués. » Les vingt mille morts égorgés jusque dans la cathédrale étaient les hommes, les femmes, les enfants qui composaient la population. Ailleurs, un récit disait : « Nous les avons tous brûlés avec une grande joie. » Louis XIV a envoyé ses dragons « convertir » de force des protestants. Un grand nombre d'entre eux furent envoyés aux galères. Que ressentaient les gardes-chiourmes qui les frappaient ? Ceux qui ordonnaient la mise en esclavage imaginaient-ils les souffrances qu'ils infligeaient ? On peut penser que le roi Léopold II de Belgique se souciait peu des Noirs du Congo auxquels on coupait un pied pour qu'ils ne puissent pas s'enfuir et échapper au travail forcé. Les déportations d'enfants britanniques pour peupler l'Australie jusque vers 1967, celles d'enfants de La Réunion ordonnées par Michel Debré pour fournir de la main-d'œuvre aux agriculteurs auvergnats ont-elles ému ceux qui en étaient responsables ? Qui, parmi les organisateurs des camps allemands et soviétiques et parmi les surveillants ajoutant à la souffrance des détenus, a, dans son mépris pour les êtres inférieurs ou malfaisants qu'on faisait souffrir, éprouvé de la compassion ou simplement de la compréhension pour ce qui leur était infligé ?

Dans un autre ordre d'idées, il y a la violence infligée aux femmes. Sans brutalité apparente, comme l'absence de liberté dans le choix du conjoint. La comtesse de Paris a déclaré, en novembre 2000, à *Paris Match*, à propos des mariages arrangés de ses enfants : « Nous avons fait notre possible pour qu'ils rencontrent des personnes épousables, de leur milieu, et nous avons au moins évité les protestants. » Moins souriante, l'impression ressentie à la vue de deux beaux films. À la fin du grand film d'Ettore Scola, *Une journée particulière* (1977), la femme, résignée, servante du mari et des fils, reçoit dans le lit conjugal son mari qui vient prendre son plaisir – et lui faire peut-être son nième enfant. Encore n'y voit-on pas un viol, contrairement à l'horrible scène de *Kadosh*, le film d'Amos Gitai, sorti en 1999, tableau féroce du masochisme du milieu juif ultra-orthodoxe de Jérusalem. On assiste à la très brève « nuit conjugale » imposée à la jeune fille par le rabbin et la famille. Elle est arrachée à l'amour partagé qu'elle vivait avec un garçon « non épousable » parce que habitant un autre quartier et de surcroît exposé, lui, au service militaire.

Moins directement violentes sans doute, mais non moins dégradantes sont les humiliations que peuvent infliger les « bizutages ». Ils ont parfois été maintenus sous un autre nom, malgré l'interdiction légale enfin intervenue. J'ai été en conflit à ce sujet, au printemps de 1992, avec la direction de Ginette, la célèbre école Sainte-Geneviève de Versailles, encore directement dirigée à l'époque par des jésuites. Un élève allemand avait quitté l'école et la revue *Esprit* avait publié son récit des bizutages. Le proviseur du lycée franco-allemand d'où il venait a écrit au directeur de Sainte-Geneviève pour lui faire part de l'émotion du corps enseignant, particulièrement sensible, en tant qu'allemand, aux traitements dégradants. Le père jésuite lui a vertement répondu que l'élève n'avait « décrit ces cinq jours de bizutage que sous un angle négatif ». J'avoue avoir joué les dénonciateurs. Le cardinal Decourtray (l'évêque de France que j'ai le plus admiré) m'a répondu de Lyon : « Je partage votre stupeur et votre indignation et le fais savoir aux responsables. » Et le cardinal Lustiger : « Par démagogie – ou fausse tolérance –, peu d'autorités académiques ont tenté de réagir. Il s'agit de la sauvagerie "permise" des élites françaises. Voilà un demi-siècle que je m'en indigne – en vain. » L'aumônier de Sciences Po, qui venait, comme directeur des études à Sainte-Geneviève, d'avoir la responsabilité de veiller à ce qu'il n'y ait pas trop de débordements, m'a rendu visite. « Le bizutage forme l'esprit de corps. – Comment justifiez-vous l'esprit de corps en termes chrétiens ? Et comment s'est passé le bizutage au noviciat de la Compagnie de Jésus ? – Mais vous n'y pensez pas ! – Mais alors, pourquoi à Ginette ? »

La souffrance purement morale, les homosexuels, comme déjà dit, l'ont longtemps connue, en Allemagne sous l'article 175 du code pénal, aboli seulement en 1994, au bout de cent vingt-trois ans de validité au moins théorique. Mais dans les deux pays, que de souffrances encore, allant du mépris et la discrimination à l'agression physique ! En France, il a fallu attendre 1967 pour que la loi Neuwirth dépénalise la recommandation de la contraception et la proposition de moyens pour l'appliquer.

Aujourd'hui cependant, la souffrance qui fait le plus débat est celle des malades. Les médecins en sont enfin venus à considérer que la douleur devait être combattue. Mais que faire si le soulagement n'est plus possible et que les chances de guérison se sont évanouies ? Sans doute existe-t-il une sorte d'unanimité pour l'accompagnement ultime que constituent les soins palliatifs. Mais les possibilités matérielles et humaines de les pratiquer n'augmentent que lentement, même si, en France, six mille volontaires non médecins participent à leur application. L'unanimité la plus étonnante fut celle des députés adoptant en 2004 la « loi Léonetti », publiée au *JO* en avril 2005, du nom du député-maire d'Antibes, cardiologue de son métier. L'article 1 dit :

> Ces actes ne doivent pas être poursuivis par une obstination déraisonnable. Lorsqu'ils apparaissent inutiles, disproportionnés ou n'ayant d'autre effet que le seul maintien artificiel de la vie, ils peuvent être suspendus ou ne pas être entrepris. Dans ce cas, le médecin sauvegarde la dignité du mourant et assure la qualité de sa vie en dispensant les soins visés à l'article…

Aurais-je, si j'avais souffert ou si je devais souffrir, besoin de consolation ? En tout cas, je n'ai jamais éprouvé la moindre tentation d'ébranler la confiance de ceux qui trouvent leur consolation en Dieu. Reste cependant mon étonnement de voir l'afflux dans les églises au lendemain de catastrophes. Qu'il s'agisse des églises catholiques et protestantes allemandes en 1945-1946 ou, récemment, après une catastrophe aérienne ou les morts dans une foule lors d'une Love Parade. Ils ne prient pas pour un avenir meilleur, sans doute pas non plus pour le salut des défunts, mais pour atteindre la consolation que les Églises promettent et procurent en effet.

On peut aussi trouver une consolation dans la musique, surtout si elle est née de la propre souffrance du musicien. Heinrich Schütz en est sans doute le meilleur exemple. Il a énormément souffert, dans sa vie familiale et comme contemporain de la Guerre de Trente Ans, la plus meurtrière que l'Allemagne ait connue. La cantate pour la mort de Magdalena, sa femme tant aimée, est profondément émouvante. Plus encore ses *Musikalische Exequien*.

Ne faut-il pourtant pas se demander ce que serait la vie humaine sans la souffrance ? Aldous Huxley a répondu, de façon à la fois humoristique et profonde, dans son *Brave New World, Le Meilleur des Mondes*. Les êtres humains naissent en éprouvette. Ils n'ont plus de famille. Le mot « mère » est devenu ordurier. Ils pratiquent le sexe comme acte agréable d'hygiène. Ils n'éprouvent plus ni amour ni désamour. Ils sont conditionnés pour être heureux de leur sort, qu'ils soient les intelligents « alpha plus » ou les tâcherons « epsilon minuscule ». Quelques alpha plus gèrent la terre. Si quelqu'un commence à ne plus penser droit, il est envoyé sur une île. On meurt doucement, à l'écart. Personne, de toute façon, ne regrettera le défunt. Du coup, il n'y a plus de souffrance – ni, par conséquent, de littérature ni d'art. Une partie des projections amusantes ou terrifiantes de 1932 sont devenues réalité, en particulier l'abêtissement par la télévision qui empêche de penser !

La mort massive, je ne l'ai rencontrée directement que le 27 mai 1944 à Marseille. L'aviation américaine a voulu bombarder la voie de chemin de fer Lyon-Nice, oubliant que les trains pouvaient parfaitement contourner Marseille. Les bombes, lancées d'une hauteur de 4 000 mètres et en travers et non le long des voies ont fait trois mille morts en quelques minutes. Mes élèves de l'école Saint-Joseph et moi avons ramassé ou déterré des cadavres en morceaux pendant une semaine. On ne nous a pas donné de gants. J'ai pu constater que les morts, même en pièces, même en nombre, m'impressionnaient moins (le dégoût excepté) que les blessés même légers.

Longtemps la peine de mort a été au centre d'un débat de société. Victor Hugo s'est battu pour son abolition pendant des décennies. La loi fondamentale de la République fédérale d'Allemagne a proclamé, en 1949, dans son article 102 : « La peine de mort est abolie. » En France, il a fallu attendre 1981 et le magnifique discours de Robert Badinter pour que, sous la présidence de François Mitterrand, la guillotine soit rangée au musée. Valéry Giscard d'Estaing avait encore refusé quelques grâces. Aujourd'hui, l'article 66-1 de la Constitution dit enfin : « Nul ne peut être condamné à la peine de mort. » La Convention européenne des droits de l'homme interdit la peine de mort depuis 1983. Au niveau mondial, il existait en 2010, selon Amnesty International, cent trente-neuf pays abolitionnistes en droit ou en pratique et cinquante-huit non abolitionnistes, les plus meurtriers étant la Chine et l'Iran. Cinquante-deux exécutions ont eu lieu aux États-Unis en 2009, dont vingt-quatre dans le seul État de George W. Bush, le Texas. Neuf condamnés à mort ont tout de même été innocentés et libérés, après avoir passé un total de cent vingt et un ans en prison. En général, on exécute des Noirs pauvres qui ne peuvent pas se payer un bon avocat. Grâce à l'ADN – quand un juge accepte qu'on y ait recours, ce qui n'est pas toujours le cas –, l'innocence, la plupart du temps posthume, est plus facilement reconnue. De temps en temps, un cas provoque à travers le monde une indignation particulière. Ainsi, en 2010, celui de Troy Davis. À 41 ans, il était depuis vingt années dans le « couloir de la mort ». Condamné en 1991 pour le meurtre d'un policier blanc, il avait toujours clamé son innocence. L'arme du crime n'avait jamais été trouvée. Contre lui, ni empreintes ni tests génétiques. Des neuf témoins à charge, sept étaient revenus sur leur témoignage. Un juge a estimé qu'il pouvait être exécuté, puisqu'il n'avait pas suffisamment prouvé son innocence ! En France et en Allemagne, le sentiment d'une morale occidentale commune se trouve ainsi fortement atténué et le rôle du président américain comme défenseur des Droits de l'homme sérieusement mis en question. Mais on écarte ainsi deux réalités. D'une part, la peine de mort disparaît peu à peu des États-Unis. D'autre part, qui, chez nous est intégralement contre la peine de mort, surtout rétrospectivement ? Qui donc a protesté contre les pendaisons des criminels hitlériens à Nuremberg et dit aujourd'hui qu'il n'aurait point fallu les exécuter ? Si Heinrich Himmler ne s'était pas suicidé, aurait-il fallu, pour des millions de cadavres, le mettre simplement en prison ? Personnellement, je ne suis pas sûr de ma réponse.

Dans les livres d'histoire des lycées français, on dit bien que Pierre Laval a été condamné à mort et exécuté. Mais on devrait dire aussi que son procès a connu un déroulement particulièrement inique et que ladite exécution a été dégradante – pour les bourreaux, pas pour lui. Il s'était empoisonné et, au lieu de le laisser mourir, on lui a fait un lavage d'estomac pour que, mourant, il puisse être attaché au poteau et fusillé. L'inhumanité peut aussi être pratiquée au nom de la Résistance – ce qui a été également le cas de nombre de meurtres – plus tard amnistiés – commis contre des collaborateurs ou supposés tels. Le général de Gaulle a laissé exécuter Robert Brasillach sur la base d'un principe honorable : les intellectuels se veulent toujours responsables de leurs écrits, donc, en l'occurrence, aussi des conséquences d'un appel à ne même pas laisser survivre les enfants juifs. Les protestations, sauf celle de Camus, lui, opposé à toute peine de mort, venaient soit d'amis politiques du condamné, soit d'adversaires convaincus qu'un intellectuel de renom méritait un sort à part.

Au niveau international, Saddam Hussein a pu être exécuté, sans grandes protestations de par le monde, parce qu'il avait été condamné à mort par un tribunal irakien aux membres bien choisis. Les Khmers rouges cambodgiens, responsables du massacre de millions de leurs compatriotes, pouvaient être tout au plus condamnés à la prison à vie, puisqu'ils étaient jugés par un tribunal international. La même chose vaut (même si le nombre de victimes n'est pas comparable) pour la Serbie et Srebrenica. En même temps, les assassinats – sans cesse appelés « exécutions » dans les médias – se multiplient. Leurs motivations proclamées sont supposées équivaloir à un jugement, mais constituent en fait des actes de terrorisme, visant tout particulièrement, comme cela avait été le cas en Algérie pour le FLN et l'OAS, les pacifiques, ceux qui ne correspondent pas à l'image que la haine donne à l'ennemi. Les dix membres de l'International Assistance Mission qui ont été abattus en août 2010 dans le nord de l'Afghanistan portaient depuis longtemps assistance à la population du pays. Leur chef, Tom

Little, un Américain, était établi depuis 1976 en Afghanistan et avait créé cliniques et autres installations sanitaires. La plus jeune du groupe, une Britannique, avait quitté sa fonction de chirurgienne dans une clinique de Londres pour aider en Afghanistan et allait se marier.

Mais, de plus en plus, les victimes ne sont pas choisies. Comme la pièce de Camus *Les Justes* est donc démodée ! On s'y demande si on a le droit d'organiser un attentat contre un personnage important si des enfants risquent d'être tués ! Maintenant les attentats tuent au hasard. Mais on ne fait pas assez remarquer chez nous que l'immense majorité des victimes sont des musulmans. L'argument terroriste, pendant la guerre d'Algérie, hier en Palestine de la part de l'Irgoun contre les Britanniques, aujourd'hui du Hamas contre Israël, est-il pour autant totalement irrecevable ? « Quelle autre arme avons-nous contre l'occupant et ses forces armées ? » On entend aussi : « Les pilotes qui ont détruit Dresde en faisant des dizaines de milliers de morts, celui qui a lâché la bombe atomique sur Hiroshima n'ont-ils pas été eux aussi des terroristes ? » J'ai participé à bien des discussions passionnées sur ces sujets.

Quand empêcher une vie devient-il meurtre ? Les adversaires les plus acharnés de l'avortement emploient volontiers le mot « assassinat », prétendant même parfois qu'Auschwitz a fait moins de morts que l'IVG. J'ai été frappé par les façons contraires du *Figaro* et du *Monde* de traiter des questions de la peine de mort et de l'avortement. Pour le premier, il fallait faire confiance aux sondages qui montraient que la peine de mort devait être maintenue, tandis que l'avortement devait être rejeté au nom d'une morale à l'abri de toute opinion majoritaire. Pour *Le Monde*, les sondages montraient bien que l'avortement devait être légalisé, puisque telle était l'opinion majoritaire, tandis que la peine de mort, au nom d'un principe moral, devait être abolie, quel que puisse être l'état de l'opinion.

L'Église catholique considère l'avortement comme un meurtre dès la fécondation, tandis qu'elle a toujours été au moins tiède face à la peine de mort. Dans l'encyclique de Jean-Paul II *Evangelium vitae* (1995), l'avortement est condamné comme « crime abominable » tandis que, pour la peine de mort, le pape constate simplement une tendance croissante, dans l'Église et dans la société civile, en faveur de l'abolition. Le pape ignorait-il les interdits qui existaient déjà dans les textes ? Considérait-il vraiment que l'interruption de la vie d'un adulte était moins grave que la suppression d'un ovule à peine fécondé ? Les diverses religions fixent d'ailleurs différemment le moment de l'« hominisation ». En novembre 2000, *La Croix* a courageusement publié des prises de position de dignitaires d'autres confessions :

Jean-Arnold de Clermont-Tonnerre, président de la Fédération protestante de France : « Nous ne prétendons pas que, avant le seuil de quarante jours, l'embryon soit un être humain. »

Dalil Boubakeur, recteur de la grande mosquée de France : « Passé un délai que certains établissent à quarante ou cent vingt jours, l'embryon est considéré pleinement comme une personne. »

Michel Gugenheim, grand rabbin, membre du Comité national d'éthique : « Dans le judaïsme, ces embryons surnuméraires sont considérés comme ayant un âge inférieur à quarante jours et n'ont donc pas statut d'êtres vivants. »

Sans doute est-ce faute d'avoir accepté la moindre différenciation des étapes successives après la procréation que les adversaires de l'IVG n'ont jamais préconisé le meilleur moyen pédagogique. Il existe des documentaires merveilleux montrant le développement du futur nouveau-né pendant les neuf mois de la grossesse. Il faudrait en projeter un dans tous les lycées – et bien des grandes adolescentes changeraient d'avis sur le moment où la juste revendication féminine « mon corps est à moi » rencontre la réalité d'un corps humain situé dans le corps de la mère tout en étant déjà distinct de celui-ci. Cela ne les empêcherait pas de trouver choquante la formule d'un député lors du débat sur la loi Veil : « La mère est simplement l'hôtesse de son enfant et non la propriétaire. » Et elles souriraient de la formulation contraire du professeur Joseph Comiti : « La femme n'est pas la génisse simplement destinée à repeupler le troupeau. » En lisant le passionnant débat de 1974, elles tomberaient peut-être aussi sur le mot de Michel Debré : « Qu'est-ce qu'un enfant ? C'est ce dont on apprend à l'école comment ne pas l'avoir » Ou le constat, à mon avis terrible, fait par un député centriste, hué par les député(e)s les plus favorables à la loi :

> L'éducation sexuelle devrait être une éducation à l'amour. Il est étonnant que dans le très long texte de Jack Lang [ministre de l'Éducation nationale] sur l'éducation sexuelle dans les établissements scolaires pas une seule fois le mot « amour » ne soit mentionné.

Je préfère passer sur le débat de 2000 portant la période d'intervention légale à douze semaines. Le climat d'intolérance y fut horrible... Quoi que l'on pensât des opinions et du style de Philippe de Villiers, fallait-il rejeter sa constatation : « À douze semaines, il ne s'agit plus d'aspirer un embryon, mais de fragmenter un fœtus en voie d'ossification » en lui criant : « Nous y voilà : les petits membres, les petits bras. On nous a déjà fait le coup » ?

Les grandes filles des lycées ont évidemment raison de se préoccuper de contraception et je ne suis jamais parvenu à comprendre la position officielle de l'Église, rejetant à la fois la contraception et l'avortement, et j'ai toujours dit en plaisantant que, si elle était conséquente, elle devrait imposer la méthode Ogino à l'envers : « Tu n'as le droit que pendant les trois jours de fécondité, sinon c'est du gâchis ! » Heureusement, des voix raisonnables se sont élevées, surtout en France. C'est ainsi qu'interviewé à la télévision sur le préservatif, à propos du sida, Jean-Michel di Falco, à l'époque porte-parole de l'épiscopat, aujourd'hui évêque d'Annecy, a donné une réponse qui me satisfaisait pleinement. Il a dit en substance : « L'Église considère qu'il existe des états humains supérieurs à d'autres. La fidélité est un de ses états. Mais l'Église n'a jamais été ni pour le meurtre ni pour le suicide. » Benoît XVI, après avoir, en Afrique, semblé donner libre cours à l'assassinat des femmes par les hommes atteints du sida en rejetant le préservatif au nom de l'abstinence maîtrisée, a fini, dans *Lumière du monde*, par dire de façon fort alambiquée, concernant l'utilisation du préservatif :

L'Église catholique ne la considère naturellement pas comme une solution véritable et morale. Dans l'un ou l'autre cas, cependant, dans l'intention de réduire le risque de contamination, l'utilisation d'un préservatif peut constituer un premier pas sur le chemin d'une sexualité vécue autrement, une sexualité plus humaine.

Pourquoi l'IVG ? Par refus d'avoir un ou ou beaucoup d'enfants ? Par commodité ? Ou bien parce que, grâce au progrès technique, on peut déjà voir sur l'embryon si l'enfant sera « normal » ou non, s'il sera plus ou moins handicapé ? Comme ma femme et moi n'avons jamais eu à prendre une décision – puisque de toute façon, il n'existait pas encore d'échographies systématiques –, je ne me sens pas en droit de juger les parents qui, par souci de ce que serait la vie de l'enfant ou de ce que serait leur propre vie, voudraient interrompre la grossesse. Mais de quel degré de handicap est-il question ? À cause d'une forme sévère de trisomie ou simplement à cause d'un futur bec-de-lièvre ? Dans ce dernier cas, nous n'aurions pas bénéficié de l'apport d'un philosophe comme Jürgen Habermas. Il se trouve qu'un couple ami, à Hambourg, après et avant d'avoir eu un enfant normal, ont accepté la venue au monde d'un nouveau-né qui, selon toute probabilité, ne parlera jamais et aura en permanence besoin d'une aide respiratoire. Leur amour pour lui a été au moins égal à celui qu'ils portent aux deux autres.

Dès qu'on commence à faire le choix de l'IVG, dès qu'on étend le domaine de l'IMG (interruption médicale de grossesse), ne prend-on pas le chemin de l'eugénisme ? Déjà, aux États-Unis, il existe des banques de sperme où l'on peut choisir le donneur inconnu, mais aux caractéristiques affichées, par exemple blond aux yeux bleus. Je pense alors au dialogue entre une très jolie femme et Bernard Shaw : « Ayons un enfant ensemble. Il aurait votre intelligence et ma beauté. – Non, car il pourrait avoir ma beauté et votre intelligence. » Plus sérieusement, les dirigeants chinois semblent regretter amèrement aujourd'hui d'avoir, en imposant l'enfant unique tout en conservant la place privilégiée des hommes, provoqué des centaines de milliers de meurtres de nouveau-né filles et, depuis que l'on peut connaître le sexe assez tôt, poussé à de multiples avortements sur embryons féminins.

Si de lourds handicaps n'apparaissent qu'après la naissance, dans quelle mesure l'interruption de la vie est-elle un meurtre ou bien le blocage d'un avenir insupportable ? Que peuvent décider les parents ? Et les médecins ? Ne faut-il pas respecter la liberté future de l'enfant atteignant l'âge de la réflexion ? Je ne sais pas ce que j'aurais répondu à ce genre de questions si j'avais été dans la situation des parents et des médecins décrite dans le livre saisissant *Demander la mort de son enfant*, ensemble de témoignages réunis en 2009 par le Centre d'éthique clinique de l'hôpital Cochin à Paris.

Qu'en est-il alors pour l'assistance à la mort chez des adultes ou des adolescents conscients ? Partout, les familles et les médecins s'interrogent sur le quand et le comment, sur le permis et l'interdit. Aux Pays-Bas et en Suisse, les limites sont fixées autrement qu'en France et en Allemagne. La tendance générale privilégie cependant la libre volonté de celui ou celle qui veut mettre un terme à une vie jugée invivable. L'article 6 de la loi de 2005 dit :

Lorsqu'une personne, en phase avancée ou terminale d'une affection grave et incurable, quelle qu'en soit la cause, décide de limiter ou d'arrêter tout traitement, le médecin respecte sa volonté, après l'avoir informé des conséquences de son choix.

L'article 5 décrit la procédure à suivre si la personne est hors d'état d'exprimer sa volonté, l'article 7 donne à chacun le droit de « rédiger des directives anticipées pour le cas où elle serait hors d'état d'exprimer sa volonté ». Une association française – fortement critiquée et fermement défendue – s'appelle Pour le droit de mourir dans la dignité.

Je comprends parfaitement sa visée. Je voudrais mourir tant que je puis décider librement de ma mort et crains de perdre par la maladie la dignité d'être conscient. La menace la plus grave d'aujourd'hui porte le nom d'Alzheimer. Je suis plein d'admiration pour les épouses qui soignent avec totale affection un mari qui ne les reconnaît plus et, parfois, les traite avec méchanceté. Mais je ne voudrais certainement pas tomber dans une telle dépendance. Il importe donc d'utiliser la liberté encore conservée pour parvenir librement à la mort.

Mais quelle est la liberté véritable de celui qui veut échapper à la souffrance physique ou morale, ou bien qui en a assez de sa vie présente ? Combien de malades n'ont-ils pas supplié qu'on les laisse mourir, puis frissonné, guéris contre toute attente, à l'idée qu'on aurait pu les écouter ? Deux cas précis m'ont fortement impressionné. Mes meilleurs amis allemands, depuis notre rencontre en 1948, Sylvia et Helmut Greulich, avaient une fille qui, à 18 ans, était lasse de vivre. Pendant un séjour de ses parents à l'étranger, elle a sauté par une fenêtre. Pendant son saut, son envie de mourir a dû s'évanouir. Elle s'est accrochée au barreau au-dessus du vide, mais ses muscles n'ont pas tenu et sa chute a été mortelle. Un étudiant, que je n'ai connu que dans son fauteuil roulant, avait lui aussi voulu mourir en sautant d'une fenêtre. Il avait survécu lourdement handicapé, mais avec une furieuse envie de vivre. Comme son fauteuil n'entrait pas dans le petit ascenseur qui menait à mon bureau, c'est en descendant vers lui que j'ai dirigé son excellente thèse sur l'Afrique. Il avait parcouru plusieurs pays africains, mieux accueilli et mieux aidé là-bas que s'il avait été valide. Il exerce aujourd'hui un métier « normal » au Havre.

On peut aussi vouloir mourir parce qu'on considère sa vie passée comme pleine et qu'on ne voit pas de raison de la prolonger. J'ai appris, je l'avoue, avec compréhension les raisons du suicide de Roger Quillot, ancien ministre, maire de Clermont-Ferrand de 1973 à 1997, homme politique que j'estimais beaucoup. Il s'est tué le 17 juillet 1998, à l'âge de 73 ans. Claire, sa femme, a voulu l'accompagner dans la mort, mais le Samu l'a sauvée contre sa volonté. Ils avaient auparavant envoyé une longue lettre au journal local pour expliquer leur décision :

> Nous comprendra-t-on si je dis que notre choix commun de la mort volontaire est un acte à la fois de liberté et d'amour de la vie dans sa plénitude [...] ? Pour nous, agnostiques, tout se passe sur terre et revient à la terre. L'idée d'un sommeil définitif n'inspire pas d'inquiétude [...]. Dans une époque ravagée par des séismes et par des horreurs multiformes, nous avons fait partie des millions de privilégiés qui n'ont pas été broyés par le mal-

heur ; nous n'avons jamais, non plus, été portés à la morosité [...]. Nous avons eu la chance de nous rencontrer ; nous avons exercé le métier d'enseignant, un des plus beaux du monde. [...]. La médecine a fait des prouesses. Pourtant, avec l'âge, la dégradation s'accélère. Non seulement nous ne pourrions plus servir ni nos proches ni la société, mais nous risquerions de les encombrer toujours plus.

Seulement, Claire a survécu, d'abord dans la colère d'avoir été sauvée, puis en découvrant que sa vie n'était pas vide. Dans un entretien télévisé, en octobre 1999, elle a prononcé la phrase : « J'étais plus aimée que je ne le croyais. »

Le suicide ne pose pas pour moi de problème fondamental dans la mesure où il est mis en relation avec ma conception de la mort. Je n'arrive pas à prendre au sérieux la nouvelle indulgence qui est exprimée dans le *Catéchisme de l'Église catholique* : « La responsabilité du suicidaire est diminuée [...]. On ne doit pas désespérer du salut éternel des personnes qui se sont donné la mort. Dieu peut leur ménager, par les voies que lui seul connaît, l'occasion d'une sérieuse repentance. » Pour moi vaut pleinement la formulation d'Épicure : « Quand nous sommes, la mort n'est pas là et quand la mort est là, nous ne sommes plus. » Aussi suis-je enclin à considérer comme un progrès humain que l'homme puisse se limiter à sa vie terrestre et ne plus croire à une vie après la mort.

Dans les pyramides, on a tout trouvé – aliments et ustensiles – de ce dont le défunt pourrait avoir besoin dans sa nouvelle vie. Chez les chrétiens, il y a eu des évolutions, mais l'essentiel demeure, notamment l'affirmation de Paul : « Si le Christ n'est pas ressuscité, alors votre proclamation est vaine et votre foi aussi est vaine (1 Co 15, 14). » Mais les vieilles représentations du ciel et de l'enfer ne correspondaient pas pleinement à une autre formulation du même chapitre : « Semé corps corporel, on se réveille corps spirituel. » Les formulations officielles restent néanmoins ambiguës. À la fin du Credo, du Symbole des Apôtres, les fidèles disent à chaque office : « Je crois à la résurrection de la chair, à la vie éternelle » (ou, dans le Symbole de Nicée : « J'attends la résurrection des morts et la vie du monde à venir »). Il est aussi demandé à Dieu de conduire les priants vers la vie éternelle. Grâce à la miséricorde de Dieu, cette vie devrait être heureuse, ce qui rend difficile de comprendre leur peur de la mort.

Sans aller jusqu'à pleinement comprendre des religieuses qui, comme une sœur bénédictine du monastère de Jouarre, disent : « Pour nous religieuses, qui sommes les fiancées du Seigneur, la mort sera le jour des épousailles », j'ai suivi avec admiration, à la télévision, les funérailles du roi Baudouin. J'ai déjà été impressionné par la révélation, devant tant de souverains, de princes, de notables, de son humanité profonde et, grâce au témoignage d'une prostituée et d'un sidéen, de son attitude fraternelle – jamais médiatisée – à l'égard des exclus ; moins cependant que par la robe blanche de la reine Fabiola et par l'allégresse qu'elle cherchait à communiquer à l'assistance. Elle ne pensait sans doute pas que son époux se trouvait dans le jardin de délices qui avait si longtemps alimenté l'imaginaire chrétien. En croyante d'aujourd'hui, elle était certaine qu'il se trouvait admis à l'éternelle contemplation de la gloire de Dieu, à la permanente intériorité à l'amour de Dieu.

Dans les siècles passés, la relation du croyant à la mort était autre. À cause des soucis et des souffrances de la vie terrestre, le repos de la tombe signifiait d'abord une libération. Dans l'une des plus belles cantates de Bach *Ich habe genug* (à traduire par « Je suis comblé » et non par « J'en ai assez » !), le passage essentiel dit :

> Je me réjouis de ma mort.
> Ah, si elle était déjà survenue
> J'échapperais à toute peine
> Qui me lie encore à ce monde.

La constante reprise, dans la messe des morts, du *Requiescat in pace* renvoie au repos du défunt dans sa tombe, dans l'attente de sa résurrection… La cantate *Komm, du süsse Todesstunde* (*Viens, heure douce de la mort*), l'idée est encore plus précise. « J'ai le cœur plein du désir d'une fin salutaire, parce que je suis entouré de tristesse et de misère. » J'en conclus, même si la vie terrestre du croyant a été heureuse, que, s'il la sacrifie, son sacrifice est moins grand que celui de l'athée. Je me permets alors encore une autre autocitation. Dans ma préface à un livre consacré à un groupe de jeunes résistants alsaciens (hélas absents de toute « célébration nationale » !), *Marcel Weinum et la main noire* (1997), j'écrivais :

> Ce qui frappe le plus, dans les lettres de Marcel Weinum, c'est la profondeur de sa foi. Non seulement il a combattu « pour la religion et la mère patrie », mais il est sûr de faire la volonté de Dieu et assuré que celui-ci lui « a donné la rédemption éternelle ». Le film sur Sophie Scholl montre aussi, à juste titre, qu'elle est

consolée de son sacrifice par l'assurance d'un bonheur après la mort.

Est-il permis de dire que le sacrifice est plus grand, plus complet chez ceux qui sont certains que leur mort constitue la fin de leur être, leur passage au néant ?

Lorsque Jacques Decour et Georges Politzer sont fusillés au mont Valérien, le 30 mai 1942, ils ont l'un 32, l'autre 39 ans. Ce sont des hommes mûrs, certes, mais en mourant, ils renoncent à tout ce qui donnait un contenu et un sens à toute leur existence. Le seul avenir envisageable était celui des autres.

C'est ce qui fait la portée du cri jeté par Politzer aux soldats allemands du peloton d'exécution : « Imbéciles, je meurs pour vous ! »

Donc pour la libération de l'Allemagne de la barbarie hitlérienne.

Chaque fois que j'entends à la messe, ou chez Händel, ou encore chez Bach, la formule « Mort, où est ton aiguillon ? », je pense que la mort a toujours été un aiguillon pour moi et m'a poussé à ne pas perdre de temps avec de l'inutile. Depuis quelques années, ma tombe est prête, donc aussi le lieu (et aussi le paiement) de mon enterrement. Comme ma femme n'est pas favorable à l'incinération, les restes diminués des membres de la famille sont ensevelis dans la même tombe de l'Ancien Cimetière de Saint-Germain-en-Laye, avec, sur les côtés, ces simples inscriptions : « Paul Grosser (1880-1934), Frances Rosenthal (1859-1940), Lily Grosser (1894-1968), Marguerite Grosser (1922-1941). » Sur la pierre, il y aura nos deux noms avec les dates. Si, ce que j'espère égoïstement, je devais mourir avant ma femme, j'aurais aimé mettre dans le bref faire-part, déjà préparé, une citation qu'un faire-part

lu dans un journal attribuait à Simone de Beauvoir :
« Sa mort nous sépare. Ma mort ne nous réunira pas.
Il est déjà très beau que nos vies aient pu si longtemps
s'accorder. » Mais comme ma femme n'est pas du tout
d'accord avec l'idée de la séparation éternelle, la citation n'y figurera pas.

Cela dit, j'aimerais bien ressusciter brièvement pour
pouvoir me satisfaire ou m'agacer des « nécros », les
notices nécrologiques qui me seront consacrées !

Conclusion

Le bilan et la joie

Quels accomplissements ?

Alphonse Allais a appelé ses œuvres *anthumes*, donc publiées avant sa mort. Les nécrologies sont en principes posthumes, mais, pour ma part, j'en ai déjà reçu un certain nombre d'anthumes. Les unes m'ont paru fort exagérées ou déformantes, les autres m'ont apporté satisfaction et encouragement. Qu'il me soit permis d'en citer un certain nombre – évidemment avec une part de vanité ! – pour me demander dans quelle mesure elles semblaient méritées et correspondaient à de vrais accomplissements.

Lorsque, par exemple, j'ai reçu le prix Cicéron pour le meilleur discours en politique, économie, science et culture pour mon exposé « Médecine et politique » devant le congrès des médecins internistes, à Wiesbaden, je ne trouvais vraiment pas que j'avais posé, comme le disait le jury, les fondements pour l'éthique médicale de l'avenir ! Mais j'étais content que l'on dise aussi que ma rhétorique unissait conscience critique et ouverture aux réconciliations.

Mon doctorat *honoris causa* à l'Université européenne des sciences humaines de Minsk – peu après détruite par Alexandre Loukachenko, le dictateur de Biélorussie – m'a été décerné *for outstanding Academic Achievements and Contributions to the development of Friendly and Fruitful Relations among Peoples and Countries of Europe.* Un beau compliment, mais mérité seulement de façon limitée. Il en a été ainsi pour la justification du prix Abraham-Geiger du Collège de formation des rabbins en Europe : « Comme voix de l'humanité, il a toujours agi pour l'ouverture d'esprit, le courage, la tolérance, la liberté de pensée comme héritage des Lumières. » Une vraie formulation nécrologique ! J'ai éprouvé une grande satisfaction en voyant un groupe scolaire (lycée Realschule, Gesamtschule) de Bad Bergzabern, dans le Palatinat, prendre mon nom, d'autant plus que la procédure avait constitué un modèle de démocratie participative. Il a fallu en effet, pour chacun des établissements, le vote des professeurs, des parents d'élèves, des représentants des élèves et de l'administration, le tout devant encore être ratifié par la sous-préfète. Les élèves avaient voté pour moi surtout parce qu'ils souhaitaient que le « lauréat » ne soit pas un mort qu'on honore, mais un vivant qui puisse venir discuter avec eux.

En France, je me suis réjoui que la longue introduction du livre collectif *L'Autre* (1996), publié à l'occasion de mon 65ᵉ anniversaire, ait attribué mon influence au sein et à l'extérieur de l'université à mon « humanisme chaleureux » et à mon « amour des autres et de la vie ». Pour mes 60 ans, Jean Boissonnat, comme rédacteur en chef de *L'Expansion*, avait intitulé son article « Socrate, journaliste » : « Sa première conviction est d'obliger les autres à mettre en doute la leur. Non pour le plaisir de détruire leur foi – religieuse, républicaine, socialiste ou libérale –, mais pour s'assurer qu'elle ne masque pas un *a priori* simplificateur, mystificateur [...]. Insupportable Alfred, qui remet ses article à l'heure, à la longueur, sans oublier une référence, mais, seulement, parfois, une conclusion. » La plus belle nécrologie anticipée, ce fut, à l'occasion de mes 80 ans, un très long article de la *Süddeutsche Zeitung* intitulé, sans ironie, « *Der Pontifex* ». Il louait ma façon tenace d'exprimer des critiques en France et en Allemagne et m'attribuait comme devise « *Durch Wissen und Wärme aufklärerisch beeinflussen*, « Influencer dans le sens des Lumières par le savoir et la chaleur ».

De telles appréciations font assurément du bien, mais ne doivent pas m'empêcher de me poser la question : en quoi ai-je vraiment été utile ? Par la parole, par l'écrit, par la présence, par une coopération ? En tout cas, nullement par l'action d'un groupe dont j'aurais fait partie. Le 26 octobre 1982, Helmut Schmidt s'est adressé au groupe parlementaire du parti social-démocrate pour expliquer pourquoi il ne se porterait plus candidat à la chancellerie. Pourquoi s'adresser d'abord à cette institution ? « Depuis trente ans, dit-il, j'ai ressenti le groupe parlementaire comme ma *Heimat* politique. » Je n'ai jamais eu une telle *Heimat* : pour garder ma liberté de parole, par goût assez prétentieux de l'action solitaire et aussi parce que, en 1978, je m'étais amusé à la lecture, dans la revue *Encounter* (équivalent anglais de *Preuves*), d'un joli article de Leszek Kolakowski. Il était intitulé « How to be a Conservative-Liberal Socialist ». Il montrait de façon à la fois amusante et convaincante comment les prétendues vérités proclamées par chacune des trois idéologies était réfutée par les deux autres. Kolakowski appelait de ses vœux une Internationale des socialistes libéraux conservateurs et concluait qu'elle ne serait jamais créée parce qu'elle ne pouvait pas promettre le bonheur.

Le prix de la Paix de l'Union des éditeurs et libraires allemands m'a été décerné comme « médiateur entre Français et Allemands, incroyants et croyants, Européens et hommes d'autres continents ». Il manque une fonction qui n'était pas à sa place pour le prix, celle de médiateur à l'intérieur de l'université et dans la fonction enseignante en général. Entre élèves et étudiants d'un côté, savoir et morale de l'autre. Depuis Saint-Raphaël en 1942, cela a toujours été ma visée de prédilection. Je pense avoir obtenu des résultats, ne serait-ce qu'en prenant au sérieux la personnalité et les questions de chacun, en tentant d'encourager élève ou étudiant à avoir confiance en soi. Comme directeur du cycle supérieur d'études politiques, j'avais quelques tâches administratives, mais l'essentiel était tout de même de m'occuper des étudiants, surtout les étrangers, un peu perdus dans un Paris inhospitalier. Je crois avoir contribué, comme coprésident enseignant de la commission paritaire « révolutionnaire » de mai 1968 à Sciences Po, à ce qu'une réforme durable, encore en vigueur un demi-siècle plus tard, soit introduite dans un climat de tolérance et de compréhension.

« Entre Européens et hommes d'autres continents » : l'éloge était terriblement excessif. Mes brefs séjours d'enseignement à Beijing, Tokyo, Singapour n'ont probablement guère laissé de trace. En Afrique, mon expérience de professeur de démocratie n'a pas été concluante. Le séminaire de formation des ministres et dirigeants du parti unique que m'avaient confié Félix Houphouët-Boigny et Philippe Yacé s'était bien déroulé, mais quelques jours plus tard, une partie des participants éliminaient les autres et mon codirecteur, président de la Cour suprême, était « suicidé » en prison. Du moins avais-je pu auparavant contribuer à la formation de diplomates africains au sein des rencontres organisées par les quakers en Suisse pour diplomates de l'Ouest, de l'Est et du Sud. Et la preuve de mon antiracisme a été apportée là-bas par notre fils aîné, à l'époque enfant, qui s'est jeté dans les bras d'un participant africain en criant : « Je voudrais être Noir, je voudrais être Noir ! »

À Bologne et à Stanford, ainsi que lors de mes visites à Harvard, Columbia, à Washington et à d'autres universités ou centres de décision américains, j'aurai sans doute peu changé, mais tout de même diminué chez certains la part de préjugés sur la France, l'Allemagne, l'Europe et la société humaine en général. Peut-être même certains décideurs ont-ils été influencés par mes rapports à la *Rand Corporation* ! La difficulté a toujours été, surtout dans mon livre *Les Occidentaux*, de mélanger, sur les deux rives de l'Atlantique, la dissipation des critiques injustifiées avec la présentation des aspects négatifs réels de l'autre côté.

Si, dans le présent livre, j'ai insisté sur ma présence en milieu chrétien, c'est parce que je crois que le lecteur français de ce livre, comme le lecteur allemand, pense que ma vie a été presque uniquement consacrée à la médiation franco-allemande. Aussi me suis-je un peu étendu sur ma présence acceptée en milieu chrétien français et aussi allemand. Je ne sais évidemment pas si j'ai vraiment aidé ceux aux côtés desquels j'ai essayé de contribuer à des changements. Du moins, je puis espérer que ma présence n'aura pas été totalement inutile.

Il est vrai que, dès avant la libération de Marseille en 1944, l'avenir de l'Allemagne et l'attitude française à son égard m'ont constamment préoccupé. Mais il me faut corriger deux erreurs me concernant. Comme je l'ai déjà indiqué, je n'ai pas été l'initiateur des échanges de l'immédiat après-guerre. Depuis sa mort en 2004, on sous-estime, on oublie de plus en plus l'action créatrice de mon ami et aîné Joseph Rovan. Il a survécu à Dachau et, dès sa libération, a appelé les Français, dans la revue *Esprit*, à aider à la naissance de « l'Allemagne de nos mérites ». À partir de 1946, il a été en charge de la section Éducation populaire à la Direction des affaires culturelles de la zone française d'occupation. Ses supérieurs, Jean Moreau et Geneviève Carrez, ont été les initiateurs des premières rencontres de jeunes. Dès 1945, le père jésuite Jean du Rivau avait créé à Offenburg, près de la frontière française, le Bureau international de liaison et de documentation (Bild), qui existe toujours, avec les deux revues *Dokumente*, servant à informer en Allemagne sur la France, et *Documents*, pour l'information en France sur l'Allemagne. (Cette dernière a disparu en 2009, le gouvernement français ayant annulé sa subvention.) Je pense aussi au mérite de toutes les personnalités qui ont accepté, en 1948, de faire partie du Comité français d'échanges avec l'Allemagne nouvelle. La plupart d'entre elles avaient été de vrais résistants et avaient vraiment souffert, comme Claude Bourdet ou Pascal Copeau. Le plus admirable, à mes yeux, a été Rémy Roure, journaliste éminent au *Temps* avant la guerre, au *Monde* depuis sa création. Il ne savait pas l'allemand. Il avait été prisonnier durant la Première Guerre mondiale (dans le même camp que Charles de Gaulle avec qui il avait lié amitié). Pendant la Seconde, il avait été déporté à Buchenwald, sa femme à Ravensbrück où elle n'a pas survécu. Son fils a sauté sur une bombe en cherchant le cadavre de sa mère. Son neveu a été fusillé par les Allemands. Il a dit oui tout de suite à la proposition d'Emmanuel Mounier d'être l'un des présidents du Comité.

L'autre erreur me concernant est souvent commise dans les journaux et surtout dans les présentations au début de mes discours. J'aurais écrit beaucoup de livres sur les relations franco-allemandes. En fait, je n'en ai écrit aucun. J'ai écrit sur la France, sur l'Allemagne avec, parfois, un chapitre sur les rapports avec l'autre pays et la critique des mythes réciproques... Mes ouvrages de relations internationales et de politique extérieure ne font pas non plus une place considérable à ces rapports. En revanche, dans mes émissions, articles, discours, j'ai souvent fait le point sur l'état des relations franco-allemandes, toujours avec la préoccupation de les insérer dans une continuité. Une continuité qui est la même depuis des décennies. D'un côté, on vit souvent, au niveau des gouvernements, des tensions et même des crises, sur arrière-plan de proclamations de grande amitié. De l'autre, les formes et les possibilités des échanges et de la coopération entre les deux sociétés sont plus nombreuses, plus intensives, constituent un filet aux mailles beaucoup plus serrées qu'entre la France ou l'Allemagne qu'avec n'importe quel pays tiers.

Je suis fier d'avoir contribué à la réorientation de
la germanistique française. Non pas qu'elle se soit toujours uniquement consacrée à la littérature et à l'art
allemands (comme le fait encore, hélas, la romanistique allemande pour la France). Un maître comme
Charles Andler analysait et dénonçait déjà le panger-
manisme à la fin du XIXe siècle. Mais la conception
de l'histoire allemande était encore contestable chez
mes maîtres à moi. Si la préface qu'Edmond Vermeil
a donnée à mon *Allemagne de l'Occident*, en 1952, a
été si distanciée, c'est qu'il n'avait pas encore surmonté, en bon réformé, la conception d'une continuité Luther-Bismarck-Hitler (beaucoup plus
récemment, Michel Tournier, dans *Le Bonheur en
Allemagne*, a osé ajouter Konrad Adenauer à cette
liste). Quant à Robert Minder, il a absolument voulu
étudier *Allemagnes et Allemands* en fonction de la
géographie des ethnies qui constitueraient encore, au
XXe siècle, les composantes essentielles de la population allemande. Surtout, les études dites de civilisation
ne portaient guère sur l'économie, la politique, les
structures sociales. Le changement positif a été accé-
léré par Pierre Bertaux, notamment par sa création
de l'Institut allemand de l'université Sorbonne-
nouvelle situé à Asnières.

Je pense pouvoir être fier à juste titre d'avoir acti-
vement accompagné le devenir de l'Allemagne occidentale, devenue République fédérale. Contrairement
à ma notoriété limitée en France, je fais en quelque
sorte partie de la vie publique allemande et j'ai parfois
l'impression d'être l'un des grands-pères, ou du moins
des grands-oncles, de cette République, défendant ses
hauts, critiquant ses bas.

Malheureusement, depuis quelque temps, j'ai à lutter contre une double évolution. En France, le phénomène n'est pas trop important. Il s'agit de la réapparition de vieux préjugés antiallemands. L'Allemagne est en faute si elle nous entraîne dans son déclin économique, mais aussi lorsqu'elle se redresse plus vite et mieux que nous. Elle vise à la domination du continent européen. Quand ce n'est vraiment pas apparent, c'est qu'elle cache son jeu. En Allemagne, la *Frankfurter Allgemeine* a bien voulu publier, en décembre 2010, un texte dans lequel je critiquais vivement l'exposition, présentée au musée de l'Histoire de Berlin, « Hitler et les Allemands ». J'y disais notamment :

J'ai visité l'exposition. Je craignais une présentation trop positive du Führer. Cette crainte était injustifiée. Et pourtant j'en suis sorti indigné à cause de la conception de base. Le peuple allemand y est présenté comme collectivement coupable. Cela fait soixante ans que je réfute cette thèse dans mes livres et mes enseignements. Cela commence dès la présentation qui est faite de la fin de Weimar [...]. Les résultats des élections du 5 mars 1933, qui n'étaient déjà plus vraiment libres, sont passés sous silence, sans doute parce qu'il eût fallu dire que le parti de Hitler n'avait pas obtenu la majorité des voix [...]. À la fin de l'exposition seulement, un appareil vidéo, utilisable par une personne à la fois, est disposé pour rechercher et découvrir des concentrationnaires comme Kurt Schumacher ou des exécutés comme Dietrich Bonhöffer [...]. On sait bien aujourd'hui que beaucoup d'Allemands non juifs ont aidé des Allemands juifs [...]. Le pire, ce sont des textes grand format qui prêtent pour le moins à confusion... « L'assassinat des handicapés mentaux a été accepté. » Par qui ? Par ceux qui savaient.

LES Allemands savaient-ils ? « L'assassinat des Juifs ne pouvait être ignoré des Allemands. Mais on l'acceptait avec un mélange d'approbation partielle, d'indifférence morale et une peur croissante devant la terreur. » Qui est ce « on » ? [...]. Le maire de Francfort après la guerre sortait d'un camp. Eugen Kogon, le premier orateur que nous ayons invité à la Sorbonne, était l'auteur du premier grand livre sur Buchenwald, où il avait souffert. Ils sont absents de l'exposition [...]. Elle regorge d'unilatéralisme...

Il se trouve malheureusement que toute une génération de quadra- et quinquagénaires veut de nouveau se croire la première à évoquer le passé négatif (« Il n'y a pas de culpabilité collective, mais il y a une honte collective », disait déjà Theodor Heuss dès son élection à la présidence de la République, en 1949) et à pouvoir condamner la génération adulte de la période hitlérienne au nom d'un courage dont ils auraient fait preuve si, eux, avaient vécu sous la terreur.

Dans les organismes dont j'ai assumé la charge, j'ai toujours été un mauvais *money raiser*, que ce fût pour obtenir des subventions ou pour empêcher leur diminution ou leur suppression. Au début du Comité d'échanges, Robert Schuman nous a fait donner cent mille anciens francs. Puis, jusqu'en 1967, cette somme minime a été constamment diminuée. J'ai présidé Eurocréation, dont le directeur, Jean-Michel Djian, a réussi notamment l'installation, dans diverses villes d'Europe, de résidences pour créateurs (musique, arts plastiques, scénarios de cinéma...) débouchant sur des commandes ou des engagements. Nous recevions une subvention de Bruxelles. Elle devait passer par le Trésor français, qui ne nous les transmettait qu'avec plusieurs années de retard, alors que nous devions financer les activités subventionnées. Eurocréation en est mort.

En 1982, par la volonté de Helmut Schmidt et de Valéry Giscard d'Estaing, confirmée par Schmidt et François Mitterrand, est né le Cirac, Centre d'information et de recherches sur l'Allemagne contemporaine. De faibles subventions publiques, jointes aux ressources propres, ont toujours permis une activité et des publications multiples. En 2009, le ministère des Affaires étrangères a supprimé la sienne. Lors du déjeuner qui a suivi, le 11 novembre, la cérémonie à l'Arc de triomphe, Bernard Kouchner est venu m'embrasser, me tutoyant et m'appelant par mon prénom. Je lui ai écrit le lendemain pour lui demander de rétablir, au moins par amitié, ladite subvention. Il m'a répondu que le Cirac travaillait si bien qu'il n'avait pas besoin de subventions ! En fait, je ne suis qu'un président peu actif. Le lourd travail en est assumé, depuis bientôt trente ans, par le secrétaire général, puis directeur, René Lasserre, parallèlement à une brillante carrière universitaire. Assistant puis maître de conférences à Asnières, il a été élu professeur à l'université de Cergy-Pontoise dont il est ensuite devenu président.

Quand on me demande si j'ai des successeurs, je réponds d'abord que, heureusement, Rovan et moi ne pouvons pas avoir de successeurs dans la mesure où personne n'aura plus notre vécu. Puis je nomme en particulier René Lasserre, meilleur connaisseur français de l'économie et de la société allemandes. Ensuite, plus jeune, Hélène Miard-Delacroix, aujourd'hui professeur de civilisation allemande à la Sorbonne Paris-IV (où une chaire d'histoire de l'Allemagne contemporaine a été donnée par les historiens à un professeur allemand, mon ami Rainer Hudemann, professeur à l'université de Sarrebruck). Hélène a été formée en germanistique et en science politique. Elle s'est imposée comme historienne et politiste dans les deux pays. D'autres noms mériteraient d'être cités, mais nous nous heurtons tous à une difficulté centrale : malgré une petite remontée, la langue allemande est en net recul. Les chaires d'allemand dans les universités risquent de plus en plus, faute d'étudiants, d'être transférées à d'autres disciplines.

De temps en temps, j'ai tout de même la forte certitude d'avoir obtenu un vrai résultat. L'une des réussites qui m'ont le plus satisfait, ce sont les trois jours de décembre 1994 à Coutances à l'occasion du cinquantenaire du jour J... Je reviens donc sur cette commémoration organisée en commun avec le vicaire général, Hippolyte Simon. Il s'agissait de faire autre chose que les cérémonies officielles qui s'étaient déroulées sur les plages du débarquement équidistantes de Coutances. Le deuxième jour, des centaines d'Allemands sont venus rejoindre les partenaires qu'ils avaient en Normandie. Avocats, juges, bouchers, pompiers : les origines sociales étaient d'une belle variété. Le troisième jour, la manifestation finale consistait en un débat politico-moral entre l'évêque de Coutances, un grand rabbin et une éminence protestante venus de Paris, et que j'ai dirigé. Le premier jour avait été sans doute le plus intéressant. Les terminales de huit lycées de la ville et des environs avaient préparé en groupes de travail des questions qu'ils exposaient devant tout le monde. L'intensité des applaudissements donnait le degré d'approbation pour les questions des autres. Or, les deux questions les plus applaudies ont été : « Pourquoi n'a-t-on pas invité plus de résistants allemands aux cérémonies ? » et : « Nous fêtons la liberté retrouvée. Mais pourquoi l'avons-nous si longtemps refusée aux Algériens ? » La pédagogie antérieure n'avait décidément pas échoué !

En ce qui concerne le domaine franco-allemand, j'accepte volontiers les éloges. Mais je me rebiffe quand on me loue pour ce que je ne suis pas. Malheureusement, lors de discours ou conférences, le programme et le présentateur, surtout en Allemagne, affirment que je serais « l'un des grands Européens de notre temps ». J'ai fait ce que j'ai pu pour expliquer tous les aspects positifs de la Communauté européenne, y compris dans les pays accédant à la liberté en 1990 – Pologne, Hongrie, République tchèque, Roumanie, Lettonie, Lituanie… J'ai ferraillé contre ses détracteurs. Mais je n'ai rien créé. Quand je me compare aux initiateurs – Altiero Spinelli, Henri Frenay et Eugen Kogon –, aux créateurs politiques – Robert Schuman, Konrad Adenauer, Alcide De Gasperi, Paul-Henri Spaak – ou, plus tard, à Jacques Delors, dernier président efficace de la Commission et lui aussi créateur, ou encore à ceux qui, en France, en Allemagne, au Parlement européen, dans des associations, ont placé l'unification européenne au cœur de leurs engagements, je ne puis que rejeter ce qualificatif dont on m'affuble comme pas du tout justifié.

Avec quelles valeurs ?

Le lecteur a dû se rendre compte en fonction de quelles valeurs j'agis et je porte des jugements. J'exige constamment de moi et des autres de s'élever en tant qu'être humain. Que faut-il pour y parvenir ? Goethe a dit un jour que la plus haute vertu était le respect. J'ai d'abord trouvé la formule assez terrible, d'autant plus que Goethe vieillissant montrait vraiment trop de respect pour les puissants. Mais depuis longtemps, je reprends son jugement – en en modifiant l'application. Il s'agit de respecter les faibles, les déshérités de la prospérité, de la culture, du langage, ceux sur lesquels on a autorité, ceux qui sont traités de façon irrespectueuse. Le respect aussi comme élément clé dans le couple. À l'inverse, parmi les pires attitudes et sentiments, je placerais la vengeance. Dans *La Flûte enchantée*, Sarastro chante : « Dans ces halles sacrées, on ne connaît pas la vengeance. » Qu'on punisse, certes. Mais que de sang n'a-t-il pas été versé, que d'horreurs n'ont-elles pas été commises, parce que sans cesse des vengeurs ont suscité des vengeurs qui, à leur tour, ont provoqué de nouvelles vengeances ! L'attitude contraire a été parfaitement montrée par mon ami l'historien Rudolf von Thadden. Il a fait venir dans sa petite ville natale de Trieglaff, située dans la Poméranie aujourd'hui polonaise, des Trieglaffiens dispersés à travers le monde depuis 1945. Ensemble, ils ont apposé sur l'église une plaque bilingue disant : « En souvenir de beaucoup de générations de Trieglaffiens allemands qui ont vécu ici et qui y ont été heureux et avec les meilleurs vœux de bien-être pour ceux qui ont aujourd'hui leur *Heimat* à Trieglaff. »

La visée première est la liberté. Non pas l'arbitraire, le n'importe quoi. D'abord la libération à obtenir en soi et sur soi, contre les préjugés nés le plus souvent de ses appartenances. Puis à poser et à faire poser la question : « Comment puis-je libérer sans désinsérer ? » Jusqu'où, par exemple, puis-je, comme enseignant, dévier des valeurs parentales que je juge mauvaises et faire passer chez les élèves des valeurs impliquant une critique des parents ?

Face aux religions, en particulier la chrétienne, il faudrait aussi parvenir à libérer de la résignation. Le Sermon sur la montagne selon Luc dit :

> Heureux êtes-vous qui avez faim maintenant, car vous serez rassasiés. Heureux êtes-vous, vous qui pleurez maintenant, car vous rirez.
>
> [...] Malheur à vous, les riches, car vous tenez votre consolation ! Malheur à vous qui êtes rassasiés maintenant, car vous aurez faim. Malheur à vous qui riez maintenant, car vous serez dans les larmes !

Plus loin, dans la parabole du riche et du pauvre Lazare, seul celui-ci est nommé. Il sera sauvé parce que pauvre. Le riche anonyme sera dans la souffrance éternelle parce que riche. Dans la première lettre de Pierre, il est même écrit, à destination des serviteurs :

> Soyez en toute crainte soumis à vos maîtres, non pas seulement à ceux qui sont bons et bienveillants, mais aussi à ceux qui sont difficiles. Car c'est une grâce que de supporter des peines par conscience de Dieu quand on souffre injustement. »

C'est au nom de ces annonces que les Églises ont prêché pendant des siècles la soumission aux autorités, la résignation devant l'injustice, puisque la compensation serait obtenue au ciel. En Europe et, aujourd'hui encore, en Amérique latine.

Ce n'est pas la seule raison pour laquelle je suis en désaccord avec mon ami Hans Küng. Il a raison d'agir pour l'instauration d'un *Weltethos,* d'une éthique universelle, mais il en confie la réalisation aux Églises mondiales. Le sang ne coule plus entre protestants et catholiques en Irlande, mais sunnites et chiites s'entretuent au nom d'un même Dieu et d'un même Prophète. Il faudrait que les religions aient montré leur pleine adhésion à la belle définition donnée par l'archevêque de Cracovie, Karol Wojtyla, futur pape Jean-Paul II, dans son livre *Personne et acte* (1983) : « Le terme de prochain ne prend en considération que la seule humanité de l'homme, humanité qui revient à tout autre qu'à moi-même. » Les valeurs qui devraient fonder la communauté humaine sont formulées dans nombre de textes, à commencer par la Déclaration universelle de 1948. Mais aujourd'hui plus que jamais, en période de communautarismes victorieux, demeure la question posée par Roman Herzog, président de la République fédérale, en mars 1995, dans un discours à l'Institut allemand de politique étrangère : « Jusqu'où va le noyau éthique qui doit être commun à toutes les cultures et où commence le domaine où il faut laisser à chaque culture ses propres appréciations, ses propres priorités ? »

Pour moi, la valeur fondamentale qu'il faudrait respecter est la compréhension et la vraie compassion pour la souffrance des autres, de l'Autre. C'est cette exigence qui est au cœur de mon conflit avec les défenseurs inconditionnels d'Israël, ceux qui ne pensent pas dans le sens de la formule citée par le *Laudator* de David Grossman lors de la réception du prix de la Paix en octobre 2010 : « *Right or wrong, my country. If it is right, let us keep it right. If it is wrong, let us set it right.* » Je me trouve traité d'antisémite et si je fais observer que, en termes hitlériens, mes quatre grands-parents et mes deux parents étaient juifs, il m'est répondu que j'agis mû par la célèbre haine de soi juive. À quoi je réplique que je passe mon temps à me surestimer, à m'aimer trop ! J'ai dit à Erika Steinbach, la présidente de l'Union des expulsés, qu'elle n'a pas besoin de me faire connaître les souffrances allemandes, puisque je les ai évoquées dès mon premier livre, cela parce que nous ne pouvions demander à aucun jeune Allemand de comprendre l'horreur des crimes hitlériens si on ne lui témoignait pas une vraie compréhension pour les souffrances des siens. J'ajoute depuis quelque temps, en particulier dans mon discours à la Paulskirche du 9 novembre 2010 commémorant les pogroms de 1938 (discours très controversé avant, calme pendant, accepté ensuite) : « De même, on ne peut pas exiger d'un jeune Palestinien qu'il comprenne l'horreur des attentats si l'on n'a pas montré un minimum de vraie compréhension pour les grandes souffrances à Gaza et dans les "territoires", ce qu'aucun gouvernement israélien n'a fait. »

J'ai écrit tout un livre, *Von Auschwitz nach Jerusalem. Über Deutschland und Israël* (2010) pour demander qu'en Allemagne, on ne craigne plus de critiquer la politique israélienne parce qu'on s'entendra répondre : « Pensez à Auschwitz ! » Erich Köhler, président de la République, parlant en février 2005 devant la Knesset, a employé la formulation suivante : « La dignité humaine est intangible. C'est la leçon du passé national-socialiste que les pères de notre Loi fondamentale ont inscrite dans l'article premier. Protéger et respecter la dignité de l'homme est une tâche qui incombe à tous les Allemands. En fait partie l'obligation d'intervenir à tout moment et en tout lieu pour les Droits de l'homme. La politique de l'Allemagne doit être jugée en fonction de cette obligation. » J'ai cru naïvement qu'il parlait des Palestiniens humiliés et méprisés. Mais ce n'était pas le cas.

Pourtant, je pense ce qu'Alain Finkielkraut pensait jadis en écrivant, dans *Le Monde* du 18 novembre 1996 :

> La relance spectaculaire de la colonisation juive dans les villes ou les quartiers arabes ainsi que les mesures massives d'expropriation ont pour effet, sinon pour but, de pousser les Palestiniens au désespoir. [...] Tout a changé avec l'actuelle politique israélienne. Il faut souffrir de cette inaptitude à sortir de soi qu'on appelle le racisme pour ne pas, aujourd'hui, se mettre à la place des Palestiniens pour comprendre de l'intérieur leur détresse et leur découragement.

En octobre 1990, l'ambassadeur d'Israël en France s'est rendu dans la petite ville du Chambon-sur-Lignon, Haute-Loire (dans la région protestante habituée à la désobéissance dès le XVIᵉ siècle) pour remettre à la municipalité la médaille des Justes. Le pasteur Arnoux, au nom de l'Église réformée du Chambon, lui a répondu :

> Attribuer une telle distinction engage autant que la recevoir. Puisque Yad Vashem représente l'État d'Israël et puisque aujourd'hui le Plateau est remercié pour avoir autrefois scolarisé des enfants, ouvert des maisons, accueilli des gens chassés dans toute l'Europe et dans leur propre patrie, nous aimerions que la remise de cette distinction soit une sorte d'engagement à ce qu'il n'y ait plus d'école fermée devant de jeunes Palestiniens, plus de maisons dynamitées, plus de gens expulsés de leur

terre ancestrale pour être remplacés par des colons et pour qu'on trouve une autre réponse aux jets de pierres que des balles de fusils...

Pour moi, le pasteur a fait simplement, avec courage sinon courtoisie, preuve de cohérence morale. Peut-être est-ce le souci de cohérence de ma part qui m'a mis en conflit avec un homme universellement estimé, mais seulement de façon limitée par moi. Elie Wiesel m'en a voulu de ce que j'avais écrit dans la conclusion du *Crime et la mémoire*. Dans son discours de remerciement pour son prix Nobel de la paix, il avait dit qu'il ne comprenait pas pourquoi, après la guerre, le monde entier n'avait pas eu les yeux fixés sur Auschwitz. Écrivant en 1988, l'année où Saddam Hussein avait exterminé au gaz des villages kurdes, je disais que la femme kurde tenant dans ses bras son enfant tué par le gaz n'avait aucune raison de penser à Auschwitz, mais que tout survivant d'Auschwitz avait le devoir moral de penser à la femme kurde...

Comment tout cela peut-il se concilier avec la joie dont je me suis déjà réclamé à plusieurs reprises ? Richard von Weizsäcker a souvent cité une formule du Talmud : « Il n'est pas possible d'achever l'œuvre. Il n'est pas permis de la quitter. » Permis par qui ? Par ma conscience de ce qui est utile. Sans espoir de récompense. Sans crainte d'une sanction. Avec la certitude que tout ce qui est accompli est insuffisant. En acquiesçant à la formulation de Raymond Aron dans *Histoire et Politique* (1949) :

Quand il doit choisir dans le temps, l'homme n'échappe pas aux conflits de valeurs [...]. L'homme sans Dieu risque sa vie pour des causes impures [...]. Il sait que l'humanité ne peut se créer elle-même que dans le doute et dans l'erreur. Il s'exprime non dans la volonté d'être Dieu, mais dans la sagesse qui consent à ne pas atteindre l'absolu. L'humanisme athée ne peut se définir que par l'acceptation des limites de l'existence humaine.

Et ces limites, on peut les accepter et les vivre dans la joie. Ici, je tiens à corriger Albert Camus. « Il faut imaginer Sisyphe heureux » : il n'est pas vrai, en effet, que son rocher retombe à chaque fois jusqu'au fond. Il se fixe un peu plus haut qu'il n'était posé au départ. Mon Sisyphe, au moment où il vient de relâcher son lourd fardeau, regarde vers le bas et se sent joyeux en constatant qu'entre deux chutes, de petites montées ont quand même été accomplies.

Vivre dans la joie, malgré...

Au début de son *Requiem allemand*, Johannes Brahms a mis en musique le Psaume 126 : « Ceux qui sèment avec des larmes récolteront avec des cris de joie. » Il exprimait ainsi l'idée chrétienne d'une compensation entre souffrances terrestres et bonheur céleste. Pour moi, une telle conception est dépourvue de sens. Mon questionnement est autre : comment puis-je mettre en rapport ma joie avec la souffrance des autres ? Paul Claudel fait dire à Violaine, dans *L'Annonce faite à Marie* : « À celui qui souffre, les consolations d'un consolateur joyeux ne sont pas de grand prix. » Et Charles Péguy a été jusqu'à écrire : « Tout homme heureux est coupable. » Certes, il ne s'agit pas d'offenser le souffrant par l'étalage indécent de bonheurs préservés. Mais la force intérieure qui permet d'être présent à autrui est liée à une joie qui, elle, n'a rien d'indécent. La joie épanouit et rend disponible. Cela est vrai en particulier pour les enseignants, les éducateurs en général. Ils aideront d'autant mieux à forger la volonté de surmonter le négatif qu'ils seront rayonnants de leur propre joie intérieure.

Cette joie serait diminuée si je devais avoir présent à l'esprit les joies que j'aurais détruites, les souffrances que j'aurais causées à d'autres. Or – je le dis en sachant qu'une telle affirmation peut choquer –, j'ose dire que je n'ai jamais consciemment humilié ou découragé un autre. Le regard en arrière sur ce que l'on a enduré ou risqué d'endurer peut évidemment entamer la joie disponible pour autrui. Au cours des dernières années, j'ai souvent fait des cauchemars présentant des images de ce qui aurait pu m'arriver. Dans le plus récent, je suis dans une réunion d'hommes ; des uniformes surgissent et hurlent : « Baissez les pantalons. Qu'on emmène tous les circoncis ! »

Je garde un souvenir ému de la soirée où il m'a été permis de résumer ma conception de la joie. À Aix-la-Chapelle, l'orchestre et les chœurs de la ville interprétaient chaque 1er janvier, sur la scène du théâtre, la *Neuvième Symphonie*. Pour le 1er janvier 2003, on a voulu innover. Avant le dernier mouvement, j'étais sur la scène, parmi les musiciens, pour expliquer, en dix minutes, le sens que je donnais à *L'Hymne à la joie*. Je me suis demandé ce que pouvait être la joie au moment où quatorze guerres civiles sévissaient, où la faim et le sida ravageaient l'Afrique, où l'on massacrait en Tchétchénie, où Gaza était dans la souffrance, où chez nous le chômage entraînait de plus en plus de gens dans la pauvreté. J'ai dit ce que j'avais écrit sur la *Neuvième* dans *Le Monde* et commenté deux conditions à la joie que posait le poème. La formule de la femme à conquérir était la même que dans *Fidelio* : non la femme-objet, mais celle qui se bat vaillamment pour la même cause que son mari. Et dans le monde d'aujourd'hui, l'ami dont on a le droit d'être fier est malheureusement en général membre de la communauté à laquelle on appartient soi-même, une communauté qui se délimite par rapport à la communauté humaine. Je reprenais une histoire juive. On pose un jour cette question à un rabbin : « Pourquoi la cigogne est-elle appelée *hassida*, l'affectueuse, et pourtant rangée parmi les animaux impurs ? » Il répond : « Parce qu'elle n'aime que les siens ! » Et je citais la belle phrase de Hans Scholl, écrivant à un ami peu avant son arrestation et son exécution : « Je ne peux pas me tenir à l'écart, parce que, à l'écart, il ne peut y avoir bonheur. »

Mais – je l'ai dit d'emblée – j'ai, pour ma part, vécu dans le bonheur. Non pas, comme le veut un dicton allemand, parce que je suis né un dimanche. Sans doute pas non plus à cause de mes gènes, encore que j'aie coutume de dire : « Je suis intellectuellement pessimiste, génétiquement optimiste, avec tout de même des gènes qui ne fonctionnent pas dans certains cas, par exemple pour le conflit israélo-palestinien. » Je pourrais aussi refaire indéfiniment l'article de *La Croix* que j'ai titré, en décembre 1999, « Il faut résister à l'écœurement ». Regarder la politique et la société peut faire naître le dégoût, mais chez moi ce dégoût est presque toujours vite surmonté. Si j'étais chrétien, je dirais que j'ai vécu le plus souvent en état de grâce. Je me contente de dire que j'ai vraiment connu une succession imméritée de chances.

De quelle joie s'agit-il ? L'intellect empêche heureusement l'enthousiasme. Même lors de la libération de Marseille et le jour de la chute du mur de Berlin, je me suis fortement réjoui, mais n'ai pas pris part à l'enthousiasme général. Celui-ci se transformerait inévitablement en déception. Il vaut mieux jouir de la joie en étant conscient des inévitables développements négatifs à venir. La confiance n'en est pas ébranlée, mais l'émotion ne vient pas entraver le fonctionnement de la raison. Ma joie est liée à ma continuité. Louis XIV appelait madame de Maintenon « Votre Solidité ». Je me verrais volontiers appliquer ce beau compliment. On peut me faire confiance et la confiance reçue est aussi créatrice de joie.

Les joies, au pluriel, constituent aussi un élément important de la joie – au singulier. Il s'agit de deux dimensions différentes. La joie au travail est importante – avec moins de joie à l'écriture qu'à la parole, qui m'a toujours été facile. La joie aussi quand je parviens à faire croître en humanité des gens jeunes et moins jeunes. Ma vocation, me semble-t-il, a toujours été de faire effectuer à d'autres le chemin inverse de celui que présente l'horrible nouvelle de Franz Kafka, *La Métamorphose*, où un être humain devient bousier.

Les joies familiales ne sont évidemment pas les moindres. Elles sont souvent mêlées d'une juste fierté. Je donne volontiers l'exemple de l'aînée de nos petites-filles. À 20 ans, Isadora est licenciée en droit. En 2008, elle a séjourné en Ukraine, en 2009 au Burkina Faso, en 2010 en Mongolie, pour participer à des activités de service civil. L'hiver, elle distribue de la soupe avec l'Armée du Salut. Elle est déléguée d'Amnesty International. Pour trouver de l'argent, elle fait en particulier les vendanges en Bourgogne. Elle trouve le temps de visiter les expositions de peinture, tout en étudiant pour un difficile master en relations internationales et interventions extérieures. Elle incarne à mes yeux la joie de vivre. On voit que je l'admire.

Le lecteur aura peut-être remarqué que j'exprime fréquemment de l'admiration. Il se trouve que ce sentiment est un des éléments de ma joie. Surtout quand je suis incapable ou me sens incapable d'être ou d'agir comme les hommes ou les femmes admirés. Je me contenterai ici d'ajouter un seul exemple. J'ai été heureux de pouvoir préfacer le livre de Michel Le Corno, *Un regard sur l'école. Avec confiance malgré tout* (2010). L'auteur part en retraite à la fin de l'année scolaire. Il fait le bilan de sa vie de directeur du lycée (catholique) Saint-Paul, à Vannes. Pour ce chef d'établissement malheureusement assez exceptionnel, il s'agit d'accueillir et de proposer. Qu'à la tête d'un si grand établissement, avec cent quatre-vingts enseignants, il connaisse personnellement tant d'élèves, les reçoive longuement dès qu'ils le demandent, aide les parents à surmonter leurs difficultés et celles de leurs filles ou fils – voilà qui n'est pas banal. Pas banale non plus, la lutte contre l'une des pires réalités de la société française, c'est-à-dire le mépris pour tout ce qui relève des activités manuelles. L'essentiel, c'est que chaque élève soit reconnu, en classe et dans les activités « périéducatives » proposées par l'établissement. Il a été et est animé par le souci, traduit en action, en faveur des handicapés et de leur insertion sociale. Il est vrai que ce combat-là est porté par son immense affection envers l'enfant terriblement handicapée à laquelle son livre est dédié.

La distinction entre les joies et la joie, je l'effectue en particulier pour la musique. Les sextuors de Brahms, nombre de lieder de Schubert, *La Création* de Haydn, les *Variations Goldberg* et bien d'autres œuvres me mettent dans un état de félicité. Le chant de reconnaissance du *Quinzième Quatuor* de Beethoven, la *Sonate pour piano D 960* de Schubert, son *Quintette avec deux violoncelles* stimulent ma vie intérieure au point que, dans *Les Fruits de leur arbre*, j'ai osé comparer cette expérience musicale avec celle des mystiques. L'approfondissement intérieur ne débouche pas sur *Ich bin der Welt abhanden gekommen*, « Je me suis trouvé séparé du monde », comme est intitulé un chant triste de Gustav Mahler. Il s'agit simplement, par des épisodes de verticalité, de se rendre plus disponible pour l'engagement horizontal. En décembre 2002, le frère Roger Schutz, fondateur de la communauté de Taizé (et prix de la Paix à Francfort en 1974), a pris la parole à Notre-Dame de Paris pour l'ouverture de la rencontre de jeunesse de Taizé avec ses quatre-vingt mille participants. Il a employé une formule que je voudrais prendre à mon compte : « La joie est indispensable pour avancer. » Dans ce sens, l'approfondissement par la musique m'aide à maintenir cette joie active.

Le dernier chapitre des *Fruits de leur arbre* est intitulé « Lumière et Lumières ». La raison à elle seule est un peu sèche. Elle a besoin de chaleur humaine. La raison principale pour laquelle je n'aime pas être traité d'incroyant, c'est que je crois à bien des choses qui ont orienté et formé ma vie. En particulier une attitude que je propose constamment sous forme de slogans aux jeunes qui veulent bien m'écouter : « Être satisfait, mais ne jamais se satisfaire. Être content, mais ne jamais se contenter. »

En octobre 1946, à 21 ans, j'ai écrit dans le journal, déjà cité, que j'ai brièvement tenu :

> Le douloureux problème : tout faire pour se créer une finalité – et être incapable de se fixer une fin. [...] Pourquoi vouloir devenir « connu » ? Soif de fausse gloire, de publicité, de valeur bourgeoise ? Oui – et pourtant n'y a-t-il pas aussi le désir d'exploiter au maximum mes facultés ? Supposons que je « renonce à tout ». Qui me prouverait que j'ai renoncé par sagesse, par dédain du succès vide et vain – et non par paresse, par peur de l'effort nécessaire ? [...] Pensée obsédante de la mort. Non que j'aie peur, mais que faire de ma vie ? Justifier ce que je fais, ce que je pense. Essayer simplement d'être heureux ? La vache qui broute est heureuse. Saint Vincent de Paul était heureux. Au nom de quoi dois-je préférer, au nom de quoi est-ce que je préfère effectivement le bonheur de Vincent à celui de la vache ? Quelle sera ma justification ?

Dès cette époque, il s'agissait de la justification à mes propres yeux. Ma vie n'a pas de sens en soi et ce sens ne m'est pas donné du dehors. Elle a toujours eu le sens que je lui ai donné. Et j'ai eu la grande chance de toujours pouvoir faire mienne la réplique qui clôt le dialogue entre deux personnages plutôt horribles de *Fin de partie*, la pièce peut-être la plus sinistrement impressionnante de Samuel Beckett : « Tu crois à la vie future ? – La mienne l'a toujours été. » J'ai toujours détesté le *vanitas vanitatum*, le « tout est vanité » – auquel Ioneso se réfère à la fin du *Roi se meurt* en faisant résumer la vie du mourant par une phrase de sa femme : « C'était une agitation bien inutile. » Je me suis « agité » au nom d'une morale. Avec le souci de l'autre, dans le respect de l'autre, selon les termes d'une phrase de François Varillon définissant son action : « Pour que l'autre soit et qu'il soit autre. »

Voilà plus de quarante ans déjà, à la fin de *Au nom de quoi ?*, je me référais à mon héros de roman préféré depuis que, à 13 ans, j'ai lu le *Jean Barois* de Roger Martin du Gard. Le sénateur Luce a mis en jeu sa réputation pour s'engager durablement en faveur de la révision du procès du capitaine Dreyfus. Au moment de mourir, il s'exprime ainsi :

> C'est une consolation pour moi de m'apercevoir combien ma vie aura été harmonieuse. Pendant que l'on vit, on se désespère de ne pas pouvoir mettre plus d'unité dans ses actions. Mais, maintenant, je vois que je n'ai pas à me plaindre [...]. J'ai rencontré tant d'êtres tourmentés, insatisfaits, sans cesse emportés en deçà ou au-delà de leur centre de gravité.
>
> Mon existence à moi n'a pas connu ces secousses ; elle pourrait s'exprimer par deux ou trois mots simples et clairs. J'en retire, en m'en allant, un sentiment de paix. Je suis né avec de la confiance en moi, en l'effort quotidien, en l'avenir des hommes. J'ai eu l'équilibre facile. Mon sort a été celui d'un pommier de bonne terre qui porte régulièrement ses fruits.

Dans ce sens et tant que je serai en état dans mon corps et mon esprit, j'aimerais bien continuer. Jusqu'à la mort inévitable, regardée sans désir et sans crainte.

***

Bibliographie de l'auteur[1]

L'Allemagne de l'Occident (1945-1952), Gallimard, 1953.

Administration et politique en Allemagne occidentale (dir.), Armand Colin, 1954.

La Situation de l'Allemagne en 1955, PUF, 1955.

Les Relations internationales de l'Allemagne occidentale (dir.), Armand Colin, 1956.

La Démocratie de Bonn (1949-1957), Armand Colin, 1958 ; trad. augmentée Düsseldorf, 1960.

Hitler : la presse et la naissance d'une dictature, Armand Colin, 1962.

La IVᵉ République et sa politique extérieure, Armand Colin, 1962 ; rééd. augmentée, 1967.

La République fédérale d'Allemagne, PUF, 1963.

La Politique en France, avec François Goguel, Armand Colin, 1964 ; trad. Gütersloh, 1966 ; Paderborn, 1980.

---

1. Livres seulement, sans les contributions à des ouvrages collectifs, ni les préfaces ni les articles de revues. Éditions de poche seulement à titre exceptionnel.

La Politique extérieure de la Ve République, Seuil, 1965 ; trad. Boston, 1967.

Die Bundesrepublik Deutschland, Bilanz einer Entwicklung, Tübingen, R. Wunderlich, 1967.

Au nom de quoi ? Fondements d'une morale politique, Seuil, 1969 ; trad. Tübingen, 1969 ; Munich, 1974.

L'Allemagne de notre temps (1945-1970), Fayard, 1970 ; trad. Munich, Londres, New York ; poche augmenté, *Geschichte Deutschlands seit 1945*, 1974 et 1991.

L'Explication politique, Armand Colin, 1972 ; trad. Munich, 1973.

Gegen den Strom. Aufklärung als Friedenspolitik (recueil de discours et articles), Munich, 1976.

Dix leçons sur le nazisme (dir.), Fayard, 1976 ; trad. Munich, 1977.

La Passion de comprendre : Noël Copin interroge Alfred Grosser, Le Centurion, 1977.

Les Occidentaux : les pays d'Europe et les États-Unis depuis la guerre, Fayard, 1978 ; Points Seuil 1982 et 1991 ; trad. Londres, New York, Beijing.

Versuchte Beeinflussung. Zur Kritik und Ermunterung der Deutschen (recueil), Munich, Hanser, 1981.

Affaires extérieures : la politique de la France (1944-1984), Flammarion, 1984 ; trad. Munich.

L'Allemagne en Occident, Fayard, 1985 ; trad. Munich, 1985.

Les Pays d'Europe occidentale et *Les Pays de l'Union européenne* (dir.), La Documentation française, 1986-2004.

Mit Deutschen streiten (recueil), Munich, Hanser, 1987.

Vernunft und Gewalt. Die französische Revolution und das Grundgesetz heute, Munich, Hanser, 1989.

Die Kanzler (photographies de Konrad Müller), Bergisch Gladbach, Lübbe, 1989.

Le Crime et la Mémoire, Flammarion, 1989 ; trad. Munich, 1991 ; Buenos Aires, 2010.

Mein Deutschland, Hamburg, Hoffmann & Campe, 1993.

Was ich denke, Munich, Goldmann, 1995.

Les Identités difficiles, Presses de Sciences Po, 1996 et 2007 ; trad. Beijing, 2010.

Une Vie de Français : Mémoires, Flammarion, 1997.

Deutschland in Europa, Weinheim, Beltz, 1998.

Les Fruits de leur arbre : regard athée sur les chrétiens, Presses de la Renaissance, 2001 ; trad. augmentée Göttingen, 2005.

L'Allemagne de Berlin, différente et semblable, Alvik, 2002 et 2007; trad. Munich, 2005.

Wie anders ist Frankreich ?, Munich, Beck, 2005 ; *La France, semblable et différente*, Alvik, 2005.

Von Auschwitz nach Jerusalem. Über Deutschland und Israel, Reinbeck, Rowolt, 2009.

Die Freude und der Tod. Eine Lebensbilanz, id., 2011.

Index

Pour en savoir plus
sur les Presses de la Renaissance
(catalogue complet, auteurs, titres,
extraits de livres, revues de presse,
débats, conférences…),
vous pouvez consulter notre site Internet :

www.presses-renaissance.com

Composé par Nord Compo Multimédia
7, rue de Fives, 59650 Villeneuve-d'Ascq

CET OUVRAGE A ÉTÉ ACHEVÉ D'IMPRIMER
SUR ROTO-PAGE
PAR L'IMPRIMERIE FLOCH À MAYENNE
EN AOÛT 2011

N° d'édition : 14746
N° d'impression : 80156
Dépôt légal : septembre 2011
Imprimé en France